32/ QP 820 F654   +3

Die Reihe „Controlling und Management"
wird herausgegeben von

Prof. Dr. Stefan Dierkes, Philipps-Universität Marburg
Prof. Dr. Gunther Friedl, Technische Universität München
Prof. Dr. Burkhard Pedell, Universität Stuttgart

Band 3

Björn-Eric Förster

Externe Berichterstattung mittelständischer Unternehmen

Konzeptionsvorschlag zur Herleitung entscheidungsrelevanter Berichtsgegenstände einer integrierten Ergebnisrechnung auf Basis von Kostenträgern

Die Deutsche Nationalbibliothek verzeichnet diese Publikation in
der Deutschen Nationalbibliografie; detaillierte bibliografische
Daten sind im Internet über http://dnb.d-nb.de abrufbar.

Zugl.: TU München, Univ., Diss., 2008

ISBN 978-3-8329-5599-1

1. Auflage 2010
© Nomos Verlagsgesellschaft, Baden-Baden 2010. Printed in Germany. Alle Rechte, auch
die des Nachdrucks von Auszügen, der fotomechanischen Wiedergabe und der Übersetzung, vorbehalten. Gedruckt auf alterungsbeständigem Papier.

Geleitwort

Mittelständische Unternehmen in Deutschland sehen sich verstärkt mit der Notwendigkeit konfrontiert, ihre externe Berichterstattung an die Bedürfnisse der Kapitalmärkte anzupassen. Während in der Vergangenheit die Finanzierung über Hausbanken eine wichtige Rolle spielte, sind mittelständische Unternehmen dafür zunehmend auf anonyme Kapitalmärkte angewiesen. Die traditionelle Rechnungslegung nach HGB ist häufig ungeeignet, die Informationsanforderungen internationaler Kapitalmärkte zu befriedigen. Internationalen Rechnungslegungsstandards dagegen wird eine wachsende Bedeutung insbesondere im Hinblick auf die Kapitalmarktkommunikation bescheinigt.

Zugleich streben mittelständische Unternehmen verstärkt eine Konvergenz des internen und externen Rechnungswesens an. Damit folgen sie den Bemühungen von Großunternehmen, die bereits seit längerem eine Integration der beiden Rechnungslegungskreise betreiben. Internationale Rechnungslegungsstandards erlauben eine solche Integration, da sie stärker auf die Informationsbedürfnisse der Anteilseigner abstellen und damit auch dem Management eine bessere Informationsgrundlage bieten. Teilweise greifen sie sogar auf interne Steuerungsinformationen zurück, wie es im sogenannten Management Approach des internationalen Rechnungslegungsstandards IFRS zum Ausdruck kommt.

Vor diesem Hintergrund entwickelt die vorliegende Arbeit eine Berichtsstruktur für mittelständische Unternehmen, mit der auf der Basis von internationalen Rechnungslegungsstandards potentielle Investoren über das Unternehmen informiert werden können. Dabei wird speziell auf die Anforderungen eigentümergeführter mittelständischer Unternehmen eingegangen.

Mit dieser Arbeit gelingt es dem Verfasser, ein insbesondere für die mittelständische Unternehmenspraxis wichtiges Thema aufzugreifen und für diese ein innovatives Instrument zu konzipieren. Auf Basis einer wissenschaftlich fundierten Analyse der besonderen Anforderungen des Mittelstands wird Schritt für Schritt ein Konzept entwickelt, das eine Antwort auf die derzeitigen Herausforderungen in der Finanzmarktkommunikation für viele Unternehmen bietet. Eine gute Strukturierung und eine systematische Darstellung sowie ein eigens entwickeltes Fallbeispiel helfen dem Leser, den Überblick über Vorgehensweise und Funktionsweise des Konzepts zu behalten. Der aktuelle Stand der Forschung fließt an vielen Stellen in das Konzept ein.

München, im Februar 2009   Gunther Friedl

Vorwort

Rasch wachsende mittelständische Unternehmen rücken zunehmend in das Betrachtungsfeld internationaler Kredit- und Kapitalgeber. Zur Finanzierung ihrer Wachstums- und Innovationsstrategien aber auch für die Bewältigung familieninterner Herausforderungen rivalisieren die Betriebe verstärkt um Kapital auf den internationalen Finanzmärkten. Dies führt zu steigenden Informationsbedürfnissen an die bislang in der Regel nach HGB-Standards aufgestellte und steuerbilanzorientierte Rechnungslegung. Infolgedessen beschäftigen sich Mittelständler mit der Anwendung eines internationalen Normensystems und einer mit dieser Umstellung verbundenen Harmonisierung der Unternehmensrechnungssysteme.

Die vorliegende Arbeit soll einen Beitrag leisten, auf die Hürden bei der Übernahme internationaler Rechnungslegungsstandards durch kleine und mittlere Familienunternehmen aufmerksam zu machen. Dazu werden die speziellen Eigenschaften mittelständischer Unternehmensführung, insbesondere in Familienunternehmen, untersucht und ihre Bedeutung für die Berichterstattung nach IFRS herausgearbeitet. Im Mittelpunkt stehen dabei der Aufbau und die Struktur des externen Berichtswesens. Unter Berücksichtigung einer funktional gegliederten internen Organisations- und Berichtsstruktur der betrachteten Unternehmen wird eine Vorgehensweise für die Gestaltung eines divisionalen Berichtssystems zur Darstellung entscheidungsrelevanter operativer Teileinheiten auf Basis von Kostenträgern entwickelt.

Zum Gelingen der extern geschriebenen Forschungsarbeit, die als Dissertation bei der Technischen Universität München eingereicht und im Dezember 2008 durch die Fakultät für Wirtschaftswissenschaften angenommen wurde, haben viele Personen beigetragen. Mein größter Dank gilt meinem Doktorvater, Professor Dr. Gunther Friedl, für seine wertvollen Anregungen und die vielen lehrreichen Diskussionen. Ebenfalls bedanken möchte ich mich bei Professor Dr. Christoph Kaserer für die Übernahme des Koreferates sowie bei Professorin Dr. Ann-Kristin Achleitner für ihren Einsatz als Vorsitzende des Rigorosums.

Einen bedeutenden Beitrag haben Professorin Dr. Barbara Weißenberger und Professor Dr. Dirk Simons geleistet, die mir den Anstoß zur Behandlung des Forschungsfelds gegeben haben. Auf wichtige Punkte hingewiesen haben zudem Dr. Michael Dobler und Dr. Bernd Grottel. Auch die Anregungen von Thorsten Döscher haben die Untersuchung enorm verbessert. Natürlich gilt mein Dank ebenfalls den konstruktiven Ideen aller weiteren Mitarbeiter am Controlling-Lehrstuhl in München. Die freundliche Aufnahme und Integration in den Lehrstuhlalltag haben einen unschätzbar hohen Beitrag geleistet.

Ganz wesentlich zur Entstehung der Arbeit haben meine Vorgesetzten, Hans-Peter Hoh und Dr. Christoph Scherk, beigetragen. Für ihre kritischen Anregungen inhaltlicher und organisatorischer Art in bedeutenden Phasen der Doktorarbeit möchte ich mich an dieser Stelle ebenso herzlich bedanken.

Mein besonderer Dank gilt letztlich meinen Eltern, Jutta und Jochen, die mir eine umfangreiche Ausbildung und so auch die Entstehung dieser Arbeit ermöglicht haben.

München, im Dezember 2008   Björn-Eric Förster

Inhaltsverzeichnis

Abbildungsverzeichnis 13

Abkürzungsverzeichnis 15

Anhangsverzeichnis 17

1. **Gegenstand und Gang der Untersuchung** 19
   1.1. Bedeutung der Informationsansprüche externer Rechnungslegungsadressaten für das Informationsverhalten mittelständischer Betriebe 19
   1.2. Motivation zum Aufbau eines externen Berichtssystems 23
   1.3. Präzisierung der Zielsetzungen des Konzepts 26
   1.4. Darstellung der Vorgehensweise 26

2. **Situation mittelständischer Unternehmen als Ausgangspunkt einer Neuorientierung der externen Berichterstattung** 29
   2.1. Untersuchung der Definitions- und Abgrenzungsproblematik kleiner und mittlerer Unternehmen 29
   2.2. Kennzeichnung der Besonderheiten mittelständischer Unternehmensführung 34
      2.2.1. Bestimmung des Führungsbegriffs und seiner Teilsysteme 34
      2.2.2. Spezifizierung mittelständischer Organisationsmerkmale im zentralistischen Führungssystem 38
   2.3. Darstellung der Auswirkungen ausgewählter Kerntrends auf die Finanzierungs- und Eigentumsstruktur 42
      2.3.1. Beschreibung der wichtigsten Umweltbedingungen 42
      2.3.2. Neugestaltung der Finanzierungsstrukturen 45
      2.3.3. Veränderung der Eigentümer- und Managementstruktur 47
   2.4. Strukturierung des Betrachtungsfelds zur Charakterisierung des betrachteten Unternehmenskreises 49
      2.4.1. Konkretisierung des erhöhten Informationsbedarfs 49
      2.4.2. Darlegung der unzureichenden Informationsbereitstellung 55
      2.4.3. Festlegung der Definitionskriterien und Bestimmung der Untersuchungsgruppe 58

	2.5. Erfassung der typisierten mittelständischen Unternehmen in einer Stichprobe	63
3.	**Anforderungen an die Gestaltung einer integrierten Erfolgsrechnung mittelständischer Unternehmen**	**68**
	3.1. Erläuterung der Vorgehensweise und Ableitung relevanter Aspekte zur Konvergenz der betrachteten Unternehmensrechnungssysteme	68
	3.2. Darstellung der Ansatzpunkte zur Integration und Selektion der qualitativen und quantitativen Rahmenpostulate	71
	3.3. Ermittlung der Determinanten und Aufbau der integrierten Erfolgsrechnung	77
	3.3.1. Aufstellung eines Strukturierungskatalogs zur Systematisierung	77
	3.3.2. Bestimmung der Ausprägungsformen der Strukturvariablen zur Rechnungslegungskonzeption	78
	3.4. Präzisierung des Grundsatzes zum Ausweis operativer Teileinheiten als Berichtsgegenstände	85
	3.5. Berücksichtigung spezifischer Eigenschaften mittelständischer Unternehmen	90
4.	**Anwendung des partiellen Integrationskonzepts als Bezugsrahmen einer konvergenten Ergebnisrechnung**	**95**
	4.1. Vorstellung des Konzepts für kapitalmarktorientierte Unternehmen	95
	4.2. Übertragung der partiellen Integration auf die Ergebnisrechnung mittelständischer Unternehmen	98
	4.2.1. Zwischenbewertung der partiellen Integration	98
	4.2.2. Verfehlung einer anforderungsgerechten divisionalen Erfolgsspaltung der Berichtsstruktur	101
	4.3. Schlussfolgerung zur Ableitung eines Leitlinienkatalogs für die Darstellung operativer Teileinheiten	104
5.	**Erweiterung der partiellen Integration unter besonderer Berücksichtigung von Segmenten und Cash-Generating-Units**	**106**
	5.1. Integration von Segmenten als Berichtsgegenstände	106
	5.1.1. Vorstellung der Regularien zur Segmentidentifikation	106
	5.1.2. Entwicklung der Berichtsstruktur durch Ausgestaltung der Berichtsgegenstände nach IFRS 8	109
	5.1.3. Erfordernis zur Konkretisierung des Regelwerks für die Durchführung einer anforderungsgerechten Erfolgsspaltung	113

5.2.	Integration von Cash-Generating-Units als Berichtsgegenstände	115
	5.2.1. Ableitung und Auslegung der notwendigen Regularien zur Identifikation von Cash-Generating-Units	115
	5.2.2. Entwicklung der Berichtsstruktur durch Ausgestaltung der Berichtsgegenstände nach IAS 36 (rev. 2004)	120
5.3.	Systematisierung der hierarchischen Verknüpfung von Cash-Generating-Units und Segmenten in einer divisionalen Berichtsstruktur	132
	5.3.1. Aggregation von Cash-Generating-Units zu Segmenten	132
	5.3.2. Eingliederung von Cash-Generating-Units und Segmenten in die vorhandene Berichts- und Organisationsstruktur	135
	5.3.3. Zusammenfassung der Integrationsmerkmale	137
5.4.	Exemplarische Darstellung der partiellen Integration anhand eines mittelständischen Brauereibetriebs	140
	5.4.1. Vorstellung der Ausgangslage	140
	5.4.2. Herleitung und Abbildung der Berichtsstruktur	142
	5.4.3. Erläuterung der Methodik zur Erfassung und Verteilung der Rechnungsgrößen auf die Kostenstellen sowie der Verrechnung auf die Berichtsgegenstände	145

6. Schlussbetrachtung   151

Anhang   157

Literaturverzeichnis   163

Abbildungsverzeichnis

Abbildung 1:	Exemplarische Schwellenwerte zur Abgrenzung der KMU von großen Unternehmen	31
Abbildung 2:	Variablen der Organisationsstruktur nach Picot (1993) in Anlehnung an Kieser/Kubicek (1992)	37
Abbildung 3:	Organisationscharakteristika eigentümergeführter mittelständischer Unternehmen	40
Abbildung 4:	Hidden Characteristics als Agency-Problem im Vorfeld der Finanzierungsentscheidung	51
Abbildung 5:	Veränderung der Adressaten und Rechnungsziele der internen und externen Teilsysteme der Unternehmensrechnung mittelständischer Unternehmen	54
Abbildung 6:	Charakteristika des für die Untersuchung typisierten mittelständischen Unternehmens	62
Abbildung 7:	Darstellung der Vorgehensweise zur Eingrenzung des relevanten Unternehmenskreises	65
Abbildung 8:	Identifikation der Betriebe mit nicht geschäftsführenden Gesellschaftern aus der Gruppe typisierter mittelständischer Unternehmen	66
Abbildung 9:	Differenzierung zwischen dem pagatorischen und dem kalkulatorischen Rechnungskreis	70
Abbildung 10:	Vergleichende Darstellung externer und interner Rahmenpostulate für eine integrierte Erfolgsrechnung	73
Abbildung 11:	Katalog der Strukturvariablen einer integrierten Erfolgsrechnung	77
Abbildung 12:	Notwendige Gestaltungsgrundsätze zur Konzeption einer integrierten Ergebnisrechnung	80
Abbildung 13:	Erweiterung der Erfolgsspaltung zur anforderungsgerechten Ableitung operativer Teileinheiten	87
Abbildung 14:	Exemplarische Darstellung der Dimensionen zur Erfolgsspaltung auf Basis von Produkten	89
Abbildung 15:	Zusammenfassende Darstellung der Ableitung von Anforderungen zur Auflösung des Informationsdefizits	94
Abbildung 16:	Integrationsmuster einer partiell integrierten Rechnungslegung kapitalmarktorientierter Unternehmen	96
Abbildung 17:	Darstellung der auf einer funktionalen Organisationsstruktur beruhenden Berichtsgegenstände mittelständischer Unternehmen	101
Abbildung 18:	Rechtsverschiebung der Lage des Integrationspfads	102

Abbildung 19:	Vorschlag alternativer Bruchstellen zur Integration der Rechnungslegung bei stringenter Übernahme des partiellen Integrationskonzepts	104
Abbildung 20:	Segmentierungsmöglichkeiten der Berichtsperspektive nach dem Management Approach	110
Abbildung 21:	Homogenitätskriterien zur Bestimmung aggregierbarer Berichtseinheiten	111
Abbildung 22:	Leitfaden zur Erfolgsspaltung nach IFRS 8	113
Abbildung 23:	Cash-Generating-Unit als Leistungserstellungs- und Produktionsverbund	118
Abbildung 24:	Prototyp einer funktional gegliederten CGU mit periodischen Erfolgsgrößen	122
Abbildung 25:	Stufenkonzept als Gruppierungsrahmen für die Abbildungsmöglichkeiten zusammengefasster Kostenträgereinheiten	124
Abbildung 26:	Definition einer CGU auf Basis von Absatzverbundwirkungen	126
Abbildung 27:	Definition einer CGU auf Basis eines funktionalen Zusammenhangs durch Verwendung einer gemeinsamen Plattform	128
Abbildung 28:	Definition einer CGU auf Basis eines funktionalen Zusammenhangs durch Lieferung eines Zwischenproduktes von Linie 1 an Linie 2	129
Abbildung 29:	Definition einer CGU auf Basis weitgehender Unabhängigkeit der Produktionslinie	130
Abbildung 30:	Vorgeschlagener Leitfaden zur Erfolgsspaltung auf Basis der Regelwerke IAS 36 (rev. 2004) und IFRS 8	134
Abbildung 31:	Matrixstruktur des externen und internen Berichtswesens mittelständischer Unternehmen	136
Abbildung 32:	Darstellung der CGU-Ebene als Bruchstelle zur externen Finanzberichterstattung	139
Abbildung 33:	Disaggregation der Rechnungsgrößen der Ergebnisrechnung anhand der externen Berichtsstruktur	140
Abbildung 34:	Darstellung der externen Berichtsstruktur mit CGUs und aggregierten Segmenten	144
Abbildung 35:	Erfassung und Verteilung der Rechnungsgrößen auf die vier Endkostenstellen	146
Abbildung 36:	Ableitung der kalkulatorischen Produktdeckungsbeitragsrechnung aus dem BAB	148
Abbildung 37:	Darstellung der pagatorischen CGU- und Segment-Ergebnisrechnung	150

Abkürzungsverzeichnis

Abb.	Abbildung
abg.	abgesetzte
Abs.	Absatz
abs.	absolut
akt.	aktualisierte
Art.	Artikel
Aufl.	Auflage
BAB	Betriebsabrechnungsbogen
BC	Basis for Conclusions
BilMoG	Bilanzrechtsmodernisierungsgesetz
BilReG	Bilanzrechtsreformgesetz
bspw.	beispielsweise
BVK	Bundesverband deutscher Kapitalbeteiligungsgesellschaften e. V.
bzw.	beziehungsweise
CGU	Cash-Generating-Unit
d. h.	das heißt
Diss.	Dissertation
DZ Bank AG	Deutsche Zentral-Genossenschaftsbank
ED	Exposure Draft
ED-SME	Exposure Draft of a proposed IFRS for SME
erw.	erweiterte
et al.	et alii (und andere)
EU	Europäische Union
F	Framework
FASB	Financial Accounting Standards Board
GEX®	German Entrepreneurial Index
GuV	Gewinn- und Verlustrechnung
Hervorh.	Hervorhebung
HGB	Handelsgesetzbuch
Hrsg.	Herausgeber
IAS	International Accounting Standards
IASB	International Accounting Standards Board
IbLV	Innerbetriebliche Leistungs-Verrechnung
IE	Illustrative Examples

IfM	Institut für Mittelstandsforschung Bonn
IFRS	International Financial Reporting Standards
IFRS-SME	Entwurf eines vorgeschlagenen IFRS für kleine und mittlere Unternehmen (im Original: ED-SME)
IG	Implementation Guidance
IN	Introduction
Jg.	Jahrgang
k. A.	keine Angabe
KfW	Kreditanstalt für Wiederaufbau
KMU	Kleine und mittlere Unternehmen
MARKUS	Datenbank für Marketinguntersuchungen
Mio.	Millionen
Mrd.	Milliarden
neubearb.	neubearbeitete
Nr.	Nummer
o. S.	ohne Seite
rev.	revised
RIC	Reuter Identification Code
Rn.	Randnotiz
S.	Seite
SFAC	Statement of Financial Accounting Concepts
SFAS	Statement of Financial Accounting Standards
SME	Small and medium-sized Entities
sonst.	sonstige
Techn.	Technische
Thl	Tausend Hektoliter
Tsd.	Tausend
u. a.	und andere
Univ.	Universität
US-GAAP	United States General Accepted Accounting Principles
überarb.	überarbeitete
var.	variable
vgl.	vergleiche
VkSt.	Vorkosten-Stelle
vollst.	vollständig
WKN	Wertpapierkennnummer
zugl.	zugleich

Anhangsverzeichnis

Anhang 1:	Darstellung der Umsatz- und Mitarbeiterverteilung ausgewählter Studien der Jahre 1998-2008 zur Rechnungslegungspraxis und zum Informationsverhalten mittelständischer Unternehmen	158
Anhang 2:	Ableitung von Größenmerkmalen der Unternehmen des GEX®	161
Anhang 3:	Identifikation der Betriebe mit einer Minderheitsbeteiligung unter 50 % durch Finanzinvestoren	161

1. Gegenstand und Gang der Untersuchung

1.1. Bedeutung der Informationsansprüche externer Rechnungslegungsadressaten für das Informationsverhalten mittelständischer Betriebe

„Ich will deutlich machen, dass ich der beste Partner bin, wenn in Familienbetrieben aus internen [...] Gründen ein Verkauf ansteht. Wenn wir einsteigen, bleiben wir für immer. Wir haben kein Interesse daran, zu kaufen, um zu verkaufen." (Warren Buffet, 19.5.2008)[1]

Mittelständische Unternehmen wurden lange Zeit sehr stiefmütterlich von der betriebswirtschaftlichen Forschung behandelt. Trotz des geringen Interesses an diesem Untersuchungsgegenstand stehen die Mittelständler als Leistungsträger der deutschen Wirtschaft im Zentrum unserer Gesellschaft. Legt man die quantitativen Abgrenzungskriterien des Instituts für Mittelstandsforschung Bonn (IfM) zugrunde, so zählen 99,7 % der Unternehmen zu den kleinen und mittleren Unternehmen. Auf sie entfallen 38,3 % aller Umsätze und 70,7 % aller sozialversicherungspflichtig Beschäftigten.[2] Als wesentliche Gründe für das geringe Forschungsinteresse gelten die problematische Durchführung empirischer Forschungsarbeiten, ein niedriger Implementierungsgrad standardisierter Unternehmensführungsmethoden und die nur schwach ausgeprägte Beziehung zwischen mittelständischen Führungskräften und der Wissenschaft.[3] In der Vergangenheit wurden deshalb für den Mittelstand die Verhältnisse der Großunternehmen unterstellt.[4] Diesem Ansatz liegt die Annahme zugrunde, dass kleine Unternehmen im Wesentlichen Großunternehmen mit geringeren Umsätzen, niedrigerem Betriebsvermögen und weniger Mitarbeitern darstellen.[5] Jedoch unterscheiden sich die heterogenen kleineren und mittleren Unternehmen mit ihren individuellen Charakteristika und spezifischen Problemen deutlich von Großkonzernen.

Die vorliegende Arbeit betrachtet einen mittelständischen Unternehmenskreis, der sich durch eine eindeutige Personenbezogenheit der Führung, eine Überschaubarkeit des Betriebs und das weitgehende Fehlen von Spezialisten in administrativen Bereichen von anderen Unternehmen abgrenzt. Besonderes Merkmal dieser in der Regel familiengeführten Betriebe ist die starke Stellung des Unternehmers, der nicht nur Führungsaufgaben wahrnimmt, sondern ebenfalls intensiv in die operativen Prozesse eingebunden ist. Die zentrale Position des Eigentümers zeigt ihre Auswirkungen in nahezu allen betrieblichen Bereichen. So folgt aus der

---

1 Süddeutsche Zeitung vom 19.5.2008, S. 9.
2 Die Angaben beziehen sich auf das Jahr 2006. IfM (2008), http://www.ifm-bonn.de.
3 Vgl. Klein-Blenkers et al. (1979), S. 78-79; Wolff/Goldberg (1984), S. 525.
4 Vgl. Chmielewicz (1984), S. 152.
5 Vgl. Welsh/White (1981), S. 18.

Machtstruktur eine einfache, funktionale Organisation mit weitgehendem Verzicht auf die Delegation von Kompetenzen. Gleichzeitig ist die Unternehmensleitung einziger Adressat der internen Unternehmensrechnung. Da in der Regel keine Finanzierung der Unternehmung über den Kapitalmarkt erfolgt, orientiert sich die externe Publikation der Unternehmensdaten an steuerlichen Überlegungen und gegebenenfalls an den Erfordernissen der Hausbank. Grundsätzlich legt der Eigentümer geringen Wert auf die externe Bereitstellung von Unternehmensinformationen durch Offenlegung der nach dem deutschen Handelsgesetzbuch (HGB) bilanzierten Jahresabschlüsse.

Familienbetriebe stehen heute mehr denn je einer immer schneller wachsenden Dynamik und Komplexität ihres Umfelds gegenüber, deren operative Chancen sie im Vergleich zu den großen Konkurrenzunternehmen dank ihrer geringeren Größe und höheren Flexibilität besser nutzen können. Gleichzeitig ist der Unternehmenskreis auch stärker konjunkturellen Schwankungen ausgesetzt und unter Umständen schneller in seiner Existenz bedroht. Deshalb sind bei rasch wachsenden Unternehmen zunehmend sektorale Diversifizierungstendenzen der Geschäftsaktivitäten sowie Expansionen in internationale Beschaffungs- und Absatzmärkte zu beobachten. Neben diesen unternehmerischen Herausforderungen muss ein Unternehmer auch familiären Hindernissen gegenübertreten. Die „Funktionalisierung"[6] der Familienmitglieder birgt Risikopotenziale für den Geschäftsbetrieb, wie etwa persönliche Konflikte im Familienkreis oder die Entscheidungsfindung zur Unternehmensnachfolge.

Enorme Investitionen in das operative Geschäft sowie die Bewältigung familiärer Probleme erfordern einen intensiven Kapitaleinsatz, der oftmals Volumina erreicht, die im Rahmen einer internen Finanzierung oder durch weitere Einlagen der Familie nicht gedeckt werden können. Darüber hinaus lässt sich seit einigen Jahren eine Veränderung des Finanzierungsumfeldes für mittelständische Unternehmen in Deutschland beobachten. Traditionell wurden die notwendigen Finanzierungen statt mit teurerem Eigenkapital über Bankkredite der Hausbank gedeckt. Aktuell erhöhen sich jedoch die Ansprüche an das Kreditgeschäft durch die Regelungen von Basel II, wonach Banken seit dem Jahr 2007 Ratings der Kreditnehmer als Bewertungsmaßstab zur Ermittlung der Eigenkapitalunterlegung für ausgereichte Kredite ansetzen müssen. In der Folge ist die Kapitalbeschaffung für den betrachteten Unternehmenskreis nicht mehr in dem gewohnten Umfang möglich und an hohe Publizitätsanforderungen gekoppelt. Aus diesem Grund kommt es zu einer Veränderung der Finanzierungsstruktur des mittelständischen Unternehmenskreises, der sich nunmehr verstärkt (potenziellen) externen Anteilseignern öffnet.

Bei der Kapitalakquisition konkurrieren die Familienbetriebe mit am organisierten Kapitalmarkt teilnehmenden (im Folgenden: kapitalmarktorientierten) Unternehmen als Anlagemöglichkeit um international operierende Investoren und die sie beratenden Finanzanalysten,

---

6 Hennerkes (1998), S. 42.

die nach globalen Allokationseffizienzgesichtspunkten ihre Entscheidungen treffen. Aufgrund ihrer traditionellen Publizitätspraxis liegen erhebliche Informationsunterschiede zwischen den potenziellen Kapitalgebern und den eigentümergeführten Familienunternehmen vor, die hohe Such- und Transaktionskosten für die Vertragspartner verursachen. Deshalb erscheint es vorteilhaft, die externe Rechnungslegung vermehrt an den Informationsbedürfnissen von Banken und Beteiligungsgesellschaften auszurichten. Diese wesentlichen Adressatengruppen erwarten von dem Teilsystem der externen Rechnungslegung eine möglichst realitätsnahe[7] Abbildung der Unternehmensaktivitäten. Dazu sollen die Daten in erster Linie entscheidungsrelevant[8] für die Kapitalgeber sein. Die zunehmende Bedeutung der Informationsvermittlung verlangt also eine zweckgerechtere Ausgestaltung der Rechnungslegung mittelständischer Familienunternehmen. *Mandler (2004)* beschreibt diese Entwicklung: „Je größer die mittelständischen Unternehmen sind, desto wahrscheinlicher ist es allerdings, dass sie mit kapitalmarktorientierten Unternehmen konkurrieren, auf den Gütermärkten, aber auch bei der […] Finanzierung. […] Damit kann bei diesen Unternehmen die Unternehmenspublizität zu einem bedeutsamen Einflussfaktor der Unternehmensfinanzierung werden und deren Neigung zu einer informationsorientierten internationalen Rechnungslegung begründen."[9] Aus diesem Grund setzen sich insbesondere international agierende und solche mittelständische Betriebe, die auf eine Beurteilung durch externe Fremd- und Eigenkapitalgeber angewiesen sind, zunehmend mit der freiwilligen Anwendung internationaler Rechnungslegungsstandards auseinander.

Neben einer präziseren Darstellung der wirtschaftlichen Lage ist als weiteres Motiv zur Umstellung der externen Berichterstattung auf ein System internationaler Rechnungslegungsnormen die Integration des Rechnungswesens anzuführen.[10] Damit folgen die mittelständischen Unternehmen den seit den 90er-Jahren im deutschsprachigen Raum zunehmend beobachtbaren Konvergenzbestrebungen kapitalmarktorientierter Konzerne und verzichten in der Gestaltung der internen Unternehmensrechnung auf die Verwendung kalkulatorischer Größen.[11] Als Beweggründe zugunsten des Normierungsprozesses finden sich im Schrifttum der Wunsch nach einer internationalen Ausrichtung der Rechnungslegung sowie bessere

---

7   Nach Peskes (2004), S. 42-43 und S.142-143, hat die Rechnungslegung ein Bild über die Vermögens-, Finanz- und Ertragslage der Unternehmung zu vermitteln, das sich an den betriebswirtschaftlichen Tatsachen orientiert. Sinngemäß Müller (2003), S. 97-105.
8   Das oberste Postulat internationaler Rechnungslegungsstandards wird in Abschnitt 3.2. erläutert.
9   Mandler (2004), S. 41.
10 Eine vergleichende Analyse aktueller Studien zum Interesse mittelständischer Unternehmen an internationalen Rechnungslegungsstandards erfolgt in Abschnitt 2.4.2.
11 Dieser im vergangenen Jahrzehnt im deutschsprachigen Raum vollzogene Paradigmenwechsel, die auf Eugen Schmalenbach zurückgehende Trennung von pagatorischem und kalkulatorischem Rechnungswesen in Frage zu stellen, hat zu kontroversen Diskussionen, bekannt unter dem Begriff Harmonisierungsdebatte, in Wissenschaft und Praxis geführt. Zur Erläuterung der Konvergenz vgl. statt vieler Streim (2000), S. 111; Wagenhofer (2006), S. 13. Für die grundlegenden Arbeiten von Schmalenbach mit dem Postulat, eine eigenständige interne Erfolgsrechnung auf Basis kalkulatorischer Zusatz- und Anderskosten zu konzipieren, vgl. Schmalenbach (1899), S. 98-172; Schmalenbach (1919), S. 321-356.

Vergleichsmöglichkeiten und Effizienzsteigerungen der kaufmännischen Ressourcen.[12] Vor allem aber verfolgen die Unternehmen den Aufbau einer mit dem Kapitalmarkt gemeinsamen Informationsgrundlage durch Beseitigung mehrdeutiger Ergebnisgrößen. Als historisch bedeutender Katalysator gilt das Vorgehen der Siemens AG, die mit Beginn des Geschäftsjahres 1992/1993 fortan auf eine separate interne Betriebsergebnisrechnung verzichtete und die (unveränderte) externe Rechnungslegung zur Grundlage für die Unternehmenssteuerung machte.[13] Die Vereinheitlichungsbestrebungen wurden durch die im gleichen Zeitraum durchgeführten Gesetzesinitiativen begünstigt.[14] Hiervon markiert die EU-Verordnung 1606/2002, betreffend die Anwendung der International Financial Reporting Standards (IFRS) ab dem Geschäftsjahr 2005 für alle kapitalmarktorientierten Konzerne, die wichtigste Stufe in der Durchsetzung einer Finanzberichterstattung nach internationalen Standards für deutsche Unternehmen.[15]

Bis zum heutigen Zeitpunkt verfügen mittelständische Unternehmen, die nicht zur Aufstellung eines Konzernabschlusses nach IFRS verpflichtet sind, gemäß Paragraph 315 (a) Abs. 3 HGB über ein Wahlrecht, statt eines HGB-Konzernabschlusses einen nach den Vorschriften des International Accounting Standards Board (IASB) aufgestellten Konzernabschluss mit befreiender Wirkung zu erstellen und offenzulegen. Der handelsrechtliche Einzelabschluss muss jedoch weiterhin nach HGB aufgestellt werden. Aus den in diesem Abschnitt dargestellten Gründen ist ersichtlich, dass der betrachtete Unternehmenskreis vor allem zur Abwendung der unterschiedlichen Informationsstände (im Folgenden: Informationsasymmetrien) zwischen externen und internen Rechnungsadressaten den Betrieb getrennter Informationssysteme zunehmend in Frage stellt und seine externe Rechnungslegung auszubauen wünscht. Vor diesem Hintergrund hat das IASB im Februar 2007 den Entwurf eines internationalen Standards von Rechnungslegungsvorschriften für kleine und mittlere Unternehmen (IFRS-SME) veröffentlicht.[16] Der Entwurf stößt bei den europäischen und nationalen Instanzen überwiegend auf Widerstand, und auch im deutschen Schrifttum wird der Standardentwurf inhaltlich sowie das gesamte SME-Projekt verfahrenstechnisch stark kriti-

---

12 Vgl. mit weiteren Nachweisen Klein (1999), S. 35-36, S. 40-45.
13 Vgl. Ziegler (1994), S. 175.
14 Hervorzuheben sind das Kapitalaufnahmeerleichterungsgesetz und das Gesetz zur Kontrolle und Transparenz im Unternehmensbereich aus dem Jahr 1998. Ein Überblick zur historischen Entwicklung der externen Rechnungslegungszwecke in Deutschland bis 2005 findet sich bei Eierle (2005), S. 283-296.
15 Amtsblatt der Europäischen Union (2002) L243 vom 11.9.2002.
16 IASB (2007), Exposure Draft of a proposed IFRS for SME (ED-SME), o. S.

siert.[17] Einig ist man sich jedoch darüber, dass die Grundzüge des Regelwerkes auch für deutsche mittelständische Unternehmen in Zukunft von Relevanz sein werden.[18]

1.2. Motivation zum Aufbau eines externen Berichtssystems

In der jüngeren wissenschaftlichen Literatur sind zwei Teilgebiete auszumachen, die unter dem Begriff der Unternehmenssteuerung auf Basis internationaler Rechnungslegungsstandards subsumiert werden können. Eine große Anzahl der Arbeiten thematisiert die Ausgestaltung der Rechnungsgrößen in einem konvergenten Rechnungssystem. Im Blickpunkt dieser Betrachtung stehen die Bewertungsvorschriften der IFRS und der US-amerikanischen Rechnungslegung sowie deren Implikationen auf eine zweckgerechte interne Unternehmenssteuerung. So setzen sich bspw. *Klein (1999), Hilz (2000), Benecke (2000), Hoke (2001), Müller (2003), Himmel (2004), Müller (2006)* und *Stute (2007)* mit den Auswirkungen internationaler Rechnungslegungsstandards auf die interne Unternehmenssteuerung kapitalmarktorientierter Konzerne kritisch auseinander. *Oehler (2005), Ull (2006)* und *Meth (2007)* liefern erste Untersuchungen zur IFRS-Rechnungslegung in mittelständischen Unternehmen. Vor dem Hintergrund der Veröffentlichung des IFRS-SME-Entwurfs und auch zunehmend erkennbarer Bemühungen auf US-amerikanischer Seite, die Belange von Privatunternehmen bei der Entwicklung der US-Standards stärker zu berücksichtigen, sind in naher Zukunft weitere Publikationen in diesem Teilgebiet zu erwarten.[19]

Neben der Auseinandersetzung mit der inhaltlichen Ausgestaltung der Rechnungsgrößen bildet sich ein zweites Teilgebiet wissenschaftlicher Arbeiten heraus, das sich mit dem Aufbau und der Struktur des Berichtswesens bei konvergenten Unternehmessteuerungssystemen beschäftigt. Dazu zählen bspw. *Kirsch (2002), Peskes (2004), Franz/Winkler (2005), Amman/Müller (2005), Weißenberger (2006)* und *Simons/Weißenberger (2008)*. Die Autoren untersuchen Integrationsmöglichkeiten der internen und externen Berichtssysteme zur Gewähr-

---

17 Das Europäische Parlament äußerte sich am 24.4.2008 ablehnend zu den vorgeschlagenen Rechnungslegungsstandards, hingegen hat der südafrikanische Standardsetter am 7.8.2007 die Anwendung der Entwurfsfassung bereits als verbindlich erklärt. Vgl. Europäisches Parlament (2008), http://www.europarl.europa.eu/default.htm; The South African Institute of Chartered Accountants (2007), https://www.saica.co.za/Default.asp.

18 Der Entwurf kann somit als eine Entwicklungsstufe zu einer internationalen Angleichung der Rechnungslegung von nicht-kapitalmarktorientierten Unternehmen bezeichnet werden. Für Hintergrundinformationen und einen Diskussionsstand vgl. statt vieler: Ballwieser (2006), S. 23-30; Haller/Beiersdorf/Eierle (2007), S. 540-551; IASB (2007), IFRS-SME BC.01-04.

19 Der Berufsverband der US-amerikanischen Wirtschaftsprüfer und das Financial Accounting Standards Board (FASB) haben im Juni 2006 ein mit Vertretern von Familienunternehmen besetztes Beratungsgremium, das Private Company Financial Reporting Committee, eingerichtet. Der Ausschuss will auf die Entwicklung der US-amerikanischen Rechnungslegung durch Bewertung der Einzelstandards anhand von Kosten- und Effizienzgesichtspunkten Einfluss nehmen und Änderungsvorschläge formulieren. Vgl. Private Company Financial Reporting Committee (2008), http://www.pcfr.org/.

leistung einer effizienten Bearbeitung und Veröffentlichung adressatengerechter Unternehmensinformationen. Bedeutendes Element der Analyse bildet der Management Approach[20] des IFRS-Standards der Segmentberichterstattung, der für alle Geschäftsjahre beginnend nach dem 31.12.2008 verpflichtend anzuwenden ist. Das Regelwerk schreibt den Unternehmen vor, die Berichtsstruktur ihrer extern zu publizierenden Geschäftsaktivitäten auf Basis der internen Berichts- und Organisationsstruktur zu wählen, um den Adressaten einen Einblick in die interne Unternehmenssteuerung zu ermöglichen.[21]

In Anlehnung an die häufig zitierte Aussage von *Welsh/White (1981)*, „A small business ist not a little big business",[22] können Systeme und Konzepte zur Umsetzung internationaler Rechnungslegungsstandards für kapitalmarktorientierte Konzerne nicht uniform auf den betrachteten Unternehmenskreis übertragen werden. Aus diesem Grund bedarf es weiterer Forschung, die das Zusammenspiel von internem und externem Berichtswesen stärker auf den speziellen Unternehmenskreis familiengeführter mittelständischer Unternehmen fokussiert. Infolgedessen knüpft die vorliegende Arbeit an die Veröffentlichungen zum Aufbau und der Struktur des Berichtswesens einer konvergenten Rechnungslegung an und untersucht die Möglichkeit einer Übernahme der für kapitalmarktorientierte Unternehmen formulierten Gestaltungsregeln auf mittelständische Familienbetriebe. Dabei stellt die Berücksichtigung der organisatorischen Ausgangsvoraussetzungen und der charakteristischen Merkmale mittelständischer Unternehmensführung die besondere Herausforderung der vorliegenden Untersuchung dar.

Motivation zur Betrachtung dieses Themenfeldes ist, dass prinzipiell keine Anforderungen zur Ausgestaltung der externen Berichtsstruktur für den betrachteten Unternehmenskreis existieren. Dieser Zustand liegt darin begründet, dass der Management Approach der IFRS-Rechnungslegung keine klaren Leitlinien beinhaltet, die für mittelständische Unternehmen eine Übersetzung funktional gegliederter Berichtsstrukturen auf ein nach risikopolitischen

---

20 Der Management Approach wird in Abschnitt 3.1. definiert.
21 In diesem Zusammenhang ist auf die Vielzahl existierender Veröffentlichungen hinzuweisen, die sich im Rahmen der Segmentberichterstattung nach dem Management Approach – im Gegensatz zu Aufbau und Strukturierung der Berichtsgegenstände – mit der Ausgestaltung der Rechnungsgrößen auseinandersetzen. Aufgrund ihrer Fokussierung auf die inhaltlichen Gestaltungskriterien sind diese Arbeiten in das erste Forschungs-Teilgebiet einzuordnen. Vgl. statt vieler Geiger (2001), Hacker (2002), Alvarez (2004), Köhle (2004) und Wiederhold (2007).
22 Welsh/White (1981), S. 18.

Grundsätzen divisional organisiertes Berichtssystem herbeiführen.[23] Der IFRS-SME-Entwurf formuliert ebenfalls keine auf den betrachteten Unternehmenskreis zugeschnittenen Regeln zum externen Ausweis der Geschäftsaktivitäten. Die in diesem Forschungsvorhaben betrachteten mittelständischen Betriebe befinden sich im internationalen Wettbewerb um externes Fremd- und Eigenkapital. Sie wollen deshalb potenziellen Kapitalgebern durch eine freiwillige Differenzierung ihrer Aktivitäten eine adäquate Bewertungsgrundlage zur Verfügung stellen und somit die Vergleichbarkeit ihrer operativen Geschäfte ermöglichen. Aus diesem Grund unterbreitet die vorliegende Arbeit einen Vorschlag für die Identifikation von – aus dem Blickwinkel der Kapitalgeber – entscheidungsrelevanten Geschäftsaktivitäten und für deren Darstellung in einem externen Berichtssystem mit pagatorischen Größen.

Das auszuarbeitende Instrument bildet eine Synthese des Rechnungsteilsystems der internen Kosten- und Erlösrechnung und des Teilsystems der externen Bilanzrechnung mittelständischer Unternehmen. Jedoch wird keine vollständige Harmonisierung der Rechnungslegung angestrebt. So ist bei Großkonzernen eine intensive Nutzung pagatorischer Größen zur Ergebnismessung und -steuerung in den oberen Hierarchieebenen beobachtbar, während Manager nachgelagerter Unternehmensbereiche den Ausweis kalkulatorischer Rechnungsgrößen für operative Produktions- und Prozessfragen einfordern. Die registrierten Konvergenzpraktiken großer Konzerne verfolgen demnach eine prinzipielle Angleichung der Teilsysteme, sehen jedoch – aus Wesentlichkeits- und Effizienzgesichtspunkten – den Ausweis integrierter Rechnungsgrößen ausschließlich auf den aggregierten Unternehmensebenen vor. Das in dieser Arbeit zu entwickelnde Konzept muss eine mögliche Übertragung der Vorgehensweise kapitalmarktorientierter Unternehmen vor den Hintergrund der Anforderungen der Rechnungslegungsadressaten mittelständischer Betriebe analysieren und Lösungsmöglichkeiten für den Unternehmenskreis entwickeln.

Die Untersuchung ordnet sich in die Reihe der neueren Veröffentlichungen zur Zusammenfassung von internem und externem Rechnungswesen ein. Mit der Fokussierung auf die Entscheidungsrelevanz der Berichtsstruktur wird jedoch ein im Schrifttum erst seit kurzer Zeit beachtetes Forschungsfeld betreten. Das Vorhaben soll einen Beitrag dazu leisten, sowohl die Konvergenz der beiden Teildisziplinen im Hinblick auf die Ausgestaltung der relevanten Berichtseinheiten voranzutreiben als auch auf die Ausgangsvoraussetzungen familienge-

---

23 Dass der Management Approach ein Risiko zum Ausweis nicht entscheidungsrelevanter Berichtsgegenstände birgt, kann anhand der Untersuchungen der US-Segmentberichterstattung belegt werden, wo das Konzept bereits 1997 Zugang in die Rechnungslegung gefunden hat. Bis heute kann – auch auf Basis von empirischen Untersuchungen – keine Vorteilhaftigkeit des Management Approach gegenüber alternativen Ansätzen zur Segmentberichterstattung begründet werden. Insbesondere in der US-amerikanischen Literatur findet sich ein weites Ergebnisspektrum auf die Frage, ob und wie der Management Approach auf die Identifikation und Abgrenzung der für die Kapitalgeber zweckgerechten Berichtseinheiten wirkt. Neben anderen befassen sich vor allem Herrmann/Thomas (2000a, 2000b), Street/Nichols/Gray (2000), Berger/Hann (2003), Hussain (1997) bzw. Hussain/Skeratt (1992), Bar-Yosef/Venezia (2004) und Ettredge et al. (2005) mit dieser Thematik.

führter mittelständischer Unternehmen für eine Integration der Rechnungslegung aufmerksam zu machen.

1.3. Präzisierung der Zielsetzungen des Konzepts

Die vorliegende Arbeit entwickelt ein Instrument zur Ausgestaltung einer für externe Eigenkapital- und Fremdkapitalgeber relevanten Berichtsstruktur von eigentümergeführten Unternehmen, die sich für eine Bilanzierung nach internationalen Rechnungslegungsstandards entscheiden.[24]

Mit der Entwicklung werden drei Teilziele verfolgt. Erstens müssen die Leitlinien eine divisionale Berichtsstruktur generieren, die sich in die vorhandene funktionale Organisations- und Berichtsstruktur des betrachteten Unternehmenskreises integrieren lässt. Aufgrund des zentralen Machtanspruchs der Unternehmensleitung erfolgt die Implementierung pagatorischer Rechnungsgrößen für die divisional gegliederten operativen Teileinheiten nicht anstelle, sondern in Ergänzung zur kalkulatorischen Unternehmensrechnung der funktional strukturierten Bereiche.

Die zweite Zielsetzung ist, dass die Aufstellung der Identifikations- und Abgrenzungsregularien operativer Teileinheiten auf vorhandenen Standards internationaler Rechnungslegungssysteme beruhen soll. Auf diese Weise soll eine Vergleichbarkeit der Betriebe mit am Kapitalmarkt organisierten Unternehmen erreicht werden.

Darüber hinaus sind weitere charakteristische Merkmale der eigentümergeführten Unternehmen im Verlauf der Untersuchung als feste Eckpfeiler zu berücksichtigen. Vor dem Hintergrund der in der Regel limitierten kaufmännischen Ressourcen und der im Vergleich zu Großkonzernen niedrigeren Rechnungslegungsexpertise muss das Konzept eine einfache Zugänglichkeit gewährleisten und die kostengünstige Anwendbarkeit sicherstellen. Mit der Verständlichkeit und Einfachheit des Ansatzes steigt die Akzeptanz in der Praxis.

1.4. Darstellung der Vorgehensweise

Die Untersuchung ist in sechs Kapitel gegliedert. Im zweiten Kapitel wird der weit über 3 Mio. deutsche Betriebe umfassende Mittelstandsbegriff unter Anwendung qualitativer Kriterien für die Ausarbeitung des Konzepts eingegrenzt. Die in dieser Arbeit verwendete De-

---

24 Dabei ist es unerheblich, ob eine Bilanzierung nach den Rechnungslegungsstandards für kapitalmarktorientierte Unternehmen angestrebt wird oder der IFRS-SME-Entwurf zur Anwendung kommt. Bei beiden Standards stellt sich das Problem einer den Anforderungen der Kapitalgeber zweckgerechten Erfolgsspaltung der Geschäftsaktivitäten.

finition wird einerseits anhand spezifischer Organisationsmerkmale eigentümergeführter mittelständischer Unternehmen durchgeführt. Auf der anderen Seite wirken die Veränderungen der externen Rahmenbedingungen auf die Eigentümer- und Finanzierungsstruktur der Betriebe. Bei Zusammenführung dieser internen und externen Ausgangsvoraussetzungen kristallisieren sich deutlich gestiegene Informationsanforderungen an die externe Rechnungslegung heraus. Die darauf folgende Analyse aktueller Studien zur Rechnungslegungspraxis mittelständischer Unternehmen offenbart einen Anpassungs- und Erweiterungsbedarf der vorhandenen Informationsinstrumente.

Im dritten Kapitel werden am Beispiel einer integrierten Ergebnisrechnung auf Basis von Kostenträgern die Anforderungen an eine konvergente Rechnungslegung für den betrachteten Unternehmenskreis beschrieben. Im Anschluss an die Formulierung eines adressatengerechten Strukturkataloges zur Rechnungslegungskonzeption thematisiert die Arbeit die Anforderung der Kapitalgeber zur chancen- und risikokonformen Abbildung diversifizierter Geschäftsaktivitäten. Unter Berücksichtigung der Prämisse funktional ausgestalteter Organisations- und Berichtsstrukturen des betrachteten Unternehmenskreises werden zur Sicherstellung einer zweckgerechten Darstellung Einzelkriterien für die divisionale Erfolgsspaltung formuliert. Darüber hinaus fließen die mittelstandsspezifischen Ausgangsvoraussetzungen als Leitplanken in das Konzept ein.

Kapitel vier stellt das Konzept der partiellen Integration als Bezugsrahmen für den auszuarbeitenden Gestaltungsvorschlag des Berichtssystems vor. Der Ansatz liefert eine Erklärung für die in der Praxis beobachtbare ausschließliche Integration der Ergebnisrechnungen extern relevanter Berichtsgegenstände. Die Übernahme des partiellen Integrationskonzepts bedeutet für den betrachteten Unternehmenskreis, unter Umständen eine Zusammenfassung und den gemeinsamen Ausweis der jeweiligen Einzel-Ergebnisrechnungen auf einer hierarchisch übergeordneten Berichtsebene vorzunehmen. Einen Leitfaden zur Identifikation der für die Kapitalgeber relevanten Berichtseinheiten und -ebenen kann aus dem Konzept jedoch nicht abgeleitet werden.

Aus diesem Grund erfolgt in Kapitel fünf die Integration von Vorschriften zur Abbildung unterschiedlicher Geschäftsaktivitäten aus dem Regelwerk der IFRS-Rechnungslegung. Für die Ableitung eines Kriterienkataloges zur Identifikation und chancen- und risikokonformen Abgrenzung der Berichtsgegenstände werden einzelne Regularien der Standards IFRS 8 und IAS 36 (rev. 2004) miteinander kombiniert. Dabei integriert das Konzept die Richtlinien zur Durchführung der Erfolgsspaltung des Standards IAS 36 (rev. 2004) in die flexiblen Gestaltungsanforderungen des Management Approach nach IFRS 8. Im Anschluss wird der entwickelte Ansatz mithilfe eines Beispiels zur sektoralen Diversifizierung des Produktportfolios eines mittelständischen Brauereiunternehmens weiter veranschaulicht. Den Abschluss bildet die Darstellung der methodischen Vorgehensweise zur Verrechnung der Rechnungsgrößen auf die relevanten Berichtseinheiten – jeweils getrennt für die interne kalkulatorischen Steuerung und die externe Berichterstattung.

Die Schlussbetrachtung bildet das sechste Kapitel. Sie umfasst eine abschließende Bewertung des vorgestellten Instruments und weist auf durch die vorliegende Arbeit neu eröffnete Forschungsfelder hin.

2. Situation mittelständischer Unternehmen als Ausgangspunkt einer Neuorientierung der externen Berichterstattung

2.1. Untersuchung der Definitions- und Abgrenzungsproblematik kleiner und mittlerer Unternehmen

Für den Begriff Mittelstand existiert keine allgemeingültige Definition.[25] In der einschlägigen deutschen betriebswirtschaftlichen Literatur werden die Bezeichnungen Mittelstand und mittelständische Unternehmung[26] verwendet. Im internationalen Sprachgebrauch überwiegt der Ausdruck kleine und mittlere Unternehmen (KMU), für den im Englischen der Begriff Small and Medium-sized Entities (SME) gebraucht wird.[27]

Bei der Ermittlung der volkswirtschaftlichen Bedeutung der mittelständischen Unternehmen bereitet die konkrete Bestimmung des Unternehmenskreises Schwierigkeiten.[28] Die jüngste Umsatzsteuerstatistik für das Jahr 2006 weist einen Bestand von rund 3,1 Mio. in Deutschland umsatzsteuerpflichtiger Unternehmen aus.[29] Es existiert jedoch weder eine vollständige Erfassung noch eine entsprechende einheitliche Statistik zur Identifikation des rechnerischen Anteils des Mittelstands an der Gesamtwirtschaft. Infolgedessen ist eine Abgrenzung zu Großunternehmen durch Definition einer Größenspanne nicht möglich. Trotz der unzureichenden Präzisierung werden quantitative Kriterien häufig angewendet. Dazu haben sich im

---

25 In der Literatur existieren mehr als 200 Ansätze, den Mittelstand als Gruppe zu definieren bzw. gegenüber größeren Unternehmen abzugrenzen. Vgl. bspw. Gantzel (1962), S. 293, der bereits über 190 Definitionen aufzeigen konnte.

26 Eine Unternehmung ist nach Schweitzer (1997), S. 30, eine „ökonomische [...] Einheit mit der Aufgabe der Fremdbedarfsdeckung, mit selbstständigen Entscheidungen und eigenen Risiken". Dabei wird der Begriff Unternehmen als rechtliche Einheit definiert und die Unternehmung als Zusammenfassung mehrerer rechtlicher Einheiten, bspw. Konzernunternehmung. Im Verlauf dieser Arbeit werden beide Begriffe als Synonyme verwendet.

27 Dabei ist der Mittelstandsbegriff eine vorwiegend im deutschen Sprachraum gebräuchliche Bezeichnung für die deutschen Wirtschaftsstrukturen kleiner und mittlerer Unternehmen. Grundsätzlich kann die Grundgesamtheit aller Unternehmen in drei Größenklassen eingeteilt werden: (1) kleine bzw. Kleinstunternehmen, (2) mittlere bzw. mittelgroße Unternehmen, (3) Großunternehmen. In die Kategorie der KMU fallen die beiden Gruppen (1) und (2). Diese werden im Verlauf der Arbeit stets kumuliert als KMU bezeichnet.

28 Gerade die Begriffsunbestimmtheit ermöglicht ausdrucksstarke Titulierungen des volkswirtschaftlichen Gewichts. Von „herausragender Bedeutung" spricht bspw. Wallau (2006), S. 11. Als das „Rückgrat der deutschen Wirtschaft" bezeichnet Mösch (2007), S. 3, den Unternehmenskreis.

29 Vgl. Destatis (2008), https://www-ec.destatis.de. Die Umsatzsteuerstatistik erfasst alle Unternehmen, deren Umsatz mindestens 17.500 € und deren Steuer mindestens 512 € im Jahr beträgt. Nicht registriert werden Unternehmen, die steuerfreie Umsätze tätigen bzw. bei denen keine Steuerzahllast entsteht, wie bspw. Ärzte, Behörden, Versicherungsvertreter, landwirtschaftliche Unternehmen. Für eine genaue Branchenzuordnung vgl. die Destatis Wirtschaftszweigsystematik (WZ 2003 A-K, M-O). Ebenfalls fehlen konzernabhängige Unternehmen, für welche die Muttergesellschaft im Rahmen einer Organschaft die Versteuerung des Umsatzes übernimmt. Das IfM ermittelt anhand eigener Berechnungen einen Unternehmensbestand von rund 3,6 Mio. für das Jahr 2007. Vgl. IfM (2008a), http://www.ifm-bonn.de.

Zeitablauf unterschiedliche Abgrenzungsmöglichkeiten nach Input- und Outputfaktoren herausgebildet. Im Wesentlichen sind dies:

- Einsatzwert der Produktionsfaktoren: Bilanzsumme,
- Einsatzmenge der Produktionsfaktoren: Mitarbeiteranzahl,
- Leistungswert der Produktion: Umsatz.

Die nachfolgende Aufzählung beschreibt exemplarische Abgrenzungsmöglichkeiten der KMU zu Großunternehmen, welche vorwiegend im Rahmen der Festlegung von Schwellenwerten zur Bereitstellung von Informationsanforderungen auf deutscher und europäischer Ebene entwickelt wurden. Die offensichtlichen Unterschiede bekunden das potenzielle Spannungsfeld für eine europäische Normenentwicklung im Bereich der Rechnungslegung:[30]

Institution	Gültigkeit	Anlass und Gesetz, Empfehlung, Richtlinie	Bilanzsumme	Umsatzerlöse	Arbeitnehmer	Boolescher Operator
Europäische Union	2006	Anhebung der Schwellenwerte im Zuge der Neuformulierung der Jahresabschlussrichtlinie (4. gesellschaftsrechtliche EU-Richtlinie).[31]	17,5 (Mio. €)	35,0 (Mio. €)	250	Einhaltung von zwei Kriterien
Europäische Kommission	2003	Aufgrund drohender Wettbewerbsverzerrungen durch das Nebeneinander verschiedener Definitionen auf Ebene der Gemeinschaft und der Mitgliedstaaten, bspw. bei Förderungsmaßnahmen zugunsten der KMU, erlässt die Kommission eine Generalempfehlung hinsichtlich der kohärenten Begriffsauslegung.[32]	43,0 (Mio. €)	50,0 (Mio. €)	250	Einhaltung Arbeitnehmeranzahl; Rest: Oder
Deutscher Gesetzgeber	2004	Im Rahmen des Bilanzrechtsreformgesetzes (BilReG) wurden die Schwellenwerte des § 267 Abs. 2 HGB „Umschreibung der Größenklassen" zur Bilanzerstellung für mittelgroße Kapitalgesellschaften nach § 266 Abs. 1 HGB angepasst.[33]	16,1 (Mio. €)	32,1 (Mio. €)	250	Einhaltung von zwei Kriterien

---

30   Vgl. Köhler (2007), S. 2.
31   Amtsblatt der Europäischen Union (2006c) L224, Art. 1, Abs. 1 und 3 vom 16.08.2006. Die 4. Richtlinie 78/660/EWG wurde ursprünglich 1978 erlassen und erfasst keine Personengesellschaften. Vgl. Amtsblatt der Europäischen Union (1978), L222, Art. 1 sowie 11 und 27 vom 14.08.1978.
32   Amtsblatt der Europäischen Union (2003) L124, Anhang, Art. 2, Abs. 1 vom 20.05.2003. Die Empfehlung ersetzt die Schwellenwerte der bisherigen Definition aus dem Jahr 1996, welche eine Höchstgrenze von 250 Mitarbeitern vorsah und entweder eine Bilanzsumme von weniger als 27,0 Mio. ECU oder Umsatzerlöse von weniger als 40,0 Mio. ECU forderte. Vgl. Amtsblatt der Europäischen Union (1996) L107, Anhang, Art. 1, Abs. 1 vom 30.04.1996.
33   Bundesgesetzblatt (2004) I, Nr. 65, Art. 1, Abs. 3 b vom 09.12.2004.

Institution	Gültigkeit	Anlass und Gesetz, Empfehlung, Richtlinie	Bilanzsumme	Umsatzerlöse	Arbeitnehmer	Boolescher Operator
IfM	2002	Das IfM definiert den Mittelstand einerseits als kleine und mittlere Unternehmen durch quantitative Merkmale. Andererseits erfolgt eine qualitative Abgrenzung eigentümer- und familiengeführter Unternehmen.[34]	(-)	50,0 (Mio. €)	500	Oder
IASB	2007	Bei der Ausarbeitung des Entwurfs für die IFRS-SME formuliert der Standardsetter einen Schwellenwert für die Mitarbeiteranzahl. Die IASB-Arbeitsgruppe definiert darüber hinaus ein Modellunternehmen anhand der Umsatzgröße und Mitarbeiteranzahl.[35]	(-)	10,0 (Mio. €)	50	Und

Abbildung 1: Exemplarische Schwellenwerte zur Abgrenzung der KMU von großen Unternehmen

Die deutlichen Unterschiede der Schwellenwerte sowie fehlende Angaben zu Methodik und Beweggründen dokumentieren eine schematische Vorgehensweise der Institutionen. Folgt man diesem rein quantitativen Ansatz, dann stellen kleine und mittlere Unternehmen lediglich eine Miniaturform großer Konzerne dar, auf die betriebswirtschaftliche Erkenntnisse zu Großunternehmen nahezu unverändert übertragen werden können. Jedoch greift eine Fokussierung auf rein quantitative Aspekte zu kurz. Zwar sind diese Berechnungsmethoden und Darstellungen für einen groben Überblick hilfreich, grundsätzlich aber werden mittelständische Unternehmen nicht nur über eine Zahl, sondern insbesondere durch qualitative Kriterien definiert.[36]

Einen alternativen Versuch zur Abgrenzung mittelständischer Unternehmen beschreibt das IASB im Rahmen der Ausarbeitung des IFRS-SME-Entwurfs. Dabei greift der Standardsetter die Kritikpunkte einer quantitativen Abgrenzung auf. Auf Basis ausschließlich qualitativer Kriterien formuliert das IASB KMU als Betriebe, die

---

[34] IfM (2008b), http://www.ifm-bonn.de und IfM (2008c), http://www.ifm-bonn.de. Die qualitative Definition von Familienunternehmen umfasst die Betriebe, bei denen Eigentums- und Leitungsrechte bei der Person des Unternehmers vereint sind. Familienunternehmen sind demnach eigentümergeführte Unternehmen ohne Größenbeschränkung. Das Kriterium der Eigentümerführung wird durch folgende Merkmale operationalisiert: 1) Bis zu zwei natürliche Personen und deren Familienangehörigen halten mindestens 50 % der Anteile eines Unternehmens und 2) diese natürlichen Personen gehören der Geschäftsführung an. 95,1 % aller Unternehmen sind als Familienunternehmen zu charakterisieren. Auf sie entfallen 41,5 % aller Umsätze, und sie vereinen 57,3 % aller Beschäftigten auf sich.

[35] IASB (2007), ED-SME BC.45; Reuther (2007), S. 318; Knorr (2007), S. 14.

[36] Die qualitativen Kriterien formulieren anstelle einer Betriebsgröße einen bestimmten Betriebstyp. Vgl. mit weiteren Nachweisen Oehler (2005), S. 6-7 sowie Abschnitt 2.2. dieser Arbeit.

- nicht öffentlich rechenschaftspflichtig sind und
- bei denen externe Adressaten an einer Rechnungslegung interessiert sind.[37]

Eine öffentliche Rechenschaftspflicht liegt vor,

- wenn Unternehmen öffentliche Kapitalmärkte durch Ausgabe von Eigen- oder Fremdkapitaltiteln in Anspruch nehmen oder eine Inanspruchnahme geplant ist,
- wenn Unternehmen eine treuhänderische Verwaltung von Vermögenswerten für einen breiten Anlegerkreis (bspw. Banken, Versicherungen, Finanzvermittler) ausüben,
- wenn ein Unternehmen ein öffentliches Versorgungsunternehmen ist oder andere wesentliche öffentliche Dienstleistungen erbringt,
- wenn Unternehmen in ihrem Sitzland gemessen an ihrem Gesamtvermögen, ihrer Ertragsstärke, ihrer Mitarbeiteranzahl, ihrem Markteinfluss, ihrem Verschuldungsgrad oder ihrer Gläubigerstruktur als wirtschaftlich bedeutend gelten.[38]

Es wird deutlich, dass die durch das IASB vorgeschlagene Definition der KMU eine große Bandbreite von Unternehmen umfasst. Diese reicht von nicht kapitalmarktorientierten Großunternehmen mit komplizierten Geschäftsbetrieben bis zum Kleinstunternehmen, sogenannte Micros.[39] *Kirsch/Meth (2007)* kritisieren an dieser rudimentären Anwender- und Adressatendefinition, dass keine nationalen Besonderheiten der Mittelstandsstrukturen im Standard Berücksichtigung finden.[40] Ebenfalls kommentieren *Wiedmann/Beiersdorf/Schmidt (2007)* kritisch, dass aufgrund mangelnder Konkretisierung des Geltungsbereichs der Entwurf für die KMU eigentlich unklar bleibt. Das große potenzielle Unternehmensspektrum erschwert zudem die Diskussion über die Anforderungen und Zwecke des Standardentwurfs. Falls die im Schrifttum geforderte Präzisierung des Adressatenkreises durch das IASB ausbleibt, obliegt es den europäischen und nationalen Gesetzgebern zu entscheiden, welche nicht öffentlich rechenschaftspflichtigen Unternehmen künftig zur Anwendung der IFRS-SME verpflichtet werden.[41]

Der in diesem Abschnitt vorgestellte Diskussionsstand dokumentiert, dass im Allgemeinen eine Vielzahl von Unternehmen zum Mittelstand hinzugezählt werden kann. Gleichzeitig gehen die zur Komplexitätsreduktion herangezogenen quantitativen Abgrenzungsmerkmale zu schablonenhaft vor. Mittelständische Unternehmen sind eine heterogene Gruppe, die in allen Rechtsformen, Größen und Anteilseignerstrukturen auftreten können. Ebenso sind branchenspezifische und insbesondere nationale Besonderheiten bei der Abgrenzung zu be-

---

37 IASB (2007), IFRS-SME 1.01.
38 IASB (2007), IFRS-SME 1.02.
39 Tatsächlich steht die Informationsübermittlung an verhandlungsschwache Adressaten dieser „Kleinstunternehmen" mit bis zu 50 Mitarbeitern im Vordergrund des IASB. Vgl. IASB (2007), IFRS-SME BC.45-50; insbesondere die Ausführungen in BC.46: „External users [...] are not in a position to demand reports tailored to meet their particular information needs." Ebenfalls Pacter (2007), S. 328-330.
40 Kirsch/Meth (2007), S. 8.
41 Wiedmann/Beiersdorf/Schmidt (2007), S. 332.

rücksichtigen.[42] Eine exakte Bestimmung erfordert demzufolge eine Vielzahl qualitativer Kriterien. Damit die gesuchte Definition trotz der Komplexität handhabbar bleibt, erscheint es zunächst erforderlich, den Mittelstandsbegriff im Hinblick auf die Fragestellung dieser Arbeit zu präzisieren und diesbezüglich etwaige Besonderheiten herauszuarbeiten. Aus diesem Grund ist aus der Menge möglicher qualitativer Abgrenzungskriterien eine Teilmenge zu definieren, die sich für das Vorhaben als zweckmäßig erweist. In den folgenden Abschnitten wird also ein arbeitsspezifischer Mittelstandsbegriff formuliert.

Ansatz der vorliegenden Arbeit ist es, anhand qualitativer Kriterien einen mittelständischen Unternehmenskreis zu zeichnen, welcher durch die traditionelle (zentralistische) Unternehmenskultur eines eigentümergeführten Betriebs geprägt ist und sich aufgrund unausweichlicher Kapitalmaßnahmen erhöhten Informations- und Transparenzanforderungen von außen ausgesetzt sieht. Im Zentrum der Ausgangsvoraussetzungen steht der Eigentümer als (bisher alleiniger) geschäftsführender Gesellschafter.[43] Demzufolge fällt die rechtliche und wirtschaftliche Existenz des Unternehmens mit der Verantwortlichkeit dieser Führungsperson für alle unternehmensrelevanten Entscheidungen zusammen. *Daschmann (1994)* betont im Zuge der Ableitung von Chancen und Risiken einer solchen patriarchalischen Position des Eigentümers, dass sich ökonomische Auswirkungen dieser Konstellation in nahezu allen betrieblichen Bereichen, wie bspw. im Finanzierungsverhalten, der Produktpolitik oder der Einstellung zur Anwendung betriebswirtschaftlicher Methoden, zeigen.[44]

Neben einer fehlenden Kapitalmarktorientierung für die betrachteten Betriebe[45] kann also die eindeutige Personenbezogenheit der Führung als weiteres qualitatives Merkmal zur Beschreibung des relevanten Unternehmenskreises festgemacht werden. Weil diese Arbeit eine von den dargestellten Identifikationskriterien abweichende Herangehensweise wählt, werden im weiteren Verlauf die quantitative Bezeichnung KMU und die beiden qualitativen Terminologien eigentümergeführtes Unternehmen oder familiengeführtes Unternehmen synonym verwendet.[46]

---

42 Vgl. statt vieler Mandler (2004), S. 14; Pfohl (1997), S. 10.
43 Der Eigentümerbegriff steht synonym für eine Eigentümerfamilie, bei der mehrere Familienmitglieder Anteile am Unternehmen halten und/oder die Geschäftsführung mit mehreren Familienmitgliedern besetzt ist.
44 Daschmann (1994), S. 56-62. Der Autor postuliert, die Erfolgsfaktoren mittelständischer Unternehmen grundsätzlich anhand der beiden Eigenschaften einer zentralen Stellung des Unternehmers sowie der begrenzten Betriebsgröße abzuleiten. Die Personenbezogenheit der Unternehmensführung sowie die Auswirkungen auf rechtliche und wirtschaftliche Entscheidungen beschreibt ebenfalls Kayser (1997), S. 84-86, S. 94-98. Klein (2000), S. 158-159, leitet alternative Einflussmöglichkeiten der Familie über Managementbesetzung, Beiratsmehrheiten und Anteilsstrukturen her.
45 „The simplest definition of a small firm is, that it is privately held." Ang (1992), S. 185.
46 Neben dem IfM benutzen Hennerkes (1998), S. 24-25, Klein (2000), S. 158-159, Astrachan/Klein/Smyrnios (2002), S. 52, Wolter/Hauser (2001), S. 33, ebenfalls Mischformen qualitativer und quantitativer Abgrenzungsmerkmale. Allen gemein ist die Intention, den Einfluss der Eigentümerfamilie und ihres erweiterten Kreises auf die Unternehmung über qualitative und quantitative Merkmale abzubilden.

2.2. Kennzeichnung der Besonderheiten mittelständischer Unternehmensführung

2.2.1. Bestimmung des Führungsbegriffs und seiner Teilsysteme

Die Person des Unternehmers als Element der Unternehmensführung wurde in der Literatur lange Zeit nur unzureichend thematisiert.[47] Kennzeichnend für die Unternehmensführung im Mittelstand ist aber gerade die zentrale Rolle des Eigentümers. Oftmals werden mittelständische Unternehmen in der personalisierten Rechtsform eines Einzelunternehmens, einer Personengesellschaft oder einer GmbH geführt.[48] Träger der Führungsaufgabe ist dementsprechend eine Person oder ein überschaubarer – dem Eigentümer nahestehender – Personenkreis. In vielen Fällen nimmt der Unternehmer über die Geschäftsleitungsfunktion hinaus auch die Rolle des Kapitalgebers in Personalunion wahr. Infolgedessen ist die Fokussierung der Sozial- und Führungsbeziehungen auf die Person des Unternehmers als eine wichtige Besonderheit der mittelständischen Unternehmung gegenüber dem Großkonzern zu sehen. Zur weiteren Charakterisierung dieser wesentlichen Eigenschaft mittelständischer Unternehmensführung lässt sich aus den in der Literatur vorgeschlagenen Begriffsbestimmungen auf keine passende Definition zurückgreifen.[49] Im Hinblick auf eine zweckmäßige Begriffsauslegung sollen deshalb in den folgenden Absätzen wichtige Elemente mittelständischer Unternehmensführung identifiziert werden.

Führung wird nach *Wild (1974)* als Tätigkeit beschrieben, die einerseits die „Steuerung und Gestaltung des Handelns anderer Personen zum Gegenstand hat" und zum anderen „Systeme schafft, die der Koordination [...] dienen".[50] *Wunderer/Grunwald (1980)* sprechen von der „zielorientierte[n] soziale[n] Einflussnahme zur Erfüllung gemeinsamer Aufgaben".[51] Die unterschiedliche Begriffsverwendung vereinheitlicht *Küpper (2001)* durch systematische Gliederung ihrer „gemeinsamen Kerne" als Teile des unternehmerischen Führungssystems.[52] Als Teilbereiche der Unternehmensführung bezeichnet *Küpper (2001)* die Führungsteilsysteme Planung, Kontrolle, Personalführung, Organisation und Information, deren Ko-

---

47 Vgl. Thurik (1996), S. 114; Ripsas (1998), S. 104.
48 Das aktuelle BDI-Mittelstandspanel durchleuchtet insbesondere Unternehmen mit geringer Beschäftigungszahl und Umsatzgröße. 93 % der untersuchten Unternehmen weisen einen Jahresumsatz von unter 50 Mio. € aus. Innerhalb dieser Grundgesamtheit werden 26 % als Personengesellschaft klassifiziert sowie 72 % in der Rechtsform der GmbH geführt. Vgl. Wallau/Adenäuer/Kayser (2007), S. 72-75.
49 Zur Unternehmensführung hat sich bis heute kein einheitlicher Begriffsapparat durchgesetzt. Für eine Diskussion der Auslegungsversuche des vielschichtigen Begriffs vgl. statt vieler Hungenberg/Wulf (2006), S. 21-34 oder Meier (2006), S. 12-30, S. 216-219.
50 Wild (1974), S. 158.
51 Wunderer/Grunwald (1980), S. 62 sowie Wunderer (1993), S. 53.
52 Küpper (2001), S. 14-15.

ordination die primäre Aufgabe des Controlling darstellt.[53] Sowohl zur teilsysteminternen als auch für die teilsystemübergreifende Abstimmung hält jedes Führungsteilsystem einen Baukasten verschiedener Instrumente bereit.[54] Die Zusammenführung von Komponenten der isolierten Führungsteilsysteme ermöglicht die Bildung sogenannter übergreifender Koordinationssysteme, welche nach dem notwendigen Koordinationsgrad unterschieden werden. Das zentralistische Führungssystem zeichnet sich durch einen niedrigen Abstimmungsgrad aus. Aufgrund der dominanten Rolle des Eigentümers herrscht in KMU das zentralistische Führungssystem. Es soll auch in dieser Arbeit als Bezugsrahmen des mittelständischen Führungsverständnisses dienen.

Nach *Küpper (2001)* ist der hohe Zentralisierungsgrad von Entscheidungs- und Weisungsrechten beschreibendes Merkmal zentralistischer Führungssysteme. Die Entscheidungsfelder sind groß und Interdependenzen wenig durchtrennt, so dass alle wesentlichen Angelegenheiten von der Unternehmensleitung selbstständig und direkt entschieden werden. Die Aufgabenverteilung erfolgt nach dem Verrichtungsprinzip.[55] Alle hier genannten Kriterien zur Klassifizierung des zentralistischen Führungssystems setzen an den Instrumenten des Führungsteilsystems Organisation an.[56] Komponenten der vier übrigen Führungsteilsysteme ergänzen diese Charakterisierung. Dabei richten sie sich an dem hohen Zentralisierungsgrad der Aufgaben und Kompetenzen aus. Die beschriebenen organisatorischen Eigenschaften werden von einer – ebenfalls – zentralisierten Top-down-Planung, einer tendenziell autoritären Personalführung und einem ausgeprägten (Ergebnis-)Kontrollsystem flankiert. Gleichzeitig ist das Informationssystem wenig differenziert, so dass die Bilanz- sowie die Kosten- und Erlösrechnung (im Folgenden auch: Kostenrechnung) jeweils die gesamte Unternehmung abbilden.[57] Zur Systematisierung der Merkmale, die das Führungsverständnis mittelständischer Unternehmen vorwiegend beschreiben, soll jedoch in den folgenden Absätzen das Teilsystem Organisation detailliert werden. Diese Begriffsdefinition ist Ausgangsbasis für eine strukturierte Ableitung mittelstandsspezifischer Organisationscharakteristika in Abschnitt 2.2.2., zu deren Beschreibung auch Komponenten anderer Führungsteilsysteme herangezogen werden.

---

53 Zur theoretischen Fundierung des traditionellen „koordinationsorientierten Controllingansatzes" vgl. Küpper/Weber/Zünd (1990), S. 281-293, insbesondere S. 282-283. Die Autoren beschreiben die Controllingfunktion als ein übergreifendes Koordinationsinstrument der Führungsteilsysteme Organisation, Planung, Kontrolle, Information und Personalführung, das gleichzeitig eine übergeordnete und gesamtzielorientierte Abstimmung gewährleistet.
54 Vgl. dazu und für die folgenden Ausführungen Küpper (2001), S. 20-30. Zur Erläuterung der zentralistischen Führungssysteme vgl. Küpper (2001), S. 315-317.
55 Küpper (2001), S. 28, S. 315.
56 Die Erzeugung großer Entscheidungsfelder durch die Zentralisation von Entscheidungs- und Weisungsrechten beschreibt eine Ausprägungsform des Koordinationsinstrumentes der Aufgaben- und Kompetenzverteilung. Dieses Koordinationsinstrument gehört zu dem Führungsteilsystem der Organisation. Vgl. Küpper (2001), S. 26.
57 Vgl. Küpper (2001), S. 314-316.

Begriff und Gegenstand der Organisation sind in der Literatur nicht einheitlich abgegrenzt. Vielmehr bestehen Überschneidungen von Definitionsversuchen, die auf Problemstellungen unterschiedlicher Disziplinen beruhen.[58] *Kieser/Kubicek (1992)* bezeichnen Organisationen als „soziale Gebilde, die [...] eine formale Struktur aufweisen, mit deren Hilfe Aktivitäten der Mitglieder auf das verfolgte Ziel ausgerichtet werden sollen".[59] Eine vergleichbare Charakterisierung wählen *Bea/Göbel (2002)*, die den Organisationsbegriff als „zielgerichtete Ausgestaltung der Unternehmensstruktur und [...] der Unternehmensentwicklung" formulieren.[60] Darstellungen der Organisation mittels dieses gestaltungsorientierten Grundverständnisses entsprechen dem instrumentellen Organisationsbegriff, der „Organisation als (Führungs-)Instrument zur zielgerichteten Steuerung betrieblicher Aktivitäten" beschreibt.[61] *Picot (1993)* postuliert die Zuspitzung: „Die Unternehmung **hat** eine Organisation" (Hervorh. im Original).[62]

Im Gegensatz zum instrumentellen Organisationsbegriff wird in der Verhaltenswissenschaft der institutionelle Organisationsbegriff definiert. Dieses Organisationsverständnis hat einen anderen Ausgangspunkt. Es charakterisiert Organisationen als ein gemeinsamen Zwecksetzungen und bestimmten Regeln unterworfenes soziales System, kurz gefasst: „Die Unternehmung **ist** eine Organisation" (Hervorh. im Original).[63]

Im Sinne einer zielorientierten Gestaltung der Teilaufgaben und ihrer wechselseitigen Beziehungen erfolgt die Begriffsauslegung in der Betriebswirtschaft weitgehend nach der instrumentellen Sichtweise.[64] Zentrale Fragestellungen der instrumentellen Organisationstheorie sind die Aufgabenverteilung, deren hierarchische Anordnung und die ablauforganisatorische Prozessgestaltung.[65] Eine Operationalisierungsmöglichkeit dieser drei Kernbereiche bietet der konzeptionelle Bezugsrahmen von *Picot (1993)*, dessen Variablen der Organisationsstruktur im Wesentlichen der Arbeit von *Kieser/Kubicek (1992)* entnommen und in Abbildung 2 dargestellt sind.

---

58 Einen Überblick liefern Schneider (1987), S. 203-206 und Picot (1993), S. 104-106. Als „zwei Seiten ein und desselben Gegenstandes" kritisiert Picot (1993), S. 105, die vermeintlich unterschiedlichen Autorenmeinungen zur Organisation, die den Begriff als Bestandsphänomen einerseits und als ablaufende Prozesse andererseits auffassen.
59 Kieser/Kubicek (1992), S. 4.
60 Bea/Göbel (2002), S. 21.
61 Küpper (2001), S. 264.
62 Picot (1993), S. 105.
63 Picot (1993), S. 104-105. Vgl. dort auch für weitere Nachweise zur verhaltenswissenschaftlichen Definition.
64 Vgl. Küpper (2001), S. 264, in Anlehnung an Kosiol (1976), S. 29; Schweitzer (1969), S. 89; Wild (1966), S. 160. Ebenso Picot (1993), S. 105, in Anlehnung an Gutenberg (1983), S. 235-236.
65 Küpper (2001), S. 265.

Strukturdimension	Beschreibung
Spezialisierung (Aufgabenteilung)	Bildung von Teilaufgaben und Definition organisatorischer Einheiten als Träger von Teilaufgaben
Koordination (Programmierung)	Prozess zur möglichst reibungslosen Verwirklichung der Gesamtaufgabe und Förderung des übergeordneten Ziels
Leitungssystem (Weisungsrechte)	Gestaltung von Weisungs- und Anordnungsrechten zwischen Organisationseinheiten zur Abstimmung der Aufgabenerfüllung
Entscheidungsrechte	Inhaltliche Gestaltungs- und Entscheidungskompetenz der Aufgabenerfüllung
Formalisierung (Information/Kommunikation)	Dokumentation des betrieblichen Geschehens, formalisiert bzw. schriftlich fixiert

Abbildung 2: Variablen der Organisationsstruktur nach Picot (1993) in Anlehnung an Kieser/Kubicek (1992)[66]

Die Strukturdimension der Spezialisierung entspricht dem oben genannten Kernbereich der Aufgabenteilung, Koordination bezeichnet die ablauforganisatorische Prozessgestaltung. Beide Dimensionen werden durch die Elemente Leitungssystem und Entscheidungsrechte ergänzt, welche die Interaktionsrichtlinien zwischen den Aufgabenträgern festlegen. Die Formalisierung bezeichnet den Dokumentationsgrad der Organisationsstruktur. Die Dimensionen Weisungsrechte und Entscheidungsrechte stehen in einem engen Verhältnis zueinander. Erstere bewirken die Ausprägung organisatorischer Einheiten, bspw. in Leitungssystemen (Betriebsorganigramme). Diese Anordnungsrechte sorgen für eine systematische Abbildung der Aufgabenteilung. Im Gegensatz zu einer solchen Zuständigkeitsverteilung legen Entscheidungsrechte die inhaltliche Kompetenz zur Aufgabenerfüllung, bspw. zur Problemlösung, fest.[67] Mit anderen Worten: Die zuständige Instanz (durch Weisungsrechte bestimmt) kann Alternativen ausarbeiten, muss jedoch nicht unbedingt befugt sein, die Entscheidung zur Problemlösung (durch Entscheidungsrechte bestimmt) zu treffen.

In der Literatur findet sich keine breite Erkenntnisbasis über die instrumentelle Betrachtungsweise der Organisationstheorie bei mittelständischen Unternehmen. Deshalb sollen im folgenden Abschnitt die Variablen der Organisationsstruktur anhand der Merkmale einer eigentümergeführten Unternehmung für diese Arbeit inhaltlich konkretisiert werden.

---

[66] Picot (1993), S. 104, S. 121-147. Die Strukturdimensionen von Kieser/Kubicek (1992) werden im folgenden Abschnitt vorgestellt.
[67] Picot (1993), S. 136.

2.2.2. Spezifizierung mittelständischer Organisationsmerkmale im zentralistischen Führungssystem

Als mögliche Legitimationsbasis von Machtansprüchen in Gesellschaft und Wirtschaft kreierte Max Weber zu Beginn des 20. Jahrhunderts das Bürokratiemodell, in dem Organisation als Herrschaftsform dargestellt wird.[68] Webers Begriffsapparat bildet den formalen Ausgangspunkt der fünf Dimensionen der Organisationsstruktur von *Kieser/Kubicek (1992)*.[69] In den folgenden Absätzen werden die Strukturdimensionen für zentralistische Führungssysteme präzisiert. Grundlage dafür sollen die aus dem Schrifttum abgeleiteten mittelständischen Organisationscharakteristika sein.

Die Analyse zeigt auf, dass aufgrund der Vielfalt und Heterogenität mittelständischer Unternehmen keine allgemeingültigen Organisationsstrukturmerkmale herausgearbeitet werden können.[70] Zudem erschweren die mannigfachen Branchen und die Spezialisierung der KMU Verallgemeinerungen.[71] Dennoch lassen sich Kernmerkmale feststellen, die im Mittelstand besonders häufig anzutreffen sind. Im Anschluss an die detaillierte Darstellung in Abbildung 3 werden die angeführten Ausprägungsformen mittelständischer Organisationsmerkmale stichpunktartig zusammengefasst.

---

[68] Max Weber versucht Antworten auf die Frage zu finden, wie in einer Gesellschaft bzw. in der Wirtschaft Herrschaft ausgeübt werden kann. Dabei bezeichnet er die Herrschaft durch Organisation als mögliche Strukturform: „Die Struktur einer Herrschaft empfängt nun ihren soziologischen Charakter [...] durch [...] die ihr spezifischen Prinzipien der ‚Organisation', d. h., der Verteilung der Befehlsgewalten [und] [...] durch [...] die mannigfachsten soziologischen Einteilungsprinzipien der Herrschaftsformen ..." Weber (1972), S. 549. Das Werk „Wirtschaft und Gesellschaft" wurde in der Erstausgabe 1922 veröffentlicht. Vgl. Weber (1922), o. S.

[69] Kieser/Kubicek (1992), S. 73-74, überführen die Ausführung von Weber (1972), S. 541-579, in operationell handhabbare Strukturdimensionen, wie sie in dieser Arbeit angewendet werden.

[70] Wobei die Individualität der Organisationsstruktur mit abnehmender Größe der Organisationseinheit ansteigt. Vgl. bspw. Kübler (1992), Sp. 770-771; Bamberger/Evers (1997), S. 383-384.

[71] Vgl. dazu die Ausführungen zu den Abgrenzungsschwierigkeiten in Abschnitt 2.1.

Struktur-dimensionen	Bürokratiemodell der Organisationsstruktur von *Max Weber (1972)*[72]	Ausprägung der mittelständischen Organisationsstruktur im zentralistischen Führungssystem[73]
Spezialisierung (Aufgabenteilung)	**Beschreibung:** Unterteilung der Gesamtaufgabe in Teilaufgaben unterschiedlicher Art und Umfang (Anzahl definierter Teilaufgaben eines Aufgabenträgers) **Grund:** Spezialisierung erhöht Wirtschaftlichkeit der Aufgabenerfüllung und leistet eindeutige Zuordnung von Verantwortlichkeiten **Art:** Objekt- oder verrichtungsorientiert	**Verzicht auf Spezialisierung** bei Führungspersonen und Entscheidungsträgern **Funktionshäufung** und geringe Arbeitsteilung auf Stellen- und Abteilungsebene **Funktionalorganisation (verrichtungsorientiert)** mit technischer und kaufmännischer Leitung, gegebenenfalls Vertrieb Vorteil: Kurze, direkte Kommunikationswege, hohe Anpassungsflexibilität, Unmittelbarkeit, Eindeutigkeit von Entscheidungen, niedrige interne Informationsasymmetrien, Motivation Nachteil: Überforderung der Aufgabenträger, geringe Austauschbarkeit, Überlastung, Selbstüberschätzung
Koordination (Programmierung)	**Beschreibung:** Ausrichtung der Leistungen der Organisationsmitglieder auf die übergeordneten Ziele **Grund:** Spezialisierung bewirkt Interdependenzen und Informationsasymmetrien zwischen Organisationsmitgliedern **Art:** Unterscheidung zwischen personenbezogenen und technokratischen Mechanismen <u>Personenbezogen:</u> Koordination über Weisungen oder Selbstabstimmung <u>Technokratisch:</u> Koordination über Pläne oder Programme	Personenbezogen: Vertikaler Kommunikationsfluss zur Herbeiführung **persönlicher Weisungen**. Aufgrund ausbleibender Vorauskoordination (vorausschauende inhaltliche Abstimmung) sind **Überlastungen der Instanzen** möglich Technokratisch: Vorgabe von **Planzielen** einer Leistungseinheit für eine bestimmte Periode bei mittelständischen Unternehmen teilweise vorhanden, jedoch großteils **ohne Koordination auf übergeordnete Ziele** Ausschluss: Instrumente der Abstimmung in institutionalisierten Teams und Gremien (Selbstabstimmung) oder schriftlich fixierter Verfahrensanweisungen (Programme) im Mittelstand nicht vorhanden
Leitungssystem (Weisungsrechte)	**Beschreibung:** Abbildung und Systematisierung der durch Spezialisierung und Koordination entstandenen Verantwortlichkeiten und des Stellengefüges **Grund:** Abgrenzung und Analyse der Weisungskompetenzen zwischen Instanzen sowie zwischen Instanzen und Ausführungsstellen **Art:** Einliniensystem, Mehrliniensystem oder Matrixorganisation, abgebildet bspw. in Organisationsschaubildern (Organigrammen)	Hohe **Zentralisation**, in der Regel bestehend aus einem auf die Führungsebene ausgerichteten **Einliniensystem** Aufgrund oftmals geringer Diversifikation bzw. geringer Bereitschaft zur Delegation ist als primäres Gliederungskriterium des Leitungssystems das Verrichtungsprinzip (funktionale Organisationsstruktur und -schaubild) vorhanden **Zwischeninstanzen** in zweiter Ebene zumeist **nur mit Weisungsbefugnissen** ausgestattet. Abteilungsbildung führt nicht zur Entscheidungsdelegation Vorteil: Klare Verantwortung, keine Kompetenzüberschneidung Nachteil: Starke Beanspruchung der Entscheidungsinstanz, hoher Abstimmungsbedarf auf Zwischeninstanzen, Verzögerung der Entscheidung

---

72 Interpretiert von Kieser/Kubicek (1992). Für eine detaillierte Beschreibung der Strukturmerkmale vgl. Kieser/Kubicek (1992), S. 73-167. Die Tabelle stellt die Ausführungen der Autoren stark verkürzt dar.

73 Vgl. Küpper (2001), S. 314-317; Daschmann (1994), S. 60-63; Kosmider (1991), S. 54-56; Niederöcker (2002), S. 19-23; Frank (2000), S. 22-28 sowie die dort umfangreich referenzierte Literatur.

Struktur-dimensionen	Bürokratiemodell der Organisationsstruktur von *Max Weber (1972)*	Ausprägung der mittelständischen Organisationsstruktur im zentralistischen Führungssystem
Entscheidungsrechte	**Beschreibung:** Rechte untergeordneter Instanzen, zukünftige Sachverhalte nach innen und/oder außen verbindlich festzulegen **Grund:** Definition von Vertretungsbefugnissen zur Aufgabenerfüllung sowie zur Vermeidung der Aufgabenüberforderung des Eigentümers **Art:** Delegation: Zuordnung von Befugnissen und Verantwortung auf Instanzen Partizipation: Aufteilung der Befugnisse und Verantwortung durch Beteiligung weiterer Instanzen	**Geringe** Bereitschaft zur **Delegation von Verantwortung** durch die Führungsebene Inhaltliche Entscheidungen konkreter Sachverhalte erfolgen ad hoc durch Unternehmensleitung
Formalisierung (Information/ Kommunikation)	**Beschreibung:** Darstellung der Form der vier Strukturdimensionen durch den Einsatz fixierter organisatorischer Regeln **Art:** Strukturformalisierung: Schriftliche Fixierung organisatorischer Regeln, bspw. Organisationshandbücher, Stellenbeschreibungen Formalisierung des Informationsflusses: Schriftliche Durchführung und Aufbewahrung der Kommunikation, bspw. Protokolle, Jahresabschlüsse Formalisierung der Leistung: Aufzeichnung von Leistungsdaten, bspw. durch Berichtssystem	Aufgrund hoher Überschaubarkeit, persönlicher Beziehungen und direkter Kommunikation sind **Formalisierungsstrukturen schwach ausgeprägt** **Begrenzte Ressourcen** zur Dokumentation

Abbildung 3: Organisationscharakteristika eigentümergeführter mittelständischer Unternehmen

- Niedrige Spezialisierung
Die Funktionshäufung der Unternehmensleitung ist charakteristisches Merkmal mittelständischer Organisationsstrukturen und belegt die überragende Bedeutung der Entscheidungsträger in zentralistischen Führungssystemen. Auch bei zunehmender Unternehmensgröße verbleibt der Schwerpunkt der Aufgaben beim Unternehmer.[74] Eine Gliederung der Führungsaufgaben erfolgt nach dem Verrichtungsprinzip. Vorherrschende Organisationsstruktur ist somit die Funktionalorganisation, in der Technik, Finanzen und Vertrieb als Leitungsinstanzen nebeneinander bestehen. *Niederöcker (2002)* beschreibt, dass der Unternehmer in den meisten Fällen in dem Funktionsbereich tätig ist, in dem er seine Berufsausbildung erhalten hat.[75] Weitere Funktionen, wie etwa kaufmännische Aufgaben, werden durch ihn qua „Ownership" wahrgenommen.[76]

- Personenbezogener Koordinationsaufwand
Eine geringe Spezialisierung reduziert den Einsatz technokratischer Koordinationsinstrumente, bspw. in Form von Budget- oder Planvorgaben. Die Ausrichtung der verschiedenen Unternehmensteilbereiche auf die Betriebsziele erfolgt im Vergleich zu Großunternehmen verstärkt über personenbezogene Instrumente. Bedingt durch die physische Nähe, Vertrautheit und unmittelbare Teilnahme der Unternehmensleitung am operativen Betriebsgeschehen beschränkt sich der personenbezogene Koordinationsaufwand in mittelständischen Unternehmen auf vertikale Beziehungen bzw. Weisungen.

- Große Leitungsspanne und geringe Gliederungstiefe im Einliniensystem
Hohe Zentralisation und in beschränktem Umfang auftretende Delegation von Weisungsrechten fundiert die Ausprägung eines Einliniensystems, gepaart mit flachen Hierarchiestrukturen. Diese sind durch persönliche Mitwirkung des Firmeninhabers selbst oder unter Zuhilfenahme weniger vertrauter Führungspersonen bis in die Einzelheiten überschaubar.

- Keine Delegation von Entscheidungsrechten
Es erfolgt keine Delegation von Verantwortung. Aufgrund der zentralen Machtstruktur werden Weisungsrechte in beschränktem Maße erteilt, jedoch verbleiben die Entscheidungsbefugnisse beim Unternehmer.[77]

---

74 Vgl. Kieser/Kubicek (1992), S. 301. Die Funktionshäufung bei Entscheidungsträgern beschreiben bspw. Gaulhofer (1988), S. 31, Kosmider (1991), S. 39. Kemmetmüller (1986), S. 54, betont, dass die Entscheidungen oftmals bis in die Ausführungsebene herabreichen.
75 Niederöcker (2002), S. 21-22.
76 Frank (2000), S. 23, in Anlehnung an Kayser (1990), S. 84.
77 Churchill/Lewis (1983), S. 34, stellen in Bezug auf Abteilungsleiter von Kleinbetrieben fest: „Neither of them makes major decisions independently, but instead carries out the rather well-defined orders of the owner."

- Geringer Formalisierungsgrad
  Durch die starken persönlichen Bindungen zwischen Führungsebene, Instanzen und Ausführungsorganen erfolgen Entscheidungen und Weisungen über wenig formalisierte Informationswege. Ebenso haben Pläne, Anweisungen und Leistungen einen verhältnismäßig niedrigen Dokumentationsgrad. Eine wichtige Rolle hierbei spielt die Tatsache, dass mittelständische Unternehmen über sehr limitierte Ressourcen im Rechnungswesen oder Controlling verfügen. Infolgedessen sind die Informationsinstrumente zur Planung, Steuerung und Kontrolle nur rudimentär ausgeprägt.

Die aufgezeigten organisatorischen Merkmale konkretisieren die Personenbezogenheit mittelständischer Führungssysteme und liefern somit weitere Erkenntnisse für die Ableitung des arbeitsspezifischen Mittelstandsbegriffs. Nach Darstellung der Ausgangsvoraussetzungen werden im folgenden Abschnitt, mithilfe empirischer Arbeiten, die Auswirkungen der Veränderungen endogener und exogener Rahmenbedingungen auf die mittelständischen Unternehmen beschrieben. Die Kombination der Organisationsmerkmale mit den Auswirkungen der Kerntrends ermöglicht eine abschließende Formulierung des für diese Untersuchung typisierten Unternehmenskreises in Abschnitt 2.4.

2.3. Darstellung der Auswirkungen ausgewählter Kerntrends auf die Finanzierungs- und Eigentumsstruktur

2.3.1. Beschreibung der wichtigsten Umweltbedingungen

Zu Beginn der Darstellungen muss auf die Problematik der Analyse und der Bewertung empirisch durchgeführter Forschungsarbeiten zu mittelständischen Unternehmen hingewiesen werden. Aus folgenden Gründen ist eine differenzierte Betrachtungsweise der Ergebnisse erforderlich: Erstens divergieren die Zielsetzungen der Erhebungen. Zweitens wurden wenige Studien an Universitäten oder wissenschaftlichen Instituten durchgeführt, wobei selbst hier statistische Grundanforderungen teilweise unerfüllt bleiben.[78] Drittens unterscheiden sich die einbezogenen Unternehmen hinsichtlich der Wirtschaftszweige und weiterer formaler Merkmale, bspw. der Anzahl der Mitarbeiter, des Umsatzvolumens oder der Gesellschaftsrechtsform. Schließlich ist die Vergleichbarkeit auch durch die terminologische Unschärfe der verwendeten Begriffe erheblich eingeschränkt. Aus diesen Gründen lassen die Studien keine Generalaussagen über die aus den Umwelttrends abgeleiteten Implikationen für die Finanzierungs- und Eigentumsstruktur zu. Zielsetzung der folgenden Abschnitte ist es deshalb, lediglich den Mittelstand beeinflussende externe Rahmenbedingungen zu formulieren. Im Hinblick auf eine sachliche Auseinandersetzung mit den Ergebnissen wird zur

---

[78] Es unterbleiben in der Regel Angaben zur Repräsentativität der Stichprobe (Zufallsauswahl oder geschichtete Stichprobe). Ebenfalls fehlen oftmals Aussagen über Anzeichen eines Non-Response-Bias.

Gewährleistung der Transparenz für jede Studie eine Größenklassifizierung der teilnehmenden Unternehmen vorgenommen.[79]

Die Internationalisierung ist längst keine Domäne der Großunternehmen mehr. Auch viele KMU sehen den Gang ins Ausland zunehmend als eine attraktive und notwendige Strategie an. Neben dem traditionellen Export gehen Unternehmen heute auch alternative Internationalisierungsmöglichkeiten in Form von Kooperationen, strategischen Allianzen, Joint Ventures oder Direktinvestitionen in ausländische Beteiligungs- oder Tochtergesellschaften ein. So zeigen bspw. *Eierle/Haller/Beiersdorf (2007)*, dass für 45 % (bzw. 15 %) der befragten Unternehmen Auslandsexporte von sehr hoher (mittlerer) Bedeutung sind.[80] Einen hohen Internationalisierungsgrad des Mittelstands bescheinigen ebenfalls die Studien von *von Keitz/Reinke/Stibi (2006)*,[81] deren untersuchte Unternehmen zu 91 % ausländische Kunden haben, und *Weber/Sommer/Pfanzelt (2005)*,[82] die für ihre Stichprobe eine Exportquote von 38 % ermitteln.

Dass auch mittelständische Unternehmen vermehrt Absatzchancen im Ausland suchen, ist Teil weltweiter Entwicklungen, wie der Globalisierung der Märkte, unternehmensübergreifender Arbeitsteilung und des technischen Fortschritts. Dabei sind die KMU, ebenso wie Großunternehmen, einer steigenden Dynamik und Komplexität der Umwelt ausgesetzt. Gleichzeitig haben Markt- und Konjunkturschwankungen stärkeren Einfluss auf kleinere Einheiten und bedrohen diese schneller in ihrer Existenz. Zur Anpassung an konjunkturelle Zyklen und strukturelle Veränderungen streben die Unternehmen deshalb im Zuge der Risikostreuung Diversifikationsbemühungen an. Das betrifft neben der Ausweitung der Absatz- und Beschaffungsmärkte auch die Expansion der Produktarten, bspw. durch Innovationen oder Erhöhung der Produktbreite. So beschreibt *Kosmider (1991)*, dass nur rund ein Viertel aller mittelständischen Unternehmen als Einproduktbetrieb bezeichnet werden kann.[83] Die Studie von *Görzig/Gornig/Werwatz (2007)* über Produktdifferenzierung deutscher Unternehmen im verarbeitenden Gewerbe belegt, dass im Jahr 2001 mittelständische Betriebe mit einer Beschäftigtengröße zwischen 50 und 1.000 Mitarbeitern über ein Produktportfolio von 2 bis 3 Endprodukten mit eigenen Absatzmärkten verfügen.[84]

Dabei ist der Diversifikationsbegriff, welcher grundlegend von *Ansoff (1965)* geprägt wurde, für den Unternehmenskreis der KMU zu präzisieren.[85] Wie gezeigt, erfolgt bei mittelständi-

---

79 Die Übersicht der Stichproben und der Größenklassen ist in Anhang 1 dargestellt.
80 Eierle/Haller/Beiersdorf (2007), S. 10-13.
81 Von Keitz/Reinke/Stibi (2006), S. 5.
82 Weber/Sommer/Pfanzelt (2005), S. 15.
83 Kosmider (1991), S. 49-50.
84 Görzig/Gornig/Werwatz (2007), S. 175-181. Die Auswertung der Mikrodaten der amtlichen Statistik des Statistischen Bundesamtes identifiziert erzeugte Endprodukte anhand der 6.400 Güterarten des amtlichen Güterverzeichnisses.
85 Ansoff (1965), S. 108-113. Zur Interpretation des Diversifikationsbegriffs vgl. darüber hinaus statt vieler Bernards (1994), S. 22-25; Hacker (2002), S. 53-54.

schen Unternehmen insbesondere eine sektorale bzw. regionale Diversifikation. Erstere bezeichnet die Erweiterung der Unternehmensaktivitäten auf neue Tätigkeitsbereiche, wie bspw. zusätzliche Produkte und/oder Produktgruppen. Eine regionale Diversifizierung beschreibt die räumliche Erschließung neuer Absatz-, Beschaffungs- oder Produktionsmärkte. Die Möglichkeit zur konglomeraten Diversifizierung, also die Schaffung verschiedener Bereiche ohne jegliche Gemeinsamkeiten und sachliche Zusammenhänge zwischen den Produkten und Regionen, wird aufgrund der Unternehmensgröße mittelständischer Unternehmen und der Prämisse einer operativen Einflussnahme in die Geschäftsaktivitäten durch den Eigentümer ausgeschlossen. Infolgedessen konzentriert sich diese Arbeit auf mittelständische Mehrproduktunternehmen, die sich zunehmend sowohl im Produktions- als auch Absatzbereich international diversifizieren.

Neben den operativen Rahmenbedingungen müssen sich die Unternehmer mittelständischer Betriebe auch um familiäre Angelegenheiten kümmern. Eine Gegenüberstellung von Familienunternehmen und Publikumsgesellschaften macht deutlich, dass für den betrachteten Unternehmenskreis über die unternehmerischen Herausforderungen hinaus eine Vielzahl an inhärenten Fragestellungen und Risiken existieren. Als Beispiele hierfür sind Konflikte innerhalb der Familie zu nennen, wie etwa Streitigkeiten über strategische Grundsatzentscheidungen auf Gesellschafterebene oder unterschiedliche Wertvorstellungen zwischen Junioren und Senioren in der Unternehmensführung. Darüber hinaus können Kontroversen im Rahmen der Nachfolgeregelung entstehen, die unter Umständen eine Bereinigung der Gesellschafterstruktur erfordern. Nach Einschätzung des IfM steht in den Jahren 2005-2009 in rund 354.000 Familienunternehmen die Regelung der Unternehmensübergabe an die nachfolgende Generation an.[86] Abgesehen von der Zusammenstellung der kommenden Führungsstruktur aus dem Kreise der Familie bedarf es insbesondere einer sorgfältigen Vorbereitung der erb- und güterrechtlichen Konsequenzen aus der Nachfolge. In Ergänzung zu den finanziellen Aufwendungen aus den geschilderten operativen Umwelttrends erwarten die neuen Eigentümer eines Familienbetriebs somit enorme monetäre Belastungen aus der Unternehmensübergabe. Gleichzeitig spornt der Gestaltungsdrang der Nachfolgegeneration zu Investitionen und Restrukturierungen an, die ebenfalls finanziert werden müssen.

Aus den genannten Gründen benötigen Mittelständler einerseits zur Bewältigung familieninterner Probleme sowie zur Finanzierung ihrer Wachstums- und Innovationsstrategien frisches externes Kapital. Andererseits sehen sich die Eigentümer gerade in jüngster Zeit mit Veränderungen der Finanzierungsformen und -modalitäten für ihre Betriebe konfrontiert. Grundsätzlich ist – neben der internen Finanzierung über bspw. Gewinnthesaurierungen, Abschreibungen und Rückstellungen – der Bankkredit (Bankdarlehen) das nach wie vor am häufigsten genutzte externe Finanzierungsinstrument mittelständischer Unternehmen.[87] Die

---

86 Vgl. Freund (2004), S. 69.
87 Vgl. Heyken (2007), S. 10.

Praxis der Kreditvergabe hat den Zugang zum Fremdkapital für mittelständische Unternehmen in den letzten Jahren jedoch stark verändert. Unter dem Begriff Basel II werden die Neuregelungen des Bankenaufsichtsrechts zusammengefasst, die zum 1.1.2007 in Kraft getreten sind.[88] Im Mittelpunkt der neuen Richtlinien steht die Neugestaltung der Eigenkapitalvorschriften für Kreditinstitute, wodurch die Kreditgeber gefordert werden, sich stärker an betriebswirtschaftlichen Risikomanagementprinzipien zu orientieren. Die Eigenkapitalunterlegung für Bankkredite erfolgt seit dem Jahr 2007 nicht mehr pauschal mit 8 % der Ausgabesumme, sondern bemisst sich am individuellen Risiko des Kreditnehmers. Banken müssen deshalb ihre Geschäftsrisiken differenziert erfassen und die Bonitäten der Kreditnehmer individuell einstufen. Kreditnehmer mit guter Bonitätssituation werden somit bessergestellt. Zur Ermittlung des Bonitätsrisikos wird auf bankinterne oder externe Rating-Verfahren zurückgegriffen. Eine hohe Eigenkapitalquote sowie die Anwendung internationaler Rechnungslegungsstandards können das Unternehmensrating positiv beeinflussen.[89]

Aufgrund der erschwerten Kreditvergabe durch Basel II und der gleichzeitig steigenden Finanzierungsbedürfnisse sind die Betriebe gezwungen, alternative Kapitalquellen zu erschließen. Der verschlossene Zugang zum Börsenkapital engt den Finanzierungsspielraum zusätzlich ein. Infolgedessen kommt es zunehmend zur Nachfrage nach innovativen Finanzprodukten sowie zur Öffnung der Unternehmen für internationale Finanzinstitute und Gesellschafter. Die Studie von *von Keitz/Reinke/Stibi (2006)*, welche die teilnehmenden Unternehmen unter anderem anhand ihres Internationalisierungsgrads charakterisiert, kann diese Entwicklung bestätigen: 31 % des analysierten Unternehmenskreis haben ausländische Gesellschafter, 29 % der Teilnehmer weisen ausländische Kreditgeber aus.[90]

2.3.2. Neugestaltung der Finanzierungsstrukturen

Vor dem Hintergrund, dass der Kreditzins sich an der Bonitätslage des Unternehmens ausrichtet, streben Unternehmen nach Eigenkapitalerhöhungen. Dies kann über eine Bilanzverkürzung erreicht werden. Dabei wird bspw. auf Maßnahmen wie das Factoring, das Operating Leasing oder die Verbriefung von Vermögensgegenständen (Asset-backed Securities) zu-

---

88 Amtsblatt der Europäischen Union (2006a) L 177, S. 1-200, vom 30.6.2006. Amtsblatt der Europäischen Union (2006b) L 177, S. 201-250, vom 30.6.2006. Eine Einführung und ein Überblick zu Inhalt und Entstehung von Basel II sowie zu den Auswirkungen auf die KMU liefern Behr/Fischer (2005), Kapitel 3.
89 Die Anwendung der internationalen Rechnungslegungsstandards führt nicht automatisch zu einem verbesserten Rating. Allerdings erhöht die Anwendung einheitlicher Rechnungslegungssysteme die Effizienz und Transparenz des Rating-Verfahrens und ermöglicht somit eine bessere Risikobeurteilung. Vgl. Reich (2007), S. 13 und 17-18.
90 Von Keitz/Reinke/Stibi (2006), S. 5. Zum Vergleich kann auf die Untersuchung der Verlagsgruppe Handelsblatt hingewiesen werden, die für das Jahr 2007 einen durchschnittlichen Anteil ausländischer Investoren am Grundkapital der DAX®-30-Unternehmen in Höhe von 52,6 % ermittelt. Vgl. Handelsblatt vom 17.12.2007, S. 14.

rückgegriffen.[91] Zunehmendes Interesse an diesen neuen Finanzierungsformen belegt ein Vergleich der Mittelstandsstudien der Deutschen Zentral-Genossenschaftsbank (DZ Bank AG) von *Heyken (2007)* und *Heyken (2003)*: Die Gegenüberstellung der verwendeten Finanzierungsinstrumente der Jahre 2007 und 2003 zeigt bspw. einen Bedeutungszuwachs von Leasing an, das in 2007 einen höheren Stellenwert als das klassische Bankdarlehen einnimmt.[92] Ebenso ist eine Erhöhung des Anteils von Factoring erkennbar. Darüber hinaus erfolgt im Jahr 2007 der erstmalige Ausweis von Mezzanine, Schuldscheindarlehen und Asset-backed Securities, welche jedoch noch relativ verhalten eingesetzt werden. Die verstärkte Nutzung der innovativen Finanzprodukte geht mit einem deutlichen Rückgang des Anteils von Kontokorrentkrediten einher.

Eine alternative Möglichkeit zur Verbesserung der Bonitätslage bietet die direkte Zuführung von Eigenkapital. Jedoch wird die Refinanzierung nicht ausschließlich durch die Eigentümer vorgenommen. Zunehmend sind Anteilsveräußerungen mittelständischer Gesellschaften an externe Eigenkapitalgeber, wie bspw. Finanzinvestoren oder Private-Equity-Beteiligungsgesellschaften, zu beobachten. Eine steigende Bedeutung externer Eigenkapitalfinanzierung dokumentieren *Weber/Sommer/Pfanzelt (2005)* bereits im Jahr 2004: 15 % der von ihnen befragten Unternehmen streben eine Verbesserung der Finanzierungsstruktur für das Unternehmensrating durch eine Eigenkapitalerhöhung mit externen Dritten an.[93] Dabei eröffnet die Globalisierung der Güter- und Finanzmärkte auch für den Mittelstand die Möglichkeit, zur Kapitalbeschaffung in internationale Märkte vorzudringen. Die aktuelle Jahresstatistik 2007 des Bundesverbands deutscher Kapitalbeteiligungsgesellschaften – German Private Equity and Venture Capital Association e. V. (BVK) – offenbart eine deutliche Zunahme von externem Beteiligungskapital in Deutschland.[94] Beteiligungsgesellschaften und Eigenkapitalfonds investierten in Deutschland im Jahr 2007 mehr als 4,1 Mrd. €. Insbesondere kleine und mittlere Unternehmen profitieren von der im Vergleich zu 2006 um 13 % gesteigerten Investitionssumme. 94 % der finanzierten Betriebe weisen einen Jahresumsatz von unter 50,0 Mio. € aus. Dabei lässt sich ein steigendes Interesse ausländischer Beteiligungskapitalgesellschaften dokumentieren, die in 2007 rund 59 % des Investitionsbetrags stellten (Vorjahr 56 %).[95] Vorrangige Anlässe zur Beteiligungsfinanzierung sind nach *Winkeljohann/*

---

91 Sowohl das Operating Leasing als auch die Asset-backed Securities sind Finanzierungsformen, welche sich nicht in der Bilanz niederschlagen (Off-Balance-Sheet-Financing). Der Verkauf von Forderungen (Factoring) wird ebenfalls als kurzfristige Finanzierung bezeichnet, da die zufließende Liquidität eigenkapitalschonend erfolgt bzw. zum Abbau von Verbindlichkeiten genutzt werden kann. Für eine aktuelle und umfassende Erläuterung der Instrumente zur Unternehmensfinanzierung vgl. Fabozzi/Drake/Polimeni (2008), S. 63-150 und S. 531-577.
92 Heyken (2007), S. 10-11; Heyken (2003), S. 12-14. Für die folgenden Ergebnisse vgl. dort ebenfalls die Analyse zur aktuellen und geplanten Nutzung der einzelnen Finanzierungsinstrumente.
93 Weber/Sommer/Pfanzelt (2005), S. 24.
94 Der BVK ist nach eigener Auskunft die umfassendste Organisation der deutschen und der in Deutschland tätigen Repräsentanten ausländischer Kapitalbeteiligungsgesellschaften. Die Jahresstatistik enthält Angaben von mehr als 160 Beteiligungsgesellschaften. Vgl. dazu BVK (2008), S. 2.
95 BVK (2008), S. 17-18; BVK (2007), S. 21-24.

Kruth (2007) die Finanzierung von Wachstum (61 %) sowie von Nachfolgelösungen bzw. von Gesellschafterwechseln (52 %).[96] Die hohe Bedeutung dieser beiden Beweggründe bestätigen die Untersuchungen von *Achleitner/Schraml/Tappeiner (2008)* und *Achleitner/Poech/Groth (2005)*.[97] Darüber hinaus nennt letztere Studie auch Restrukturierungsanlässe oder Akquisitionsabsichten als Motivation zur Hereinnahme von externem Eigenkapital.[98] Der *BVK (2008)* verzeichnet einen Anteil von 44 % zur Wachstumsfinanzierung und 9 % zur Finanzierung von Nachfolgelösungen durch Buy-out-Transaktionen.[99] 43 % der Investitionen werden für Unternehmensgründungen (Seed- und Start-up-Finanzierungen) aufgewendet.

Prinzipiell ist ein verhältnismäßig hoher Anteil an Eigenkapitalfinanzierung bei mittelständischen Unternehmen mit intensiver Forschungstätigkeit zu beobachten. Die Auswertungen des KfW-Mittelstandspanels 2007 der Kreditanstalt für Wiederaufbau (KfW) zeigen, dass aufgrund des immanenten Risikos im Bereich der Spitzentechnologie, Bankkredite für Innovatoren[100] verhältnismäßig oft durch den Kreditgeber abgelehnt werden. Als Gründe werden unter anderem ein zu hoher Bearbeitungsaufwand sowie mangelndes Expertenwissen zur adäquaten Bewertung der Technologieprojekte genannt. Unternehmen mit hoher Forschungsintensität benötigen Kapitalgeber mit der Bereitschaft, Risikoprojekte zu finanzieren, die ein Standardprodukt von Kreditbanken nicht abdeckt. Die Finanzierungsform des Beteiligungskapitals wird deshalb bei kontinuierlich forschenden kleinen und mittleren Unternehmen weiter an Bedeutung zunehmen.[101]

2.3.3. Veränderung der Eigentümer- und Managementstruktur

Die im vorangegangenen Abschnitt beschriebene Neuordnung der Eigentumsverhältnisse wirkt sich unmittelbar auf die Eigentümerstruktur und das Verhältnis zwischen Gesellschaftern und Management aus. Die in 2.2.2. formulierte traditionell hohe Identität zwischen Eigentum und Unternehmensleitung weicht mit der Hereinnahme von zusätzlichen Kapitalgebern auf. Verschiedene aktuelle Untersuchungen untermauern diese zunehmende Trennung

---

96 Winkeljohann/Kruth (2007), S. 11.
97 Achleitner/Schraml/Tappeiner (2008), S. 19; Achleitner/Poech/Groth (2005), S. 10.
98 Achleitner/Poech/Groth (2005), S. 10.
99 BVK (2008), S. 29. Ein so genannter Buy-out beschreibt den Erwerb von Unternehmensanteilen. Neben dem vollständigen Verkauf des Betriebs kann eine Nachfolgelösung ebenfalls durch die Veräußerung von Anteilen an eine externe Führungskraft (Buy-in) oder an eine interne Führungskraft (Buy-out) realisiert werden. Erfolgt der Erwerb über die Aufnahme von Fremdkapital, wird die Transaktion als Leveraged Buy-out bezeichnet. Für eine detaillierte Darstellung der Instrumente externer Buy-out-Finanzierungsformen vgl. bspw. Achleitner/Wahl (2004), S. 55-70.
100 Die KfW unterscheidet die KMU in die Gruppen der Innovatoren und der Nichtinnovatoren. Dabei gelten Unternehmen, die innerhalb eines zurückliegenden Dreijahreszeitraums Produkt- oder Prozessinnovationen eingeführt haben, als Innovatoren. Vgl. Reize (2007), S. 9.
101 Vgl. Reize (2007), S. 14.

von Eigentum und Management mittelständischer Unternehmen. 76 % der befragten Unternehmen bei *Eierle/Haller/Beiersdorf (2007)* geben an, dass nicht alle Gesellschafter gleichzeitig Geschäftsführer sind.[102] Zur Ableitung einer Indikation über die Anzahl nicht geschäftsführender Gesellschafter hinterfragt die Studie die Zusammensetzung des Gesellschafterkreises – wobei annahmegemäß mit steigender Anzahl von Gesellschaftern nicht alle an der Unternehmensleitung beteiligt sein können: Von 410 untersuchten Unternehmen weisen 56 % einen oder zwei Gesellschafter und 85 % einen bis sechs Gesellschafter nach, 8 % haben mehr als zehn Gesellschafter.[103] Im Umkehrschluss lässt sich somit formulieren: 44 % (100 % ./. 56 %) der befragten Unternehmen verfügen über mindestens drei Gesellschafter und 15 % über mindestens sieben Gesellschafter. Dieser Einblick in die Anteilsstrukturen macht deutlich, dass die rechtliche und wirtschaftliche Existenz mittelständischer Unternehmen nicht ausnahmslos durch einen übereinstimmenden Personenkreis ausgefüllt werden.

Die Arbeit zur Beteiligungsfinanzierung bei deutschen Familienunternehmen von *Winkeljohann/Kruth (2007)* bekräftigt die erkennbare Strömung zu nicht geschäftsführenden Gesellschaftern, beleuchtet die Entwicklung jedoch aus einer anderen Perspektive: 49 % der Betriebe beschäftigen Geschäftsführer ohne Gesellschafterstatus. Dieses Untersuchungsergebnis zeigt auf, dass bei rund der Hälfte der betrachteten Unternehmen sich zwar das Eigentum, nicht mehr jedoch – entgegen der bisherigen Argumentation – das Management in der Hand der Gründerfamilien befindet.[104]

Hingegen stellen *Collis/Dugdale/Jarivs (2001)* für sehr kleine mittelständische Unternehmen fest, dass die Einheit zwischen Eigentum und Management Bestand hat. Zudem wird es sich bei diesen Unternehmen nicht um einen großen Kreis von an der Unternehmensleitung beteiligten Eigenkapitalgebern handeln, sondern um einige wenige. Zur Finanzierung nutzen diese Micros, sofern sie keine Innovatoren oder Start-up-Betriebe sind, primär Bankkredite. Aufgrund des niedrigen Kreditvolumens wird das Kapital durch eine geringe Anzahl von Hausbanken bereitgestellt.[105]

Analog der in den vorangegangenen Abschnitten typisierten Zusammengehörigkeit von Eigentum und Management beschäftigt sich die Arbeit im weiteren Verlauf mit mittelständischen Betrieben, deren Eigentümer zur Deckung des Finanzierungsbedarfs eine stimmberechtigte Minderheitsbeteiligung veräußern. Die Beteiligungsfinanzierung bewegt sich unterhalb einer Anteilsgröße von 50 % des Eigenkapitals und wahrt somit die Blockholdersituation des Eigentümers. Bei entsprechender Ausgestaltung der Gesellschafterverträge kann

---

102 Eierle/Haller/Beiersdorf (2007), S. 6.
103 Eierle/Haller/Beiersdorf (2007), S. 3-6. In ihrer Untersuchung werden börsennotierte Unternehmen ausgeschlossen.
104 Winkeljohann/Kruth (2007) S. 20. Die Hereinnahme von nicht familienzugehörigen Geschäftsführern steht jedoch nicht weiter im Betrachtungsfeld dieser Arbeit.
105 Collis/Dugale/Jarivs (2001), S. 168.

die Minderheitsbeteiligung jedoch dem/den neuen Anteilseigner(n) Mitspracherechte bei wichtigen Grundsatzentscheidungen zusichern.[106] Gleichzeitig nehmen die neuen Kapitalgeber keine operative Rolle in der Geschäftsführung wahr, diese verbleibt bei der Gründerfamilie.

Zusammenfassend lässt sich festhalten, dass die klassische Einheit von Eigentum und Unternehmensleitung bei eigentümergeführten Mittelständlern nicht mehr zwingend besteht. Die Ausführungen haben deutlich gemacht, dass zur Bewältigung der Auswirkungen der Veränderungen des operativen Geschäfts und der Finanzierungsbedingungen sowie der Implikationen familiärer Herausforderungen externe Eigenkapitalgeber gefunden werden müssen. Bei dieser Teilmenge mittelständischer Betriebe kommt es somit zu einer steigenden Zahl von nicht an der Unternehmensleitung beteiligten Anteilseignern, also nicht geschäftsführenden Gesellschaftern. Diese zusätzlichen Gesellschafter sind Adressaten der externen Rechnungslegung und haben Informationsbedürfnisse. Insofern nimmt die Bedeutung potenzieller Informationsasymmetrien und daraus resultierender Principal-Agent-Konflikte[107] für diese Gruppe mittelständischer Unternehmen zu.[108] Für eine weitere Eingrenzung des Betrachtungsfelds werden im folgenden Abschnitt die geschilderten exogenen und endogenen Determinanten präzisiert und der mittelständische Unternehmenskreis definiert, bei dem diese besonders deutlich ausgeprägt sind.

2.4. Strukturierung des Betrachtungsfelds zur Charakterisierung des betrachteten Unternehmenskreises

2.4.1. Konkretisierung des erhöhten Informationsbedarfs

Mittelständische Unternehmen stehen oftmals vor großen Herausforderungen, welche die Betriebe zu grundlegenden Finanzierungsentscheidungen zugunsten externer Eigen- und Fremdkapitalquellen bewegen. Gleichzeitig koppelt die Implementierung von Basel II verstärkte Informations- und Berichtspflichten an das Kreditgeschäft, denen sich KMU nicht

---

106 Zustimmungsvorbehalte oder Mitspracherechte der Minderheitsgesellschafter wurden in der Studie von Achleitner/Schraml/Tappeiner (2008), S. 46, bei 16 von 21 Unternehmen mit den Rechtsformen GmbH und GmbH & Co. KG erfasst.
107 Eine Erläuterung der Grundlagen der Principal-Agent-Theorie erfolgt in Abschnitt 2.4.1.
108 Achleitner/Poech/Groth (2005), S. 12-13, berichten, dass die Geschäftsanbahnung zur Beteiligungsfinanzierung der von ihnen befragten Mittelständler oftmals nicht über direkte Ansprache, sondern über Vermittler erfolgt. Einen direkten Kontakt zur Beteiligungsgesellschaft stellt zumeist die Hausbank oder der Steuerberater her, was die Wahrscheinlichkeit für Principal-Agent-Konflikte zusätzlich erhöhen dürfte.

entziehen können. Des Weiteren steigen mit Aufnahme von externen Kapitalgebern die Anzahl und die Anforderungen der Adressaten der Unternehmensrechnung.[109]

Das Verhältnis zwischen den unternehmensexternen Kapitalgebern und der Unternehmensleitung ist Gegenstand zahlreicher Forschungsarbeiten und wird in der Wissenschaft in das Themenfeld der Principal-Agent-Beziehungen eingeordnet.[110] Diese Beziehungen werden mit Verträgen gestaltet und können – abhängig von den unterschiedlichen Informationsständen der Akteure – mannigfache Formen annehmen. Im Normalfall kennt der Agent seine persönlichen Fähigkeiten und seinen tatsächlich für das Unternehmen geleisteten Arbeitseinsatz, während der Principal lediglich das Ergebnis betrachten kann. Das Arbeitsresultat kann jedoch auch durch Umwelteinflüsse oder sonstige Einflüsse, die nicht durch den Agenten zu verantworten sind, positiv oder negativ verändert worden sein. Informationsasymmetrie lässt sich demnach in der einschlägigen Literatur nach drei unterschiedlichen Problemtypen klassifizieren:

(1) Hidden Characteristics,
(2) Hidden Information,
(3) Hidden Action.[111]

Von besonderer Relevanz in dieser Arbeit ist der Typ der Hidden Characteristics, welcher die Situation im Vorfeld einer Entscheidung, bspw. vor Vertragsabschluss zur Kapitalbereitstellung, beschreibt. Ex ante kennt der Principal unter Umständen verborgene Eigenschaften des Agenten bzw. des betrachteten Objekts des Agenten nicht, etwa eine zum Marktwert unverhältnismäßig hohe (und verborgene) Risikoposition des Unternehmens oder in einem seiner Teilbereiche. Die Tatsache, dass der Informationsvorsprung des Agenten nicht aufholbar ist, impliziert die Gefahr der adversen Selektion, die auch als Risiko einer nachteiligen Auslese durch den Principal bezeichnet werden kann.[112] Die Fokussierung auf

---

109 Neben externen Kapitalgebern erfordert auch die in Abschnitt 2.3.1. beschriebene Geschäftsanbahnung mit internationalen Kunden oder Lieferanten die Bereitstellung von Daten zur Lage des Unternehmens, etwa anhand eines Jahresabschlusses auf Basis international anerkannter Rechnungslegungsstandards. Diese Arbeit fokussiert jedoch das Verhältnis der mittelständischen Betriebe zu ihren Kapitalgebern.
110 Die Principal-Agent-Theorie beschäftigt sich mit der Beziehung zwischen Auftraggebern (Principale) und Auftragnehmern (Agenten). Der normative Principal-Agent-Ansatz modelliert nach Jensen/ Meckling (1976), S. 325-355, optimale Entlohnungsverträge unter Berücksichtigung der Risikopositionen und Informationsstände beider Vertragspartner sowie der Einsatzbereitschaft des Agenten. Die Agency-Forschung unterstellt, dass gemäß der ökonomischen Theorie jeder Akteur seinen individuellen Nutzen maximiert. Eine Einführung in die Principal-Agent-Theorie, inklusive eines Grundmodells, liefern bspw. Schweitzer/Küpper (2003), S. 615-622; Wagenhofer/Ewert (2003), S. 47-52.
111 Für einen Überblick über die Typen der asymmetrischen Informationsverteilung und mögliche Auswirkungen vgl. bspw. Küpper (2001), S. 45-51; Kah (1994), S. 21; Spremann (1990), S. 562-572; Kiener (1990), S. 23-25.
112 Niederöcker (2002), S. 126, liefert einen guten Überblick über mögliche Agency-Probleme unterschiedlicher Finanzierungsalternativen zu verschiedenen Zeitpunkten der Vertragsbeziehungen bei KMU.

diese Ausprägungsform der Informationsasymmetrie erlaubt es, zusätzlich zur Analyse der klassischen Eigenkapitalgeber-Unternehmensleitung-Situation auch die vertragliche Konstellation zwischen Gläubigern (Principal) und Manager (Agent) in ein gemeinsames Betrachtungsfeld mit einzubeziehen. Weil sie den Umgang mit dem zur Verfügung gestellten Kreditbetrag nicht beobachten können, befinden sich Kreditgeber vor Überlassung ihrer Finanzmittel gegenüber der Unternehmensleitung ebenfalls in einer von etwaigen Interessensdivergenzen geprägten Situation. Obwohl die Darlehensgeber nicht über Weisungsrechte gegenüber dem Management verfügen, können derartige Konfliktpotenziale auch mit Hilfe agency-theoretischer Ansätze gemildert werden.[113]

Zur Vermeidung von adverser Selektion kann der Agent dem Principal die Eigenschaften des Objekts aufdecken. Bspw. hilft die Anfertigung und freiwillige Offenlegung eines Jahresabschlusses, die Informationsasymmetrien hinsichtlich der Qualität des Unternehmens zu beseitigen. Diese Möglichkeit zur Vermeidung adverser Selektion wird als Signalling bezeichnet.[114] Alternativ kann der Principal auch durch aktive Suche Eigenschaften und Qualität der Informationen des Agenten überprüfen. Zur Verbesserung des Wissens über das Unternehmen werden Screening-Methoden, wie bspw. die Anwendung von Rating-Verfahren oder Kreditwürdigkeitsprüfungen, im Vorfeld von Kapitalallokationsentscheidungen angewendet. Die dritte Möglichkeit ist die Methode der Self Selection. Hier werden dem Agenten verschiedene Vertragstypen angeboten. Anhand seiner Auswahl kann man auf verborgene Eigenschaften des Objekts schließen.

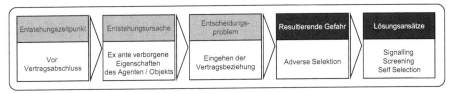

Abbildung 4: Hidden Characteristics als Agency-Problem im Vorfeld der Finanzierungsentscheidung

Die aus einer unvollständigen Informationslage unter Umständen resultierenden suboptimalen Entscheidungen werden in der Literatur als Wohlfahrtsverluste des Principals bezeichnet.[115] *Jensen/Meckling (1976)* nennen diese Kosten Agency Costs (im Folgenden: Agency-

---

113 Vgl. Hommel (1998), S. 20; Schmidt/Terberger (1997), S. 415; Krahnen (1991), S. 77-78; sinngemäß auch Hacker (2002), S. 45-46.
114 Für eine detaillierte Erläuterung des Signalling durch Bilanzpolitik vgl. Wagenhofer/Ewert (2003), S. 246-261.
115 Die beschriebenen Probleme treten in einer Welt vollkommener und kostenloser Informationen nicht auf. Ein solcher Idealzustand kann als First-Best-Lösung definiert werden. Unter realen Gegebenheiten ist diese Situation jedoch nicht erreichbar, so dass die Differenz zwischen der First-Best-Lösung und der Second-Best-Lösung einen Wohlfahrtsverlust darstellt.

Kosten). Ziel des Principals ist es, die Agency-Kosten zu minimieren, indem entweder das opportunistische Verhalten des Managements verhindert („Bonding Expenditures by the Agent") oder die Informationsasymmetrie durch den Einsatz von Informationssystemen („Monitoring Expenditures by the Principal") abgebaut werden.[116] Bspw. kann die Ausarbeitung und Publizierung einer externen Unternehmensrechnung einen Beitrag zur Minimierung der Agency-Kosten leisten. Die dafür anfallenden Informationskosten sollten jedoch geringer als die Agency-Kosten selber sein.[117]

Auf die Ausgangsvoraussetzungen mittelständischer Unternehmen übertragen, ist eine asymmetrische Informationsverteilung zwischen Agent und den Kapitalgebern als Principal deutlich erkennbar. Da die Unternehmen nicht an institutionellen Informationsplattformen, wie bspw. den organisierten Kapitalmärkten, vertreten sind, entstehen zur Internalisierung der auftretenden Hidden Characteristics potenziellen Kapitalgebern hohe Such- und Informationskosten.[118] Dabei gestaltet sich der Geschäftsanbahnungsprozess wegen der Heterogenität der Informationslage zwischen Principal und Agent oftmals zeit- und kapitalintensiv. Dies liegt zum großen Teil an der Kluft zwischen den Informationsanforderungen und der auf rudimentären Systemen beruhenden Datenbasis der Betriebe. In diesem Zusammenhang erwähnt *Niederöcker (2002)*, dass – bedingt durch den niedrigeren Wiederholungsgrad der Außenfinanzierung – auch die Transaktionskosten für die Kapitalbereitstellung höher anzusetzen sind als bei kapitalmarktorientierten Unternehmen.[119]

Die zur Vermeidung von Agency-Kosten steigenden Anforderungen der externen Adressaten an die Finanzberichterstattung erfordern Veränderungen bei der Ausgestaltung des Rechnungssystems mittelständischer Unternehmen. Zum Abbau der Informationsasymmetrie ist an erster Stelle der Bedarf nach entscheidungsrelevanten Unternehmensdaten zu nennen.[120] Zahlreiche Bewertungswahlrechte, hohe Ermessensspielräume und umfangreiche Möglichkeiten zur Bildung stiller Reserven lassen die Rechnungslegung nach HGB als nicht entscheidungsrelevant erscheinen. Der Grundsatz der Zweckpluralität der deutschen Rechnungslegung, mit Hilfe von Bilanz, Gewinn- und Verlustrechnung (GuV) sowie Anhang und

---

116 Jensen/Meckling (1976), S. 308.
117 Zusätzlich zu dem Verhältnis zwischen externer und interner Unternehmensebene treten Principal-Agent-Beziehungen zwischen der Unternehmensleitung und allen nachgelagerten Geschäftsbereichen und Mitarbeitern bei sämtlichen unternehmerischen Aufgaben und Entscheidungswegen auf. Diese, von Kah (1994), S. 16, als Netzwerk von Principal-Agent-Beziehungen bezeichnet, stehen aufgrund der beschriebenen Organisationsstruktur mittelständischer Unternehmen nicht im Fokus der vorliegenden Untersuchung. Die zentrale Machtposition des Eigentümers verbunden mit dem niedrigen Delegationsgrad schafft einen Zustand von annähernder Informationssymmetrie.
118 Als Folge der Abwesenheit des Unternehmens von den organisierten Kapitalmärkten erfolgt bspw. keine Ermittlung des Marktwerts über die an den Börsen gehandelten Eigenkapital- und Fremdkapitalanteile.
119 Niederöcker (2002), S. 56. Zum Ausbleiben der damit verbundenen Kostendegression vgl. Niederöcker (2002), S. 99-100.
120 Zur Erläuterung des obersten Ziels der Entscheidungsrelevanz von Rechnungslegungsdaten vgl. die Ausführungen in Abschnitt 3.2. dieser Arbeit.

Lagebericht sowohl den handelsrechtlichen Gewinnausweis als auch die wirtschaftliche Informationsfunktion zu erfüllen, wird aufgrund des systemimmanenten Zielkonflikts und der bestehenden vielfältigen Wahlrechte sowohl von Unternehmen als auch in der Literatur zunehmend kritisiert.[121]

(Potenzielle) Investoren und Kreditinstitute möchten auf den Anlagemärkten zwischen Alternativen abwägen können und benötigen dazu eine einheitliche Kommunikationsgrundlage. Dabei bevorzugen Kapitalgeber eine Berichterstattung, die gleiche Sachverhalte in unterschiedlichen Jahresabschlüssen auch über Ländergrenzen hinweg in gleicher Weise darstellt. Wichtiges Kriterium ist demgemäß die grenzüberschreitende Vergleichbarkeit mit anderen Unternehmen derselben oder einer anderen Branche. Eine Bilanzierung mit international vergleichbaren Rechnungslegungspraktiken kann deshalb nicht nur informationskostensparend wirken, sondern eröffnet auf diese Weise internationale Geldquellen für mittelständische Unternehmen, die institutionalisierte Anlagemärkte nicht in Anspruch nehmen.[122]

Essentieller Baustein zur Erlangung von Vergleichbarkeit und Entscheidungsrelevanz ist eine Steigerung der Transparenz mittelständischer Unternehmens- und Berichtsstrukturen. Dabei spielt die Gleichartigkeit der Identifikation und Abgrenzung operativer Teileinheiten des diversifizierten Geschäfts eine besondere Rolle. Die Aufschlüsselung der verschiedenen Tätigkeiten in der externen Unternehmensrechnung erleichtert Investoren und Kreditgebern eine sachgerechte Beurteilung der Erfolgsfelder. Die unter Abschnitt 2.2. geschilderten Besonderheiten mittelständischer Unternehmensführung bergen jedoch ein rudimentäres Informationssystem mit einem niedrigen externen Differenzierungsgrad der Geschäftsaktivitäten. Mangels regulierender Publizitätsvorschriften sind deshalb beim betrachteten Unternehmenskreis Informationsasymmetrien zwischen außenstehenden Anteilseignern und geschäftsführenden Gesellschaftern besonders ausgeprägt.[123]

Mit der Abkehr von der Dualismusfunktion und Umstellung der externen Rechnungslegung auf ein internationales Normensystem können Informationsdifferenzen abgebaut und die wirtschaftliche Lage sowie die unternehmerischen Perspektiven transparent gemacht werden. Im Zuge dieser Umstellung sollte ebenfalls über eine Harmonisierung der internen Berichtssysteme mit den externen Rechnungslegungsgrößen nachgedacht werden. Denn eine Anpassung der internen und externen Teilsysteme bewirkt die Beseitigung unterschiedlicher interner und externer Ergebnisgrößen und verbessert somit die Kommunikationsfähigkeit mit den

---

121 Der Zweckpluralität oder auch dem Dualismus der Rechnungslegungsfunktionen wurde insbesondere durch Adolf Moxter Nachdruck verliehen. In seiner Abkopplungsthese fordert der Wissenschaftler die strikte Separation der Rechnungslegung in einerseits gesetzliche Gewinnermittlung mit Instrumenten der Bilanzrechnung und andererseits Informationsgenerierung durch weiterführende Publizitätsinstrumente. Moxter (1984), S. 157-159. Für weitere Literatur zur Zweckpluralität und zur an ihr geübten Kritik vgl. bspw. Busse von Colbe (1998), S. 369-377, und die dort genannten Quellen. Zum Vergleich der Entscheidungsnützlichkeit von HGB und IFRS vgl. Streim (2000), S. 117-127.
122 Sinngemäß auch Haller/Beiersdorf/Eierle (2007), S. 540.
123 Vgl. Oehler (2005), S.198.

(potenziellen) Kapitalgebern. Wie einleitend berichtet, haben deutsche kapitalmarktorientierte Unternehmen diesen Veränderungsprozess bereits vor rund 15 Jahren eingeleitet. Seitdem verzichten zahlreiche Großunternehmen auf eine separate interne Betriebsergebnisrechnung und machen die unveränderte externe Rechnungslegung zur Grundlage für die Unternehmenssteuerung.[124]

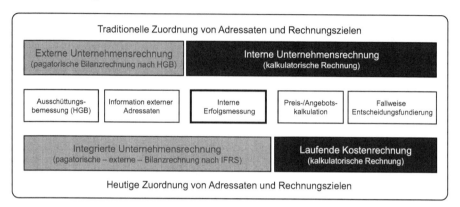

Abbildung 5: Veränderung der Adressaten und Rechnungsziele der internen und externen Teilsysteme der Unternehmensrechnung mittelständischer Unternehmen[125]

Abbildung 5 stellt die getrennten Kernsysteme der Erfolgszielrechnungen einem integrierten System gegenüber. In einer traditionell zweigeteilten Rechnungslegung verfolgt das externe Teilsystem im Wesentlichen die Zwecke der Ausschüttungsbemessung und der Information externer Adressaten (Dualismusfunktion). Die interne Erfolgsrechnung wird mithilfe der kalkulatorischen Rechnungslegung auf einem separaten Rechnungskreis erzeugt und dient den Adressaten zur operativen Planung, Steuerung und Kontrolle. In einer integrierten Rechnungslegung erweitert sich das Anwendungsfeld des externen Teilsystems. Die interne Erfolgszielrechnung wird zum Zweck der Angleichung externer und interner Ergebnisse auf die Datenbasis der pagatorischen Bilanzrechnung aufgesetzt. Kalkulatorische Zusatz- und Anderskosten, wie z. B. Abschreibungen, Wagniskosten oder Zinsen, werden lediglich im Einzelfall, bspw. für Kalkulationen von Produktdeckungsbeiträgen, eingerechnet. Mit dieser Vorgehensweise kann eine Übereinstimmung der internen Ergebnisrechnung mit den extern publizierten Ergebnisgrößen für eine Unternehmung und dessen diversifizierte operative Teileinheiten erzielt werden. Die Überwindung der traditionellen Divergenzen zwischen interner und externer Ergebnismessung sowie die externe Bereitstellung aussagekräftiger Fi-

---

124 Damit (würden) mittelständische Unternehmen der Konvergenzentwicklung kapitalmarktorientierter Unternehmen folgen, die sich seit Mitte der 90er Jahre sukzessive an die Richtlinien internationaler Normenssysteme anpassen. Zum Konvergenzprozess vgl. die Ausführungen in Abschnitt 1.1. und die dort angegebenen Quellen.
125 Abgeänderte Darstellung nach Weißenberger (2005), S. 8.

nanzinformationen durch einen internationalen Rechnungslegungsstandard, erhöht die Entscheidungsrelevanz der publizierten Rechnungslegung und reduziert auf diese Weise Agency-Kosten.[126]

2.4.2. Darlegung der unzureichenden Informationsbereitstellung

Der Gebrauch einzelner Teilsysteme der internen und externen Unternehmensrechnung bei mittelständischen Unternehmen sowie die Ausgestaltung ihrer Komponenten sind Betrachtungsgegenstände zahlreicher empirischer Untersuchungen.[127] Die Veröffentlichungen aus jüngster Zeit befassen sich einerseits mit den Erwartungen und ersten Erfahrungen der KMU mit einer (teilweise freiwilligen) Umstellung der Rechnungslegung auf den IFRS-Standard.[128] Einen anderen Schwerpunkt stellen die Studien zu den Anforderungen und Auswirkungen von Basel II auf die Systeme der Unternehmensrechnung dar. Beide Forschungsteilgebiete sind für die Zielsetzung dieses Abschnitts relevant. Die Ergebnisse vermitteln einen Ist-Zustand über das Informationsverhalten und die Rechnungslegungspraxis mittelständischer Unternehmen. In diesem Kontext liefern die Untersuchungen Erkenntnisse über die Verbreitung und den Nutzungsgrad der Rechnungsteilsysteme. Die Recherche bezüglich des Einsatzes von Instrumenten und Methoden der Unternehmensrechnung mittelständischer Unternehmen offenbart, dass der Großteil des Unternehmenskreises auf die beschriebenen Umwelttrends schlecht vorbereitet ist.

Weber/Sommer/Pfanzelt (2005), die ihre Arbeit auf Unternehmen mit einem jährlichen Umsatzvolumen von mindestens 100,0 Mio. € fokussieren, zeigen auf, dass im Jahr 2004 nur 58 % der Stichprobe eine monatliche GuV auf Einzelunternehmensebene erstellen und lediglich 26 % einen monatlichen Konzernabschluss anfertigen.[129] *Berens/Püthe/Siemes (2005)* festigen die Erkenntnis eines relativ geringen Anwendungsgrads der Erfolgsrechnungen auch für Unternehmen mit einem durchschnittlich niedrigeren Umsatzvolumen. Die Autoren zeigen zwar, dass eine kalkulatorische Kostenstellenrechnung sowie kalkulatorische Kostenträgerrechnung bei über 85 % der Unternehmen grundsätzlich zum Einsatz kommen. Hinsichtlich der Nutzungsintensität stellen *Berens/Püthe/Siemes (2005)* jedoch erhebliche Defizite fest: Nur 50 % wenden die Verfahren sehr häufig – bspw. monatlich – an. Bei 35 %

---

126 Eine Detaillierung der Rechnungszwecke der integrierten Erfolgszielrechnung erfolgt in Abschnitt 3.3.2.
127 Die folgenden Studien stellen eine Auswahl aktueller Veröffentlichungen dar. Hinsichtlich der in die Auswertung einbezogenen Erhebungen ist festzuhalten, dass – analog den Kritikpunkten aus Abschnitt 2.3.1. – die Datenqualität und primären Zielsetzungen der Arbeiten stark variieren. Die Übersicht der Stichproben und der Größenklassen ist in Anhang 1 dargestellt.
128 Seit der verpflichtenden Einführung der IFRS-Rechnungslegungsstandards für kapitalmarktorientierte Unternehmen im Jahr 2005 kann die Anwendung der Standards ebenfalls durch nicht kapitalmarktorientierte Gesellschaften auf freiwilliger Basis erfolgen. Vgl. Abschnitt 1.1.
129 Weber/Sommer/Pfanzelt (2005), S. 27-28.

der Befragten kommen die Komponenten eher unregelmäßig und sporadisch zum Einsatz, 15 % verzichten ganz darauf.[130] Die Studie aus dem Jahr 2007 von *Jahnke/Wielenberg/Schuhmacher (2007)* ermittelt allerdings höhere Werte mit einem Verbreitungsgrad von 93 % bei der Kostenstellenrechnung bzw. 76 % bei der Kostenträgerrechnung.[131] Aufgrund fehlender Angaben zur Nutzungsintensität ist es jedoch plausibel, das Ergebnis in die voranstehenden Resultate einzureihen. Hinsichtlich des Verrechnungsumfangs von Vollkosten oder von Teilkosten zur Abbildung kurzfristiger Erfolgsrechnungen – bspw. für die Durchführung funktionaler Produkt- und Absatzplanungen – registrieren die Untersuchungen keinen Unterschied in der Einsatzintensität der unterschiedlichen Zurechnungsmethoden.[132]

In Bezug auf die zeitliche Dimension geben 63 % der Studienteilnehmer von *Berens/Püthe/Siemes (2005)* an, dass sie eine Kosten- und Erlösrechnung auf Basis von Plankosten aufstellen.[133] Dies impliziert, dass rund ein Drittel der Unternehmen die Kostenrechnung primär als Instrumentarium zur Vergangenheitsanalyse mit Istkosten-Betrachtung benutzt. Bei *Jahnke/Wielenberg/Schuhmacher (2007)* wenden 69 % der kleinen und mittleren Unternehmen eine kalkulatorische Planrechnung an.[134] Eine pagatorische Planbilanz erstellen nach *Berens/Püthe/Siemes (2005)* 80 % der Unternehmen. Aufgrund der vergleichsweise niedrig ausgefallenen Antwortquote zu dieser Frage liegt jedoch die Vermutung eines Non-Response-Bias nahe. Den Schätzungen der Autoren nach existiert ein deutlich höherer Anteil an Betrieben ohne externe Planerfolgszielrechnung.[135] Dass ein Großteil der KMU auf den Einsatz von pagatorischen Planerfolgszielrechnungen verzichtet, bestätigen *Ossadnik/Barklage/Lengerich (2004)*, die ebenfalls nur eine „fallweise" bzw. „seltene" Anwendung externer Planungssysteme identifizieren können.[136] Die Ergebnisse weisen keine wesentliche Verbesserung seit der Untersuchung von *Währisch (1998)* auf, der in seiner Forschungsarbeit zur Kostenrechnung mittelständischer Unternehmen einen Verbreitungsgrad von 56 % der Planungsrechnung für Profit-Center und Hauptkostenstellen bei Betrieben mit weniger als 250,0 Mio. € Umsatz nachgewiesen hat.[137]

In Ergänzung zu den Erhebungen bezüglich des Instrumenteneinsatzes für die Abbildung von Markt- und Leistungsbeziehungen thematisieren einzelne Veröffentlichungen auch den Planungsprozess der KMU. *Pfau/Mangliers (2007)* untersuchen Elemente und Prozessschritte der Unternehmensplanung im Mittelstand. Dabei definiert die Mehrheit (60 %) aller Befra-

---

130 Berens/Püthe/Siemes (2005), S. 188-189. 66 % der Unternehmen erzielen einen Jahresumsatz von weniger als 20,0 Mio. €.
131 Jahnke/Wielenberg/Schuhmacher (2007), S. 371.
132 Berens/Püthe/Siemes (2005), S. 189.
133 Berens/Püthe/Siemes (2005), S. 189.
134 Jahnke/Wielenberg/Schuhmacher (2007), S. 371. Ältere empirische Studien zur Verbreitung und Anwendung der Methoden der Kosten- und Erlösrechnung kommen zu ähnlichen Ergebnissen. Für einen umfassenden Überblick vgl. Währisch (1998), S. 11-56; Frank (2000), S. 94-97.
135 Berens/Püthe/Siemes (2005), S. 190.
136 Ossadnik/Barklage/Lengerich (2004), S. 627.
137 Währisch (1998), S. 123.

gungsteilnehmer eine langfristige strategische Planung als essentiellen Erfolgsfaktor für ihr Unternehmen.[138] Diese Generalaussage kalibrieren die Autoren und decken Auffälligkeiten auf: Zwar geben 89 % der Befragungsteilnehmer an, eine Strategie auf Unternehmensebene zu formulieren. Ein Großteil der Unternehmen arbeitet diese ebenfalls für Produktgruppen (68 %) und einzelne Funktionsbereiche (64 %) aus. Bemerkenswert erscheint jedoch die Tatsache, dass für eben genannte Strategieebenen langfristige Maßnahmenpläne in schriftlicher Form gerade zu 58 % für das Gesamtunternehmen, zu 32 % für einzelne Funktionsbereiche und zu 39 % für Produktgruppen vorliegen.[139] Folglich stehen auch die Resultate zum Planungsprozess im Widerspruch zu dem Bedarf, externen Kapitalgebern einen Einblick in die Strategie- und Zielformalisierung operativer Teileinheiten der Betriebe zu ermöglichen. Darüber hinaus bedeutet dieser Verzicht zwangsläufig, dass keine Soll-Ist-Vergleiche oder Zielbeitragsmessungen einzelner Steuerungsmaßnahmen möglich sind. Obwohl die Eigentümer ihre Strategie als essentielles Steuerungsinstrument für das Unternehmen beschreiben, unterbleibt oftmals deren Operationalisierung.

Die angeführten Auszüge der Studien zum Einsatz und über die Ausprägungsformen mittelständischer Unternehmensrechnungssysteme machen deutlich, dass sich die Unternehmen mit dem Ausbau ihrer Informationsinstrumente und der Anpassung ihrer Rechnungslegung auf internationale Normensysteme beschäftigen müssen. Gleichzeitig bietet sich im Zuge der Umstellung auf einen entscheidungsrelevanten Rechnungslegungsstandard eine Integration der internen und externen Unternehmensrechnungssysteme an. Ein Vergleich der Untersuchungen von *von Keitz/Reinke/Stibi (2006)* mit *von Keitz/Stibi (2004)* zeigt auf, dass mittelständische Unternehmen sich zunehmend für eine Umstellung auf die IFRS-Rechnungslegung entscheiden. Die Autoren dokumentieren eine Steigerung der freiwilligen Anwendung der IFRS-Rechnungslegungsstandards bei nicht kapitalmarktorientierten Unternehmen von 13 % auf 25 %.[140] Bei weiteren 9 % ist eine Anwendung geplant.[141] Analoge Ergebnisse erzielen *Bräuning/Stürz (2005)*: 21 % der nicht kapitalmarktorientierten Unternehmen bilanziert nach IFRS, wobei 14 % freiwillige Anwender sind.[142] Unter den Hauptmotiven zur Umstellung rangieren untersuchungsübergreifend eine „positive Wirkung auf Investoren", die „bessere Vergleichbarkeit mit Wettbewerbern", eine „Sicherung und Erschließung von

---

138 Pfau/Mangliers (2007), S. 8.
139 Pfau/Mangliers (2007), S. 9.
140 Von Keitz/Reinke/Stibi (2006), S. 8; von Keitz/Stibi (2004), S. 424. Die Untersuchung im Jahr 2004 unterteilt die Unternehmen nicht ausdrücklich nach dem Kriterium der Kapitalmarktorientierung. In der Gruppe der IFRS-Anwender wird nachträglich ein Unternehmensanteil ausgewiesen, der den Kapitalmarkt in Anspruch nimmt. Vgl. von Keitz/Stibi (2004), S. 424.
141 Von Keitz/Reinke/Stibi (2006), S. 8.
142 Bräuning/Stürz (2005), S. 23. Bei weiteren 14 % ist eine kurzfristige Umstellung geplant. Zu einem deutlich niedrigeren Ergebnis kommen Möllering/Winkeljohann (2005), S. 25: Nur 8 % der Grundgesamtheit bilanziert nach IFRS. Weitere 58 % haben sich mit den internationalen Rechnungslegungsstandards befasst, wovon 18 % eine Umstellung planen. Ein differenzierter Ausweis kapitalmarktorientierter Unternehmen unterbleibt jedoch.

Finanzierungsquellen" sowie die „Vereinfachung der Rechnungslegung" und die „Vereinheitlichung von internem und externem Rechnungswesen".[143]

Befragt nach ihrer Einschätzung zur Entwicklung internationaler Rechnungslegungsstandards für kleinere und mittlere Unternehmen befürwortet eine große Mehrheit der nicht kapitalmarktorientierten Unternehmen die Ausarbeitung eigener Standards.[144] *Bräuning/Stürz (2005)* zeigen, dass 76 % der Nicht-Anwender (nicht kapitalmarktorientiert und keine freiwilligen Umsteller) einem eigenen Standard positiv gegenüberstehen.[145] Gleichzeitig wollen sich 74 % der Studienteilnehmer bei *von Keitz/Reinke/Stibi (2006)*, die eine Umstellung auf IFRS bisher nicht befürworten, für die Anwendung entscheiden, sofern das IASB erleichternde Vorschriften für mittelständische Unternehmen erlässt.[146]

Insbesondere die Aussagen der jüngsten Studien zur Erstellung und Implementierung eines gesonderten, auf die Eigenschaften der KMU zugeschnittenen IFRS-Rechnungslegungsstandards zeigen deutlich, dass der betroffene Unternehmenskreis das augenscheinliche Defizit zwischen Informationsbedarf und Informationsbereitstellung erkannt hat. Bevor die Anforderungen an ein solches Rechnungssystem in Kapitel drei formuliert werden, bedarf es nun einer Komplexitätsreduktion der beschriebenen Ausgangsvoraussetzungen und exogenen sowie endogenen Merkmale mittelständischer Unternehmen. Dafür werden im folgenden Abschnitt einzelne Kriterien aus der Grundgesamtheit der Charakteristika der Familienbetriebe zur Bestimmung der typisierten Mittelständler herausgefiltert. Ziel ist es, anhand dieser qualitativen Eigenschaften eine arbeitsspezifische Teilmenge mittelständischer Unternehmen abzugrenzen, die sich dem beschriebenen Informationsdefizit am stärksten ausgesetzt sieht.

2.4.3. Festlegung der Definitionskriterien und Bestimmung der Untersuchungsgruppe

Die Ausführungen der Abschnitte 2.2. und 2.3. haben aus der Masse mittelständischer Unternehmen über qualitative Merkmale eine Eingrenzung des betrachteten Unternehmenskreises vorgenommen. Das zentralistische Führungssystem und alle daraus resultierenden Merkmale der Unternehmensführung fungieren als Ausgangsvoraussetzung zur Definition des in dieser Arbeit betrachteten Mittelstandsbegriffs. Darüber hinaus tritt das Unternehmen

---

143 Vgl. statt vieler Kajüter et al. (2007), S. 1881; Jahnke/Wielenberg/Schuhmacher (2007), S. 370 und S. 375; Bräuning/Stürz (2005), S. 30; Möllering/Winkeljohann (2005), S. 27.
144 Eierle/Haller/Beiersdorf (2007), S. 14-15. Einen Katalog ausgewählter Beweggründe für einen internationalen Rechnungslegungsstandard für mittelständische Unternehmen erarbeitet auch der Standardsetter. Vgl. IASB (2007), IFRS-SME BC.15-16.
145 Bräuning/Stürz (2005), S. 38.
146 Von Keitz/Reinke/Stibi (2006), S. 9-10. Bräuning/Stürz (2005), S. 39, bestätigen diese Aussage und zeigen, dass von den Unternehmen, die bisher noch unsicher bezüglich der IFRS-Umstellung sind, im Falle der Durchsetzung erleichterter Standards rund 61 % ihre Entscheidung zugunsten der Anwendung verändern würden.

den geschilderten operativen Rahmenbedingungen, den inhärenten Herausforderungen familiengeführter Betriebe und dem Strukturwandel in der Unternehmensfinanzierung gegenüber. Die aus der steigenden Gesellschafteranzahl resultierende Trennung von Eigentum und Management mündet in einer wachsenden Informationsasymmetrie. Zur weiteren Präzisierung der asymmetrischen Informationsverteilung soll das Charakteristikum der Finanzierungsstruktur aus Abschnitt 2.3.3. erneut aufgegriffen werden. Wie bereits erläutert, steht im Blickfeld der Betrachtung eine Gruppe mittelständischer Unternehmen, die im Zuge der Unternehmensentwicklung eine stimmberechtigte Minderheitsbeteiligung an nicht aus dem Familienkreis stammende nicht geschäftsführende Gesellschafter verkaufen möchte. Neben den bisherigen Gesellschaftern und den Fremdkapitalgebern sieht sich die Geschäftsführung folglich mit neuen Adressaten der Rechnungslegung konfrontiert, die unter Umständen differenzierte Informationsinteressen haben.

Die Aufnahme zusätzlicher Eigenkapitalgeber fungiert in dieser Arbeit als Katalysator für eine Anwendung internationaler Rechnungslegungsstandards. Zwar wurde bereits erwähnt, dass Basel II für das Unternehmensrating erhöhte Publizitätsanforderungen an die externe Unternehmensrechnung stellt. Aufgrund der mit Hereinnahme weiterer Anteilseigner verbundenen erneut wachsenden Informationsasymmetrie soll jedoch diese Finanzierungsstufe als letztmöglicher Auslöser für die Umstellung der Rechnungslegung ausgewählt werden. Immanent setzt diese Prämisse eine Finanzierungsrangfolge mittelständischer Unternehmen voraus, die eine externe Eigenkapitalaufnahme als letzte Möglichkeit vorsieht. Aus Konsistenz- und Komplexitätsreduktionsgründen soll diese Rangordnung beibehalten werden, die durch die Pecking-Order-Theorie von *Myers/Majluf (1984)* gestützt werden kann.[147]

Die Autoren leiten modelltheoretisch eine Finanzierungshierarchie (Hackordnung) ab, welche Unternehmen für Kapitalstrukturentscheidungen befolgen. Der Theorie nach – *Myers/Majluf (1984)* betrachten die Finanzierung einer Investitionsentscheidung bei Aktiengesellschaften – stellt sich aufgrund der Unvollkommenheit der Kapitalmärkte eine Hackordnung ein, die zuerst eine Innenfinanzierung und als zweite Möglichkeit die Finanzierung mit „sicheren" externen Finanzinstrumenten, bspw. Bankkredite mit geringer Risikoprämie, vorsieht. Die Aufnahme neuer Gesellschafter ist die ultima ratio. Grund hierfür ist, dass wegen der hohen Such- und Informationskosten den (potenziellen) Kapitalgebern die Möglichkeit fehlt, einen tatsächlichen Kapitalwert ihrer Investition zu ermitteln. Dementsprechend fällt der Preis für das zur Emission beabsichtigte Eigenkapital zu gering aus.[148] Für die Altaktio-

---

147 Myers/Majluf (1984), S. 187-221. Für die folgende Erläuterung vgl. S. 198-219. Die abgeleitete Finanzierungsrangfolge ist keinesfalls als zwingend zu betrachten und ist Gegenstand kontroverser Diskussionen im Schrifttum. Für empirische Testläufe zur Pecking-Order-Theorie vgl. bspw. Frank/Goyal (2003), o. S., sowie die dort referenzierte Literatur. In Abschnitt 2.3. wird diese Finanzierungsrangfolge als eine mögliche Auswirkung der Umwelttrends beschrieben.
148 Myers/Majluf (1984), S. 207-209. Zusätzlich erzeugt eine Kapitalerhöhung unerwünschte Signalwirkungen und wäre mit einer weiteren Risikoprämie auf den Unternehmenswert verbunden. Vgl. Myers/Majluf (1984), S. 203-205.

näre, respektive die Familieneigentümer, würde sich dementsprechend ein Vermögensverlust einstellen. Es besteht daher der Anreiz, neue Gesellschafter erst zu dem Zeitpunkt aufzunehmen, wenn das Unternehmen überbewertet ist.

Die Theorie liefert Indizien für die in Abschnitt 2.3.1. beschriebene traditionelle (klassische) Finanzierungsstruktur der KMU. Bspw. können die im Vergleich zu kapitalmarktorientierten Unternehmen niedrige Eigenkapitalausstattung und die Bevorzugung externer Fremdkapitalgeber zur Unternehmensfinanzierung mit der Argumentation von *Myers/Majluf (1984)* erklärt werden.[149] Ebenfalls sind, wie in Abschnitt 2.4.1. dargelegt, Informationsasymmetrien zwischen (potenziellen) Kapitalgebern und dem Unternehmen vergleichsweise stark ausgeprägt. Die Pecking-Order-Theorie kann deshalb eine sinnvolle Basis für die Differenzierung mittelständischer Unternehmen in drei Klassen darstellen. Die Unterteilung erfolgt anhand des Umfangs eines möglichen Informationsdefizits, welches aus der Finanzierungsstruktur resultiert:[150]

- Kleine mittelständische Unternehmen
Aufgrund der großen Nähe von Eigentum und Unternehmensleitung ist davon auszugehen, dass die Gruppe kleiner mittelständischer Unternehmen sich zur Finanzierung auf interne Finanzinstrumente und sichere externe Finanzierungsquellen beschränkt.[151] Gleichzeitig sind die Unternehmen nicht von den geschilderten Veränderungen der Finanzierungsmodalitäten betroffen. Kreditinstitute kleiner mittelständischer Unternehmen sind tendenziell weniger stark auf informationsorientierte Systeme der Unternehmensrechnung angewiesen. In der Regel verfügen Fremdkapitalgeber in dieser Situation über Kreditsicherheiten und haben die Macht, jederzeit für die Kreditvergabe relevante Informationen von der kreditnehmenden Unternehmung abzufordern.[152] Aus diesem Grund sind für Fremdkapitalgeber überwiegend Gläubigerschutzinteressen von Bedeutung und

---

149 Eine Darstellung der verhältnismäßig geringen Eigenkapitalausstattung der KMU liefert bspw. Heyken (2007), S. 9. Für weitere Informationen zur Entwicklung des Eigenkapitals vgl. die Ausführungen in Abschnitt 2.3.2. dieser Arbeit.
150 Die Klassifizierung orientiert sich an der in Abschnitt 2.1. eingeführten Nomenklatur KMU für mittelständische Unternehmen: Kleine und mittlere Unternehmen bzw. als dritte Gruppe große Betriebe. Eine ähnliche Vorgehensweise zur Unterteilung mittelständischer Unternehmen findet sich bei Kirsch/Meth (2007), S. 10.
151 Ebenso Mandler (2004), S. 40. Ausnahmen bilden die in Abschnitt 2.3.2. erwähnten eigenkapitalfinanzierten Unternehmensgründungen und Betriebe mit intensiver Forschungstätigkeit (Innovatoren), die keine Fremdkapitalfinanzierung erhalten. Aufgrund der Heterogenität und schwierigen Abgrenzungsmöglichkeiten ist dieser Unternehmenskreis nicht mehr im Blickpunkt der Betrachtung.
152 Ull (2006), S. 101, kritisiert in diesem Zusammenhang die Widersprüchlichkeit des IFRS-SME-Entwurfs für KMU. Für das IASB bilden kleine mittelständische Unternehmen mit 50 Mitarbeitern und 10,0 Mio. € Jahresumsatz (vgl. Abschnitt 2.1. dieser Arbeit) den Kern der Zielgruppe des Standards. Tatsächlich ist jedoch davon auszugehen, dass im Falle eines überschaubaren Gesellschafterkreises über die Rechnungslegung hinausführende Informationsinteressen auf direktem Weg eingefordert werden können.

somit die Dualismusfunktion der Rechnungslegung maßgeblich.[153] Die Interessen von zusätzlichen Eigenkapitalgebern spielen dementsprechend keine Rolle. Diese Gruppe von Unternehmen soll im weiteren Verlauf der Untersuchung nicht weiter berücksichtigt werden.

- Mittlere mittelständische Unternehmen
Bei den mittleren mittelständischen Unternehmen werden neben der Eigenfinanzierung und den sicheren externen Finanzinstrumenten verstärkt externe Eigenkapitalgeber als Finanzierungsquelle in Betracht gezogen. Dabei befindet sich diese Unternehmensgruppe aus dem Blickwinkel der Rechnungslegung in einer Übergangsphase. Die mit dem beschriebenen Strukturwandel der Finanzierung einhergehende Veränderung der Eigentümer- und Managementstruktur erzeugt zusätzlich zu den vorhandenen Konfliktpotenzialen zwischen Unternehmensleitung und Gläubigern nunmehr einen weiteren potenziellen Brandherd zwischen dem Management und den (teilweise anonymen) Eigenkapitalgebern. Diese nicht mehr an der Unternehmensleitung beteiligten Akteure besitzen weniger Einflussmöglichkeiten, außerhalb der publizierten Rechnungslegung an für ihre individuellen Entscheidungen maßgebliche Informationen zu gelangen. Damit diese Anteilseigner sich dennoch ein den betriebswirtschaftlichen Tatsachen entsprechendes Bild zur Unternehmenslage machen können, steigen die Anforderungen an die normierte Rechnungslegung. Im Vorfeld des Eintritts externer Eigenkapitalgeber, wie bspw. internationale Beteiligungsgesellschaften, sind die Unternehmen deshalb dazu angehalten, einen höheren Abbildungsgrad der Unternehmenslage zu garantieren.[154] Neben der mehrperiodischen Darstellung der Erfolgsrechnungen umfassen die Anforderungen der Kapitalgeber insbesondere die Abbildung und systematische Abgrenzung operativer Geschäftseinheiten, die sich mit zunehmender Diversifizierung der Aktivitäten und dem steigenden Anteil internationaler Geschäftsbeziehungen herausbilden.

- Große mittelständische Unternehmen
Die Mehrzahl größerer mittelständischer Unternehmen greift zur Finanzierung auf sämtliche Finanzierungsformen (Eigenfinanzierung, externe Kreditfinanzierung, externes Eigenkapital) zurück und wendet diese längst an. Das liegt unter anderem darin begründet, dass die Unternehmen dieser Gruppe sich neben Bankkrediten oftmals über den organisierten Kapitalmarkt finanzieren. In diesem Fall obliegen die Betriebe den Regularien einer kapitalmarktorientierten Unternehmensberichterstattung. Bedingt durch ihre gerin-

---

153 Kleine mittelständische Unternehmen stellen daher ihren „[HGB-]Jahresabschluss in erster Linie mit Blick auf die steuerlichen Wirkungen auf und streben aus Kostengründen [...] eine möglichst einheitliche Bilanz (‚Einheitsbilanz') an". Mandler (2004), S. 40. Zur Erläuterung der Dualismusfunktion vgl. Abschnitt 2.4.1.
154 Vgl. bspw. die Berichtsanforderung von in Familienunternehmen investierende Private-Equity-Gesellschaften bei Achleitner/Schraml/Tappeiner (2008), S. 48-49.

gen Einflussmöglichkeiten sind die Adressaten immer an weitergehenden Informationen durch die normierte Rechnungslegung interessiert, denen die Unternehmen bspw. mit dem Berichtsinstrument einer Segmentberichterstattung zur Ergebnismessung und Bewertung der operativen Geschäftseinheiten nachkommen. Da die Berichtsanforderungen der Kapitalgeber durch die Bilanzierung nach einem internationalen Rechnungslegungsstandard hier erfüllt sind, verschwindet dieser Unternehmenskreis ebenfalls aus dem Betrachtungsfeld dieser Arbeit.

Als Ergebnis der Ausführungen ist festzuhalten, dass sich insbesondere mittlere mittelständische Unternehmen in einer kritischen Übergangsphase befinden. Der Transformationsprozess von der gläubigerdominierten Hausbankfinanzierung zu einer multiplen Finanzierungsstruktur mit zunehmend anonymen und internationalen Kapitalgebern stellt die Unternehmen vor Fragen zur Umstellung der Unternehmensrechnung auf ein internationales Normensystem. Abbildung 6 fasst die Determinanten des zunehmenden Informationsdefizits zwischen Kapitalgebern und Unternehmensleitung zur Identifikation dieses speziellen mittelständischen Unternehmenskreises abschließend zusammen. Im weiteren Verlauf bezieht sich die Arbeit ausschließlich auf die in diesem Abschnitt charakterisierte Unternehmensgruppe und verwendet dafür die beiden Terminologien typisiertes bzw. mittelständisches Unternehmen.

Ausgangsvoraussetzungen				
Familienunternehmen ohne Zugang zu organisierten Kapitalmärkten	Zentrale Machtstruktur auf den geschäftsführenden Gesellschafter aus dem Kreis der Blockholder ausgerichtet	Niedriger Spezialisierungsgrad, funktionale Organisationsstruktur mit Einliniensystem	Direkte persönliche Koordination, keine Delegation von Entscheidungsrechten	Geringe Formalisierung und limitierte kaufmännische Ressourcen

Exogene und endogene Determinanten	Strukturwandel der Finanzierung
Sektorale und räumliche Diversifikation der Unternehmensaktivitäten auf den Gütermärkten	Ergänzung der Hausbankfinanzierung durch den Einsatz innovativer Finanzinstrumente. Erschließung internationaler Finanzquellen und Öffnung gegenüber institutionellen Anlegern
Potenzielle Eigentümerkonflikte, Nachfolgeregelungen, Restrukturierungen und weitere familieninhärente Herausforderungen	Aufnahme externer (anonymer) Eigenkapitalgeber durch Veräußerung einer stimmberechtigten Minderheitsbeteiligung unterhalb einer Anteilsgröße von 50%
Neuregelungen der Kreditvergabe durch Basel II bewirken steigende Publizitätsanforderungen und erfordern eine höhere Eigenkapitalquote der Unternehmung	Ergebnis: Auseinanderfallen von Eigentum und Management durch Eintritt nicht geschäftsführender Anteilseigner stellt hohe Informationsanforderungen an Alteigentümer bzw. an Unternehmensleitung

Spezifizierung und Ursachen des Informationsdefizits der Rechnungslegung		
Hidden Characteristics verursachen Such-, Informations- und Transaktionskosten für beide Vertragspartner (Agency-Kosten)	Unzureichender Einsatz und Ausprägung (Verrechnungsumfang, Zeitbezug, Abbildungsgrad operativer Einheiten) der Komponenten der Teilsysteme der Erfolgsrechnung	Geringer Anteil international bilanzierender Unternehmen impliziert fehlende Entscheidungsrelevanz für Kapitalgeber

Abbildung 6: Charakteristika des für die Untersuchung typisierten mittelständischen Unternehmens

2.5. Erfassung der typisierten mittelständischen Unternehmen in einer Stichprobe

Neben der durchgeführten Literaturrecherche ermöglichen die Auswertungen des Verbands der Vereine Creditreform e. V. einen tiefen Einblick in die Merkmale und Entwicklungen der Gesellschafterstrukturen mittelständischer Unternehmen. Unter Zuhilfenahme eines Datensamples aus den Jahren 2004-2007 sollen an dieser Stelle die in Abschnitt 2.4.3. konkretisierten Eigenschaften der typisierten mittelständischen Unternehmen überprüft und somit die Argumentationsgrundlage gestützt werden. Ziel der Untersuchung ist es, über eine Operationalisierung möglichst vieler Charakteristika des definierten Unternehmenskreises eine Gruppe von Betrieben in Deutschland zu identifizieren, die sich in diesem Spannungsfeld bewegt.

Die Datengrundlage für die Auswahl der Stichprobe wird mit der MARKUS-Datenbank[155] generiert, die ca. 1,3 Mio. Unternehmen enthält.[156] Aus dem Datenbestand werden zunächst alle in Deutschland ansässigen Unternehmen (ca. 1,1 Mio.) ausgewählt. Von dieser Grundgesamtheit bleiben jene Unternehmen unberücksichtigt, die der IASB-Definition für KMU nach dem Standardentwurf IFRS-SME nicht entsprechen, d. h. es erfolgt die Eliminierung von kapitalmarktorientierten Unternehmen und der Betriebe mit dem Zweck der treuhänderischen Vermögensverwaltung (Kredit- und Versicherungsgewerbe). Ebenfalls werden Unternehmen mit öffentlicher Trägerschaft ausgeschlossen.[157] Für die Erfüllung des Kriteriums des eigentümergeführten Unternehmens werden sämtliche Unternehmen mit geschäftsführenden Gesellschaftern ausgewählt.[158]

---

155 Die Datenbank für Marketinguntersuchungen (MARKUS) liefert Geschäftsinformationen zu allen im Handelsregister geführten Unternehmen in Deutschland, für die mindestens eine Creditreform-Bonitätsauskunft existiert bzw. eine Handelsregisternummer im Datenbestand der Creditreform vorhanden ist und die über einen Creditreform-Bonitätsindex von maximal 499 verfügen. Der Index reicht von 100 (bester Wert) bis 600 (schlechtester Wert). MARKUS nutzt verschiedene Quellen zur Erhebung und Pflege der Unternehmensinformationen, wovon öffentliche Register (Bundesanzeiger), Bilanzen und Geschäftsberichte, Schuldnerverzeichnisse (Amtsblatt) sowie Lieferanten- und Kontrollrückfragen ausschlaggebend sind.
156 Neben der Verwendung individueller Register gelten die Hoppenstedt-Firmendatenbank und die MARKUS-Datenbank aufgrund ihrer Aktualität und Anwendungsflexibilität als anerkannte Grundlage empiriegestützter Meinungsbildung zum Mittelstand. Der jährliche Bericht zu Konjunktur- und Strukturfragen kleiner und mittlerer Unternehmen „Mittelstandsmonitor" greift ebenfalls auf Daten von MARKUS zurück. Vgl. KfW, Creditreform, IfM, RWI, ZEW (2008), S. V und S. 156.
157 Vgl. IASB (2007), IFRS-SME 1.01-02. Des Weiteren schließt die Untersuchung private Haushalte aus. Aus Praktikabilitätsgründen der Datenabfrage werden die beschriebenen Einschränkungen jeweils einzeln für die im weiteren Verlauf definierten Stufen A und B vorgenommen. Vgl. Abbildung 7.
158 Damit wird nicht festgelegt, dass alle Gesellschafter gleichzeitig Geschäftsführer sind. Dieser Filter besagt lediglich, dass Unternehmen selektiert werden, welche Anteilseigner in der Geschäftsführungsfunktion ausweisen.

Zur weiteren Operationalisierung der Charakteristika werden zudem in einer ersten Stufe (Stufe A) die Unternehmen auf Betriebe mit mehrheitlicher Beteiligung einer Privatperson oder einer Familie mit einer gemeinsamen Beteiligung von über 50 % eingeschränkt. Auf diese Weise wird der Zustand „eines" Blockholders approximiert, der über eine zentrale Machtposition im Unternehmen verfügt. Die gemeinsame Selektion eines Blockholders und eines geschäftsführenden Gesellschafters suggeriert den Tatbestand, dass ein Gesellschafter aus dem Kreis der Blockholder in der Unternehmensleitung sitzt. Diese Approximation bedarf jedoch einer weiteren Präzisierung.

Deshalb wird in einer zweiten Abgrenzungsstufe (Stufe B) durch Aufnahme des Filterkriteriums „gelistete geschäftsführende Gesellschafter mit einem Unternehmensanteil von größer 25 %" die Unternehmensanzahl weiter eingeschränkt. So soll ein Näherungswert zur Abbildung der Situation erreicht werden, dass mindestens ein geschäftsführender Gesellschafter dem Kreis der Blockholder tatsächlich zugeordnet werden kann.[159] Das Auswahlverfahren bewirkt eine möglichst präzise Abbildung der in den vorangegangenen Abschnitten aufgezeigten Kriterien, obwohl sämtliche Unternehmen aus der Stichprobe ausgeschlossen werden, deren Familienanteile mit einer Streuung von größer 25 % stark diversifiziert sind. Berücksichtigt man diese Ungenauigkeit, ist es plausibel, die Anzahl der Unternehmen zwischen 443,5 Tsd. (Stufe A) und 363,4 Tsd. (Stufe B) einzuordnen.[160]

---

[159] Der Unternehmensanteil von 25 % wurde aus den zwei folgenden Gründen ausgewählt: (1) Ein hoher Beteiligungsanteil von bspw. 50 % einer einzigen Person konterkariert die Möglichkeit einer Aufteilung der Stimmrechte innerhalb der Familie, (2) Ausschluss der Betriebe, die externe Geschäftsführer mit Gesellschafterstatus beschäftigen. Der Einzug der Untergrenze von 25 % Beteiligungsanteil eines gelisteten Geschäftsführers erfolgt unter der Annahme, dass die betrachteten Unternehmen eine Hereinnahme externer Geschäftsführer mit Gesellschafterstatus im Rahmen eines Buy-in höchstens bis zur Grenze der Sperrminorität (25 %) durchführen. Vgl. dazu auch den Ausschluss der Möglichkeit einer Hereinnahme von Geschäftsführern ohne Gesellschafterstatus in Abschnitt 2.3.3.

[160] Eine ähnliche Abgrenzung nimmt Klein (2000), S. 158, vor. Die Autorin bestimmt den „substantial family influence" einer Familie primär über die prozentualen Anteile am stimmberechtigten Eigenkapital. Darüber hinaus definiert sie die Möglichkeit der Einflussnahme über die Besetzung des Kontrollgremiums und des Managementteams.

Auswahl der Stichprobe der MARKUS Datenbank (Abfragezeitpunkt: 08.04.2008)				
	Ausgewählte Filterkriterien	Erläuterung	Zwischenergebnis	Datengrundlage
1.	In Deutschland ansässige Unternehmen	(-)	1.141.775	1.141.775
2.	Angabe von Umsatz für wenigstens 1 Jahr im Zeitraum 2004-2007	Dargestellt wird der letzte verfügbare Wert	656.911	606.721
3.	Berücksichtigung aller Wirtschaftszweige außer Kredit- und Versicherungsgewerbe und Betreiber mit öffentlicher Trägerschaft und deren verbundene Tätigkeiten (Basis WZ 03)*	IFRS-SME 1.02 (b)	1.204.247	573.301
4.	Unternehmen mit geschäftsführenden Gesellschaftern	Erfassung der durch Eigentümer geführten Betriebe	1.036.440	481.335
=	Grundgesamtheit I			481.335
	Stufe A			
5.	Unternehmen mit Mehrheitsbeteiligung einer Privatperson oder einer Familie mit einer gemeinsamen Beteiligung von über 50%**	Existenz eines Blockholders mit zentraler Machsstruktur	967.896	443.519
6.	Ausschluss aller börsennotierten Unternehmen***	IFRS-SME 1.02 (a) (§ 315 a Abs. 1 und 2 HGB) Kapitalmarktorientierung	62	443.457
7.	Ausschluß aller Unternehmen, die in letzter Instanz von einem börsennotierten Mutterkonzern gehalten werden (Quotenkonsolidierung > 50%)****	IFRS-SME 1.02 (a) (§ 315 a Abs. 1 und 2 HGB) Kapitalmarktorientierung	6	443.451
=	Grundgesamtheit II			443.451
	Stufe B			
8.	In Ergänzung zu 5. Selektion aller Unternehmen mit mindestens 25% Anteil eines gelisteten geschäftsführenden Gesellschafters	Näherungswert zur Abbildung der Situation, dass mindestens 1 geschäftsführender Gesellschafter dem Kreis der Blockholder zugeordnet werden kann	728.426	363.425
9.	Ausschluss aller börsennotierten Unternehmen***	IFRS-SME 1.02 (a) (§ 315 a Abs. 1 und 2 HGB) Kapitalmarktorientierung	52	363.373
10.	Ausschluß aller Unternehmen, die in letzter Instanz von einem börsennotierten Mutterkonzern gehalten werden (Quotenkonsolidierung > 50%)****	IFRS-SME 1.02 (a) (§ 315 a Abs. 1 und 2 HGB) Kapitalmarktorientierung	3	363.370
=	Grundgesamtheit III			363.370

* Klassifizierungscodes des Statistischen Bundesamts WZ 2003: Ausschluss der Codes J (Kredit- und Versicherungsgewerbe), L (Öffentliche Verwaltung, Verteidigung, Sozialversicherung), M (Erziehung und Unterricht), O (Erbringung von sonstigen öffentlichen und persönlichen Dienstleistungen), P (Private Haushalte), Q (Exterritoriale Organisationen und Körperschaften).

** Annahmegemäß erfolgt eine gemeinsame Ausübung der auf die Familienmitglieder aufgeteilten Stimmrechte. Somit können neben Einzelpersonen auch deren Familien als Blockholder mit einem gemeinsamen Anteil von > 50% bezeichnet werden.

*** Abzug aller börsennotierten Unternehmen, welche die Kriterien aus Grundgesamtheit I und der jeweiligen Stufe erfüllen (ursprünglich 1.070 börsennotierte Unternehmen).

**** Abzug aller Tochtergesellschaften der börsennotierten Unternehmen mit einer Beteiligungsquote von > 50%, welche die Kriterien aus Grundgesamtheit I und der jeweiligen Stufe erfüllen (ursprünglich 25.206 Tochtergesellschaften börsennotierter Unternehmen).

Abbildung 7: Darstellung der Vorgehensweise zur Eingrenzung des relevanten Unternehmenskreises

Zur Darstellung der Hereinnahme neuer Eigenkapitalgeber werden die Grundgesamtheiten des Datensatzes in einem weiteren Schritt nach Anzahl der Gesellschafter unterteilt. MARKUS ermöglicht die Bildung von fünf Teilgruppen zur Gesellschafteranzahl, von „mindestens 1 Gesellschafter" bis „mindestens 5 Gesellschafter". In Anlehnung an die im vorangegangenen Abschnitt beschriebene, mit wachsender Anzahl an nicht geschäftsführenden Gesellschaftern zunehmende, Informationsasymmetrie sind in der Datenbank die Dimensionen „mindestens 4 Gesellschafter" und „mindestens 5 Gesellschafter" zu selektieren. Auf diese Weise soll eine Situation gezeichnet werden, in der von mindestens 4 oder 5 Gesellschaftern einer Unternehmung nicht alle Personen an der Geschäftsführung beteiligt sind. Gleichzeitig führt der Gesellschafter mit dem Mehrheitsanteil die Unternehmung.

Im Hinblick auf eine – für diesen exemplarischen Fall quantitativ vorzunehmende – Klasseneinteilung der Stichproben kann alternativ zu den in Abschnitt 2.1. kritisierten institutionellen Regularien eine Orientierung an den Merkmalen der im German Entrepreneurial Index (GEX®) gelisteten Unternehmen erfolgen. Dieser im Jahr 2005 eingeführte Index des Prime Standards der Frankfurter Wertpapierbörse bildet ausschließlich eigentümerdominierte Unternehmen ab.[161] Darunter fallen Betriebe, deren Vorstände, Aufsichtsratsmitglieder oder deren Familien zwischen 25 % und 75 % der Stimmrechte besitzen.[162] Den qualitativen Charakteristika folgend befindet sich die betrachtete Gruppe mittelständischer Unternehmen in der Übergangsphase zur erstmaligen Aufnahme externer Gesellschafter. Zwar steht eine Emittierung von Anteilen am organisierten Kapitalmarkt nicht zur Disposition. Dennoch konkurrieren die betrachteten Unternehmen bei der Kapitalakquisition mit Firmen des GEX®, vornehmlich mit Betrieben der unteren Umsatz-Quantile.[163] Für die Ermittlung des relevanten Unternehmenskreises soll demgemäß der Umsatz-Median für das Jahr 2006 des GEX®-Index in Höhe von 72,0 Mio. € als Obergrenze dienen. Gleichzeitig bieten sowohl das statistische Umsatz-Minimum als auch das Umsatz-10 %-Quantil Näherungswerte für die Abgrenzung nach unten. Diese Werte liegen bei 3,0 Mio. € bzw. 11,0 Mio. €.[164]

Stufe A										
Größenkategorie des Unternehmens	Kleine Unternehmen (Umsatz < 5,0 Mio. €)		Typisierte Unternehmen (Umsatz < 100,0 Mio. €)		Σ KMU		Große Unternehmen (Umsatz > 100,0 Mio. €)		Grundgesamtheit	
Anzahl Gesellschafter	absolut	in %	absolut	in %	absolut	in %	absolut	in %	absolut	in %
Mindestens 1	412.762	(-)	30.078	(-)	442.840	(-)	611	(-)	443.451	(-)
Mindestens 2	211.208	51%	21.890	73%	233.098	53%	512	84%	233.610	53%
Mindestens 3	75.382	18%	12.193	41%	87.575	20%	380	62%	87.955	20%
Mindestens 4	27.759	7%	6.070	20%	33.829	8%	258	42%	34.087	8%
Mindestens 5	11.149	3%	2.946	10%	14.095	3%	179	29%	14.274	3%
Stufe B										
Größenkategorie des Unternehmens	Kleine Unternehmen (Umsatz < 5,0 Mio. €)		Typisierte Unternehmen (Umsatz < 100,0 Mio. €)		Σ KMU		Große Unternehmen (Umsatz > 100,0 Mio. €)		Grundgesamtheit	
Anzahl Gesellschafter	absolut	in %	absolut	in %	absolut	in %	absolut	in %	absolut	in %
Mindestens 1	343.947	(-)	19.175	(-)	363.122	(-)	248	(-)	363.370	(-)
Mindestens 2	142.633	41%	11.024	57%	153.657	42%	151	61%	153.808	42%
Mindestens 3	37.997	11%	4.667	24%	42.664	12%	82	33%	42.746	12%
Mindestens 4	9.429	3%	1.766	9%	11.195	3%	35	14%	11.230	3%
Mindestens 5	2.867	1%	658	3%	3.525	1%	19	8%	3.544	1%

Abbildung 8: Identifikation der Betriebe mit nicht geschäftsführenden Gesellschaftern aus der Gruppe typisierter mittelständischer Unternehmen

---

161 Der in der Öffentlichkeit gerne als Mittelstandsindex bezeichnete GEX® wurde von dem Center for Entrepreneurial and Financial Studies an der Technischen Universität München mitentwickelt. Vgl. Achleitner/Kaserer/Moldenhauer (2005), S. 118. Für weitere Analysen und Funktionen zum Index vgl. Kaserer et al. (2006), S. 10-17; Kaserer/Achleitner/Moldenhauer (2005), S. 2-8.
162 Zum Abfragezeitpunkt (9.5.2008) beinhaltet der GEX® 104 Unternehmen, die im Prime Standard der Frankfurter Wertpapierbörse gelistet sind. Insbesondere unterhalb der Indices DAX® und MDAX® existieren Unternehmen, die zu einem großen Anteil in der Hand ihrer Gründer sind. Darunter finden sich Betriebe verschiedenster Branchen, wie bspw. Technologie-Firmen, Medien, Chemie, Pharma, Biotech, Maschinenbau und Dienstleistung. Im Durchschnitt sind diese Unternehmen seit ca. fünf Jahren an der Börse notiert. Vgl. Deutsche Börse AG (2008), o. S.
163 Gemäß den Annahmen aus Abschnitt 2.4.3. haben die GEX®-Unternehmen mit niedrigen Umsätzen die Übergangsphase zum großen mittelständischen Unternehmen gerade überwunden.
164 Die Herleitung der Werte ist in Anhang 2 dieser Arbeit dargestellt. Aufgrund fester Umsatzintervalle in der MARKUS-Datenbank werden in der Untersuchung sämtliche Unternehmen mit einer Umsatzgröße zwischen 5,0 Mio. € und 100,0 Mio. € selektiert.

Der Aufriss nach der Gesellschafteranzahl zeigt Folgendes: Rund 700 typisierte mittelständische Unternehmen verfügen über mindestens 5 Gesellschafter, wobei eine Familie oder eine Einzelperson über 50 % hält. Gleichzeitig gehört ein Anteil von mindestens 25 % einem geschäftsführenden Gesellschafter (Stufe B). Eine Unternehmensanzahl von rund 6.100 verfügt über mindestens 4 Gesellschafter, wovon eine Familie oder Einzelperson über 50 % der Stimmrechte verfügt (Stufe A). Je größer die Anzahl der Gesellschafter, desto eher befinden sich im Gesellschafterkreis nicht geschäftsführende Anteilseigner. Die in dieser Arbeit betrachtete Gruppe mittelständischer Unternehmen zählt dem Ergebnis dieser Stichproben nach zwischen 700 und 6.100 Betriebe.

Ergänzend kann eine weitere Eingrenzung der Datenbank auf eine Minderheitsbeteiligung bis zu 49,99 % durch reine Finanzinvestoren vorgenommen werden.[165] Dabei ergibt sich folgendes Bild: 238 Unternehmen der Stufe A sind bereits heute eine Minderheitsbeteiligung mit Finanzinvestoren eingegangen, davon verfügen 116 über mehr als 5 Gesellschafter. Für Stufe B weisen schon 116 Unternehmen eine Minderheitsbeteiligung mit Finanzinvestoren aus, wovon 22 die Informationsbedürfnisse von mehr als 5 Gesellschaftern erfüllen müssen. Eine pure Minderheitsbeteiligung durch Private-Equity-Gesellschaften zeigen 34 Unternehmen der Stufe A und 18 der Stufe B an.[166]

---

[165] Gemeint sind Banken, Versicherungen, Renten- und Investmentfonds sowie Private-Equity-Beteiligungsgesellschaf-ten. Vgl. für die folgenden Ausführungen die Ergebnisse in Anhang 3.

[166] Die niedrige Anzahl identifizierter Unternehmen deckt sich mit den Erkenntnissen der Studien Achleitner/Schraml/-Tappeiner (2008), S. 14 und Achleitner/Poech/Groth (2005), S. 5.

3. Anforderungen an die Gestaltung einer integrierten Erfolgsrechnung mittelständischer Unternehmen

3.1. Erläuterung der Vorgehensweise und Ableitung relevanter Aspekte zur Konvergenz der betrachteten Unternehmensrechnungssysteme

In Kapitel zwei wurde das Spannungsfeld für mittelständische Unternehmen vorgestellt und auf Basis der charakterisierenden Merkmale ein für die vorliegende Untersuchung relevanter Unternehmenskreis eingegrenzt. Es soll nun in diesem Kapitel aufgezeigt werden, mit welchen Anforderungen an ihre Teilsysteme der Unternehmensrechnung sich diese Gruppe mittelständischer Betriebe konfrontiert sieht. Ausgehend von den Ziel- und Zwecksetzungen der externen und internen Systeme werden in diesem Zusammenhang Handlungsspielräume zur Angleichung identifiziert.

Die Ableitung des Gesamtanforderungskatalogs erfolgt unter der Prämisse, einen möglichst hohen Integrationsgrad zwischen der externen und der internen Rechnungslegung zu erzielen. Voraussetzung zur Integration der Unternehmensrechnungssysteme mittelständischer Unternehmen ist die Umstellung der externen Rechnungslegung auf einen internationalen Standard.[167] Diese Neuorientierung eröffnet die Möglichkeit, eine Abstimmung zwischen den Vorschriften der externen Rechnungsstandards und den internen Teilsystemen vorzunehmen. So werden im Rahmen der Integrationsbemühungen bspw. interne Controllinginformationen für die externe Berichterstattung benutzt. Dieses Verständnis entspricht dem Management Approach, der erstmals in der Diskussion um die Segmentberichterstattung nach dem Standard Nr. 131 „Disclosures about Segments of an Enterprise and related Information" der United States General Accepted Accounting Principles (US-GAAP) geprägt wurde und in

---

167 Vgl. die Ausführungen in Abschnitt 2.4.1. Der am 21.5.2008 von der Bundesregierung beschlossene Gesetzentwurf eines Gesetzes zur Modernisierung des Bilanzrechts – Bilanzrechtsmodernisierungsgesetz (BilMoG) –, welcher den Umbau des deutschen Bilanzrechts und eine Annäherung an internationale Bilanzierungsgrundsätze anvisiert, ist nicht Bestandteil dieser Arbeit. Vgl. Bundesministerium der Justiz (2008), http://www.bmj.bund.de. Die angestrebte Modernisierung des HGB entspricht in großen Teilen einer Anpassung an die IFRS. Gleichzeitig wird jedoch der Anspruch erhoben, die Grundsätze der deutschen Bilanzierungstradition, wie bspw. das explizite Festhalten an den Grundsätzen ordnungsgemäßer Buchführung, nicht aufzugeben, Steuerneutralität (vgl. die Ausführungen zur Einheitsbilanz in Abschnitt 2.4.3.) zu gewährleisten und die Kosten der Abschlusserstellung nicht signifikant zu erhöhen. In der Literatur wird die Neugestaltung des Bilanzrechts begrüßt, gleichzeitig werden jedoch die Ziel- und Interessenskonflikte betont, die der Spagat zwischen ausgerufener Informationsfunktion und den HGB-Bilanzierungs-prinzipien aufwirft. Insofern stellt der Entwurf des BilMoG einen Ausgangspunkt zur Diskussion der Reformbemühungen dar, welcher weiter zu präzisieren ist. Vgl. Arbeitskreis „Immaterielle Werte im Rechnungswesen" (2008), S. 1813-1821; Kirsch (2008), S. 71-78; mit weiteren Literaturhinweisen (auf Basis des Referentenentwurfs) Zülch/Hoffmann (2008), S. 1053-1060.

den vergangenen Jahren eine Ausweitung in seiner Bedeutung erfahren hat.[168] Grundgedanke des Management Approach ist, dass externe Anteilseiger das Unternehmen „durch die Augen des Managements" betrachten können: „Users can see the enterprise through the eyes of management."[169] Implizit wird davon ausgegangen, dass typischerweise das Management seine internen Teilsysteme der Unternehmensrechnung sich bestmöglich ausgestaltet, um wirtschaftliche Zielvorgaben zu erreichen und damit die Maximierung des Unternehmenswerts herbeizuführen.[170] Deshalb wird den internen Daten eine hohe Entscheidungsrelevanz für die Kapitalgeber zugesprochen. Darüber hinaus birgt die Wiederverwendung interner Managementinformationen deutliche Einsparungspotenziale, was Entlastungen für den kaufmännischen Bereich der KMU bringen kann.

Zu Systematisierungszwecken teilt diese Arbeit die Anforderungen an eine integrierte Erfolgsrechnung in vier Kernfelder auf: Nachdem im Folgenden zunächst die Grundbegriffe der betrachteten Teilsysteme der Erfolgsrechnungen kurz dargestellt werden, bildet die in Abschnitt 3.2. durchgeführte Ableitung fundamentaler qualitativer und quantitativer Rahmenpostulate für eine Angleichbarkeit der externen und internen Rechnungslegung den ersten Schwerpunkt. Darauf folgt mithilfe eines von *Küpper (1998)* vorgeschlagenen Strukturierungskatalogs die Ermittlung der Ausprägungen der Determinanten einer integrierten Erfolgsrechnung für den betrachteten Unternehmenskreis.[171] In Abschnitt 3.4. gewinnt der bis dahin entwickelte Anforderungskatalog weiter an Präzision. Dieser dritte Kernbereich fokussiert die Notwendigkeit des Ausweises entscheidungsrelevanter operativer Teileinheiten als Berichtsgegenstände. Die Festlegung mittelstandsspezifischer Eigenschaften, die bei der Konstruktion des integrierten Rechnungslegungssystems zu berücksichtigen sind, bildet den Abschluss dieses Kapitels.

Die Konvergenz von internem und externem Rechnungswesen mittelständischer Unternehmen auf Basis eines internationalen Rechnungslegungsstandards wird in dieser Arbeit anhand der beiden Teilsysteme Bilanzrechnung (bestehend aus Bilanz und GuV) und Kosten- und Erlösrechnung untersucht. Beide Rechnungssysteme gehören zu dem Kernsystem der Er-

---

168 Die Begriffsentwicklung resultiert aus der inhaltlichen Neugestaltung des Standards zur Segmentberichterstattung nach der US-amerikanischen Rechnungslegung US-GAAP. Die Überarbeitung wurde von dem Vorschlag zur Neuausgestaltung der Unternehmensberichterstattung, der durch den temporären Sonderausschuss Jenkins Committee im Jahr 1993 veröffentlicht wurde, stark beeinflusst. Die Arbeiten des Sonderausschusses gelten als Startpunkt einer neuen Unternehmenspublizität, die sowohl vergangenheits- als auch zukunftsbezogen bzw. quantitativ und qualitativ ausgerichtet ist und sich von der strikten Trennung in internes und externes Rechnungswesen löst. Vgl. dafür und grundlegend zur Arbeit des Sonderausschusses mit weiteren Literaturhinweisen Böcking (1998), S. 44. Zum Management Approach vgl. anstatt vieler Benecke (2000), S. 52-55.
169 Hunt (1996), S. 47; Martin (1997), S. 29. Vgl. auch Böcking/Benecke (1998), S. 97.
170 Vgl. Weißenberger/Angelkort (2007), S. 418.
171 Küpper (1998a), S. 150.

folgs(ziel)rechnungen.[172] Die Bilanzrechnung und Kosten- und Erlösrechnung bilden einen abgegrenzten Periodenerfolg ab, indem sie die erfolgswirksamen Ein- und Auszahlungen für die entstandenen bzw. verbrauchten Realgüter auf die Perioden zuordnen. Dabei benutzen sie prinzipiell unterschiedliche Ausgangsgrößen.[173] Während Erträge und Aufwendungen als Komponenten der GuV auf die pagatorischen Veränderungen[174] der in der Bilanz erfassten Güter- und Schuldenbestände abstellen, verfolgt die Kostenrechnung eine kalkulatorische Bewertung der Wirtschaftsgüter sowie deren Lenkung in ihre optimale Verwendungsweise: „Die Kostenhöhe soll […] einen geeigneten Maßausdruck für die Vorteilhaftigkeit der Verwendung von Einsatzgütern liefern"[175] und kann demnach rein kalkulatorische Elemente im Sinne nicht zahlungswirksamer Opportunitätskosten beinhalten (Abbildung 9).[176]

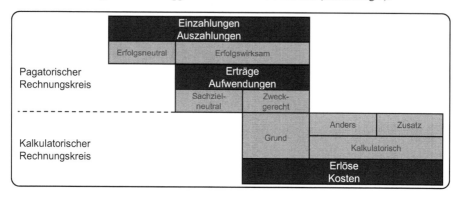

Abbildung 9: Differenzierung zwischen dem pagatorischen und dem kalkulatorischen Rechnungskreis[177]

---

172 Anhand ihres Zielbezugs unterteilen Schweitzer/Küpper (2003), S. 8, die Unternehmensrechnung in die Kernsysteme Finanzzielrechnung und Erfolgszielrechnung und weitere Zielrechnungen, wie bspw. die Produkt-, Potenzial-, Sozial- und Umweltzielrechnung. Zur Sicherstellung der Zahlungsfähigkeit der Unternehmung stellt die Finanzrechnung Daten zur Planung, Steuerung und Kontrolle der Liquidität zur Verfügung. Dieses Kernsystem ist nicht im Blickpunkt der weiteren Ausführungen. Ebenso steht das den Erfolgszielrechnungen zugehörige System der Investitionsrechnung, aufgrund der Ermittlung einer mehrperiodischen Erfolgsgröße, nicht im Betrachtungsfeld dieser Arbeit. Für einen Überblick und Erläuterung der Kernsysteme der Unternehmensrechnung vgl. Schweitzer/Küpper (2003), S. 7-10.
173 Für die folgenden Ausführungen vgl. statt vieler Kosiol (1953), S. 89-103; Schweitzer/Küpper (2003), S. 12-16; Küpper (2001), S. 113-115.
174 Pagatorische Rechnungsgrößen basieren auf historischen Anschaffungs- und Marktpreisen. Es geht daher „ausschließlich um die Abbildung empirischer Gegebenheiten". Schweitzer/Küpper (2003), S. 15-16.
175 Schweitzer/Küpper (2003), S. 15.
176 Kosiol (1953), S. 94, beschreibt kalkulatorische Kosten als „zusätzliche Kosten, die nicht zugleich pagatorischen Charakter tragen, d. h. aufwands- bzw. ausgabenlos sind".
177 In Anlehnung an Schweitzer/Küpper (2003), S. 17-26, im Original nach Heinen (1965), S. 100.

Aus dem Blickwinkel einer Übernahme externer Daten des pagatorischen Rechnungskreises in die interne Kosten- und Erlösrechnung kann der übereinstimmende Teil als Grundkosten und -erlöse in das interne Rechnungswesen übernommen werden. Darüber hinaus sind die Aufwendungen und Erträge dahingehend zu analysieren, ob sie in der Kosten- und Erlösrechnung nicht oder anders berücksichtigt werden müssen. So bezeichnet man bspw. alle Erträge, welche die Erlöse übersteigen, als sachzielneutral. Diese, wie etwa außerordentliche Erträge aus Anlagenabgängen, werden nicht in den kalkulatorischen Rechnungskreis überführt. Andererseits können über Erträge aus dem pagatorischen Rechnungskreis hinaus in der Kostenrechnung Zahlungen als kalkulatorische Zusatz- oder Anderserlöse berücksichtigt werden, denen entweder überhaupt kein Ertrag (Zusatzerlös) oder Ertrag in einer anderen Höhe (Anderserlös) gegenübersteht.[178]

Für Unternehmen besteht keine Pflicht zur Implementierung einer Kosten- und Erlösrechnung. Das Teilsystem unterscheidet sich von anderen Rechnungssystemen ebenfalls dadurch, dass es auf individuell bedeutsame Erfolgsziele der Unternehmung ausgerichtet ist, von dieser frei gestaltet werden kann und primär Informationen für operative Entscheidungen liefert.[179]

3.2. Darstellung der Ansatzpunkte zur Integration und Selektion der qualitativen und quantitativen Rahmenpostulate

Als Bezugsrahmen für die pagatorische Bilanzrechnung wird in dieser Arbeit das Normensystem des IASB in Form der Rechnungslegungsstandards nach IFRS verwendet. Das „Framework for the Preparation and Presentation of Financial Statements" und die Standards mit ihren Ansatz- und Bewertungsvorschriften bilden die beiden Hauptkomponenten[180] des IFRS-Regelsystems.[181] Dabei setzen die Ausführungen des Frameworks keine Vorschriften der Standards außer Kraft, sondern dienen als grundlegende Richtlinie zu deren Auslegung und richtigen Anwendung. Die einführenden Basisgrundsätze des Entwurfs eines interna-

---

178 Vgl. Schweitzer/Küpper (2003), S. 23-26. Für einen Überblick der kalkulatorischen Kosten- und Erlösarten und weiteren empirischen Nachweisen zum Durchdringungsgrad in der deutschen Industrie vgl. Währisch (1998), S. 27-28 und S. 99-114.
179 „Während die Investitionsrechnung primär zur Unterstützung von Entscheidungen in der taktischen und strategischen Ebene herangezogen wird, ist die Kosten- und Erlösrechnung üblicherweise auf die operative Ebene gerichtet." Schweitzer/Küpper (2003), S. 11; sinngemäß Coenenberg (1995), S. 2078-2081.
180 Strenggenommen zählt der Teilbereich zur Auslegung von Einzeltatbeständen und Schließung etwaiger Lücken in der Rechnungslegung ebenfalls zu den Hauptkomponenten. Diese Aufgabe wird vom International Financial Reporting Interpretations Committee wahrgenommen. Vgl. dazu bspw. Coenenberg (2005), S. 53-54.
181 Das stetige Normgebungsverfahren führt zur kontinuierlichen Weiterentwicklung und Anpassung der Standards an aktuelle Gegebenheiten. Grundlage für die vorliegende Arbeit ist der Stand zum 1.1.2008.

tionalen Rechnungslegungsstandards für kleine und mittelgroße Unternehmen (IFRS-SME) geben die Inhalte des Frameworks in komprimierter Form wieder.[182] Obgleich das Regelwerk den Anspruch einer eigenständigen – auf den speziellen Unternehmenskreis zugeschnittenen – Normierungsquelle hegt, beabsichtigt das IASB, einen Beitrag zur internationalen Vergleichbarkeit von Jahresabschlüssen möglichst vieler Unternehmen zu leisten.[183] Der explizite Rückgriff auf die konzeptionellen Grundsätze der IFRS unterstützt die Vereinheitlichung der Rechnungslegungspraktiken. Die in diesem Abschnitt durchgeführte Ableitung von Rahmenpostulaten erfolgt somit im Einklang mit den Vorschriften des IFRS-SME.

Zentrale Zielsetzung des Frameworks ist, entscheidungsrelevante Informationen über das berichtende Unternehmen bereitzustellen.[184] Vor dem Hintergrund der Entscheidungsnützlichkeit (Decision Usefulness, im Folgenden auch: Entscheidungsfähigkeit) bildet das in Paragraph F.46 verankerte Grundprinzip des True and Fair View bzw. der Fair Presentation den obersten Maßstab der Rechnungslegung.[185] Die Vermittlung eines den tatsächlichen Verhältnissen entsprechenden Bildes wird durch die Unterteilung der konzeptionellen Grundsätze des Frameworks in drei Gruppen gewährleistet: Grundannahmen (Underlying Assumptions), qualitative Eigenschaften (Qualitative Characteristics) und die Nebenbedingungen (Constraints on Relevant and Reliable Information).[186] Abbildung 10 gibt einen Überblick über die Grundsätze. Im Folgenden sollen nicht alle Prinzipien erläutert werden, dazu wird auf die Fachliteratur verwiesen.[187]

---

182 IASB (2007), IFRS-SME 2 und 3, insbesondere 2.01-2.11.
183 In Erwartung nationaler und internationaler Institutionen macht der Standardsetter in der Basis for Conclusions deutlich, dass er die Entwicklung hochwertiger Rechnungslegungsstandards für nicht kapitalmarktorientierte Unternehmen durchsetzen möchte. IASB (2007), IFRS-SME BC.17-21.
184 IASB (2008), F.12.
185 IASB (2008), F.46 sowie IAS 1.13.
186 Überschriften der Standards IASB (2008), F.22, F.24, F.43.
187 Einen Überblick liefern Coenenberg (2005), S. 58-63; Pellens/Fülbier/Gassen (2006), S. 107-113.

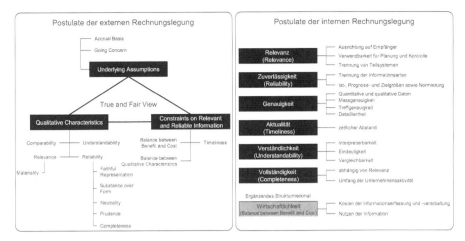

Abbildung 10: Vergleichende Darstellung externer und interner Rahmenpostulate für eine integrierte Erfolgsrechnung[188]

Die Teilsysteme der kalkulatorischen Erfolgsrechnung[189] sind Instrumente der Unternehmensführung. Ihre Ausgestaltung orientiert sich an den verfolgten Rechnungszwecken und -zielen ihrer Adressaten. Die Informationswünsche der verantwortlichen Entscheidungsträger sind wiederum von ihrem jeweiligen Entscheidungsfeld im Unternehmen abhängig.[190] Deshalb hat das interne Informationssystem die Daten zu liefern, die dem Entscheidungs- und Handlungsprozess seiner Empfänger dienen. Ihre Gestaltungsfreiheit ermöglicht es der internen Erfolgsrechnung, die für den individuellen Empfänger(kreis) führungsrelevanten Daten zu generieren. Für die Abbildung dieser Informationen existieren formale Anforderungen, die ebenfalls in Abbildung 10 präzisiert sind. Die Darstellung zeigt einen hohen Übereinstimmungsgrad zwischen den IFRS-Rechnungslegungsgrundsätzen und dem nach *Küpper (1994)* abgeleiteten Anforderungskatalog an die Gestaltung der internen Unternehmensrechnung. Die im Folgenden formulierten Rahmenpostulate stellen eine Synthese beider Konzepte dar. Zur weiteren Konkretisierung der Prinzipien folgt diese Arbeit der von *Kuhlewind (1997)* vorgenommenen Klassifizierung nach qualitativen Informations- und Ordnungsgrundsätzen (1-3) und quantitativen Rahmengrundsätzen (4-5), wobei letztere die nach

---

188 Veränderte und ergänzte Darstellung in Anlehnung an Coenenberg (2005), S. 60; Küpper (1994), S. 974-979.
189 Für einen Überblick kalkulatorischer (und pagatorischer) Systeme der Erfolgsrechnung vgl. Küpper (2001), S. 119.
190 Insbesondere auf der operativen Unternehmensebene existiert eine Vielzahl unterschiedlicher Rechnungszwecke und -ziele. Vgl. dazu die Ausführungen in Abschnitt 3.3.2. Für die strukturierte Darstellung der Elemente eines Rechnungssystems vgl. Abschnitt 3.3.1.

den qualitativen Merkmalen erforderliche Informationsübermittlung an die Adressaten einschränken.[191]

(1) Entscheidungsnützlichkeit (Decision Usefulness)

Als wichtiges Informationsinstrument für die unternehmerischen Entscheidungsträger hat eine Erfolgsrechnung zunächst die Entscheidungsfähigkeit zu gewährleisten. Dieses oberste Ziel kann nur ein Rechnungssystem erreichen, das dem Adressaten eine profunde Analyse zur Entscheidungsfindung gestattet. Dafür bedarf es relevanter und verlässlicher Informationen über die ökonomische Situation:

- Relevanz (Relevance)
Betriebswirtschaftliche Informationsinstrumente können/sollen immer nur einen Teil der realen Tatbestände und Vorgänge abbilden. Deshalb ist der Bezug der zu berichtenden Informationen zu den aus ihnen abgeleiteten Entscheidungen von essentieller Bedeutung. Das zu konstruierende Rechnungslegungssystem muss Informationen generieren, die alle relevanten Sachverhalte möglichst realitätsnah und aktuell darstellen.[192] *Schweitzer/ Küpper (2003)* präzisieren dieses Postulat: „Die grundlegende Anforderung an die Erfassung besteht in der Isomorphie (Strukturgleichheit) zwischen den realen Gegebenheiten und den ermittelten […] Zahlen."[193]

---

[191] Vgl. Kuhlewind (1997), S. 94 und S. 100-106. An der Methodik, für die Gliederung der Postulate die Bezeichnungen qualitativ und quantitativ anzuwenden, orientiert sich ebenfalls Waltenberger (2006), S. 60. Die Klassifizierung entstammt aus dem die US-GAAP ergänzenden Statement of Financial Accounting Concepts (SFAC). Der US-amerikanische Standardsetter formuliert die Prinzipien Wesentlichkeit und Wirtschaftlichkeit als einschränkende – quantitative – Grundsätze, die zur Bestimmung von Mindestgrenzwerten und Kosten-Nutzen-Relationen der Informationsbereitstellung herangezogen werden. Vgl. FASB (2008a), SFAC Nr. 2 „Qualitative Characteristics of Accounting Information", Paragraph 33. Da zwischen den Rahmenkonzepten der Rechnungslegung nach US-GAAP und nach IFRS nur graduelle Unterschiede bestehen, ist die Übertragung der Vorgehensweise von Kuhlewind (1997) auf diese Untersuchung zulässig. Für eine analoge Anwendung vgl. bspw. auch Haller (1998), S. 16. Waltenberger (2006), S. 76-112, lässt ebenfalls zur Ableitung von Anforderungen und für die Konzeption eines Rechnungssystems für Hochschulen einzelne Prinzipien von Referenzkonzepten einfließen. Ihre Referenzkonzepte bilden der US-amerikanische Rechnungslegungsstandard US-GAAP und das internationale Normensystem IFRS.

[192] Die US-GAAP unterlegen die Relevanz mit den Kriterien der (1) rechtzeitigen Verfügbarkeit (Timeliness), (2) der Bildung eines Vorhersagewerts (Predictive Value) sowie eines (3) Rückkopplungswerts zur Korrektur von Erwartungen (Feedback Value). Zur Erläuterung der qualitativen Informationsgrundsätze vgl. Kuhlewind (1997), S. 82-85.

[193] Schweitzer/Küpper (2003), S. 53. Grundsätzlich kann es zu einer Kollision der Relevanz mit den Postulaten der Verlässlichkeit und Genauigkeit kommen. Nicht selten gibt die Unternehmenspraxis aktuelleren und dafür ungenaueren Daten des Rechnungswesens den Vorzug. Insbesondere einer zukunftsorientierten Betrachtungsweise dienen Prognoserechnungen, die Raum für Manipulation bieten.

- Zuverlässigkeit (Reliability)

  Im Gegensatz zu dem Postulat der Relevanz, für die Entscheidung erforderliche Informationsbeiträge zu generieren, thematisiert der Grundsatz der Verlässlichkeit die Bedingung einer zuverlässigen Abbildung jener entscheidungsrelevanten Verhältnisse. Ein Rechnungssystem ist dann verlässlich, wenn es frei von Fehlern und subjektiver Verzerrung ist.[194] Dies kann nur erreicht werden, wenn die Informationen nachvollziehbar und abbildungstreu sind sowie unabhängig von erwarteten wirtschaftlichen oder persönlichen Konsequenzen dargestellt werden.[195] Das Postulat dient der Objektivierung des Berichtsinhalts.[196]

(2) Verständlichkeit (Understandability)

Das Prinzip der Verständlichkeit fordert, dass die Informationen für einen fachkundigen und interessierten Leser leicht nachvollziehbar und interpretierbar sind. Wäre dies, bspw. aufgrund eines hohen Komplexitätsgrads der Darstellung, nicht der Fall, würde die Akzeptanz leiden. Komplexe Sachverhalte sind jedoch nicht deshalb auszuschließen, weil sie unter Umständen für bestimmte Adressaten schwer verständlich sind.[197] Das Postulat der Verständlichkeit begründet vielmehr den „Qualitätsanspruch an die Form der Darstellung".[198]

(3) Vergleichbarkeit (Comparability)

Unter Berücksichtigung der zentralen Zielsetzung der Rechnungslegung, entscheidungsrelevante Informationen zur Verfügung zu stellen, soll dem Adressatenkreis die Möglichkeit gegeben werden, die Entwicklung der finanziellen Situation des betrachteten Unternehmens zu vergleichen. Dabei erfordert der Grundsatz von dem Rechnungssystem einerseits, die zeitliche Vergleichbarkeit der Jahresabschlüsse eines Betriebs sicherzustellen. Darüber hinaus muss eine Gegenüberstellung der Zahlen mit den Abschlüssen anderer Unternehmen oder Teilbereiche möglich sein.[199]

Die qualitativen Informations- und Ordnungsgrundsätze werden hinsichtlich ihres Gültigkeitsanspruchs und Umfangs durch die quantitativen Rahmengrundsätze eingeschränkt. Diese Postulate formulieren jedoch keine allgemeingültigen Grenzwerte, sondern beabsichtigen den Bilanzersteller für die wirtschaftlichen Konsequenzen der Betrachtungsweise zu sensi-

---

194 Vgl. Coenenberg (2005), S. 61.
195 Vgl. Kuhlewind (1997), S. 88; Waltenberger (2006), S. 62.
196 Zum Objektivierungsprinzip in der Rechnungslegung vgl. bspw. Moxter (2003), S. 16-17.
197 IASB (2008), F.25.
198 Wollmert/Achleitner (1997), S. 222.
199 IASB (2008), F.39.

bilisieren.[200] Es ist der Aggregationsgrad einzelner Rechnungspositionen auszuwählen, d. h. deren separater oder mit anderen Werten zusammengefasster Ausweis in übergeordneten Positionen, welcher die Erreichung der Rechnungszwecke und -ziele am besten ermöglicht:

(4) Wesentlichkeit (Materiality)

Der Grundsatz der Wesentlichkeit wird zur Konkretisierung der Entscheidungsnützlichkeit herangezogen. Dieser Anspruch an das Rechnungssystem soll einer Berichtsflut von grundsätzlich – aus dem Postulat der Relevanz abgeleiteten – entscheidungsrelevanten Informationen vorbeugen. Das Prinzip bildet einen zweiten Filter, der alle relevanten, jedoch aufgrund ihres geringen Einflusses auf die ökonomische Entscheidung unbedeutenden Informationen von der Berichterstattung ausschließt.[201] Als wesentlich wird eine Information dann angesehen, wenn ihr Weglassen oder ihre fehlerhafte Darstellung die wirtschaftlichen Entscheidungen der Adressaten beeinflussen kann.[202]

(5) Wirtschaftlichkeit (Cost-Benefit-Principle)

In engem Zusammenhang mit dem Wesentlichkeitsprinzip steht der Grundsatz der Wirtschaftlichkeit. Das Postulat soll sicherstellen, dass nur solche Informationen offengelegt werden, deren adressatenbezogener Nutzen die Kosten ihrer Ermittlung übersteigt. Probleme bestehen hierbei in der Bestimmung und Bewertung der Kosten-Nutzen-Verhältnisse. Der Standardsetter selbst bleibt eine Quantifizierung dieser Komponenten schuldig.[203] Dessen ungeachtet kann das Postulat der Wirtschaftlichkeit schon fast als „selbstverständlich"[204] gesehen werden. Wie in Abschnitt 2.4.1. formuliert, dient die Unternehmensrechnung durch den Abbau von Agency-Kosten dem übergeordneten Ziel der Kapitalallokationseffizienz. Deshalb sollten eben gerade die Rechnungssysteme dem Anspruch der Wirtschaftlichkeit genügen, d. h. Kosten und Nutzen in einem akzeptablen Verhältnis zueinander stehen.[205]

---

200 Vgl. Kuhlewind (1997), S. 105.
201 Vgl. Waltenberger (2006), S. 68; Kuhlewind (1997), S. 95.
202 Wobei immer auf den Einzelfall abzustellen ist.
203 Zudem bezieht der Standardsetter gemäß IASB (2008), F.44, in den Kostenbegriff auch indirekte Ertragseinbußen, wie etwa wettbewerbliche Nachteile aus einer zu umfangreichen Berichterstattung, mit ein. Vgl. dazu bspw. Coenenberg (2005), S. 63.
204 Coenenberg (1995), S. 2080.
205 Vgl. Hoke (2001), S. 108: „Will sie Unwirtschaftlichkeiten in anderen Bereichen des Unternehmens aufdecken, sollte sie zuerst selbst möglichst effizient gestaltet sein."

3.3. Ermittlung der Determinanten und Aufbau der integrierten Erfolgsrechnung

3.3.1. Aufstellung eines Strukturierungskatalogs zur Systematisierung

Der von *Küpper (1998)*,[206] teilweise in Anlehnung an *Schneider (1997)*,[207] beschriebene Strukturierungskatalog unterteilt ein Rechnungssystem in die Elemente Abbildungsgegenstand, Rechnungsadressaten, Rechnungszweck und Rechnungsziel. Die erste Determinante (im Folgenden: Strukturvariable) gibt vor, welche Tatbestände eine Rechnung erfassen soll, die zweite bestimmt die Empfänger der Rechnungsdaten. Der verfolgte Rechnungszweck „stellt auf die Wissenswünsche des Empfängerkreises [...] ab".[208] Aus dem Rechnungszweck lassen sich das Rechnungsziel bzw. die Rechnungsziele ableiten.

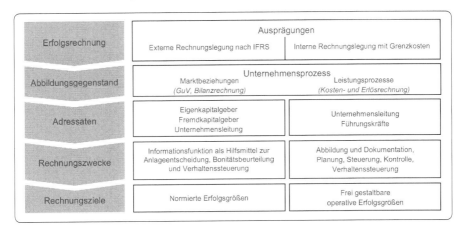

Abbildung 11: Katalog der Strukturvariablen einer integrierten Erfolgsrechnung

Abbildung 11 stellt die Ausprägungsformen der Strukturvariablen isolierter Teilsysteme der internen und externen Rechnungslegung im Vergleich dar. Unter Anwendung dieses Katalogs als Bezugsrahmen erfolgt im nächsten Abschnitt die Herleitung der Ausprägungsformen für eine harmonisierte Erfolgsrechnung des typisierten Unternehmenskreises.

---

206 Küpper (1998a), S. 150, thematisiert in seinem Beitrag eine Angleichung der HGB-Standards mit der Kosten- und Erlösrechnung.
207 Schneider (1997), S. 27-62.
208 Schneider (1993), S. 194.

3.3.2. Bestimmung der Ausprägungsformen der Strukturvariablen zur Rechnungslegungskonzeption

(a) Abbildungsgegenstand

Die Marktbeziehungen der Unternehmung und ihrer Teilbereiche werden mittels der pagatorischen Ergebnisrechnung GuV dargestellt.[209] Im Vorfeld der Konstruktion des Rechnungssystems ist zu berücksichtigen, dass das Teilsystem zur Erfolgsermittlung verschiedenen Gestaltungsmöglichkeiten unterliegt. Dies betrifft einerseits die Strukturmerkmale der GuV. Hier bedarf es einer Entscheidung zur Anordnung der Aufwendungen und Erträge in der Konto- oder Staffelform sowie der Erfüllung bestimmter Mindestangaben (im Sinne von Aufwands- und Ertragsarten) zur Gewährleistung einer aussagekräftigen[210] Rechnung. Ebenfalls muss die Erfolgsspaltung, d. h. eine Aufspaltung des Periodenerfolgs in seine unterschiedlichen Bestandteile (Teilergebnisse), beachtet werden, um die Erfolgsquellen[211] in der GuV transparent zu machen. Neben diesem Ordnungsrahmen ist zwischen alternativen Verfahren bei der Aufstellung der Ergebnisrechnung zu unterscheiden. Hierzu kann entweder das Gesamtkosten- oder Umsatzkostenverfahren angewendet sowie zwischen der Brutto- und Nettorechnung ausgewählt werden. Die Anforderungen des Normensystems des IASB sind gering. Unter Zuhilfenahme der Beispiele im Anhang der Standards sowie einzelner Angaben aus IAS 1 ist in Abbildung 12 ein Gestaltungsvorschlag für die externe Ergebnisrechnung dargestellt, der in Grundzügen auf *Coenenberg (2005)* basiert.[212]

Relevantes Rechnungssystem zur Abbildung der internen Leistungsprozesse ist in dieser Arbeit die Grenzkostenrechnung. Das nach dem Verrechnungsumfang der Teilkostenrechnung[213] zugehörige System hat seinen Ursprung in der seit 1899 von Eugen Schmalenbach geprägten Grenzkostenlehre[214] und ist heute aufgrund seines einfachen Zugangs ein weit

---

209 Vgl. Günther/Zurwehme (2008), S. 104 und 115, die in der externen Periodenergebnisrechnung ebenfalls ein geeignetes Harmonisierungsobjekt sehen.
210 „Aussagekräftig" im Sinne der Fair Presentation, vgl. Abschnitt 3.2.
211 Darunter kann einerseits die Unterscheidung nachhaltiger Erfolge von solchen mit einmaligem Charakter verstanden werden. Ebenso wird die Aufteilung des Ergebnisses in Finanzergebnis und Betriebsergebnis als Erfolgsspaltung klassifiziert.
212 Für einen Überblick zu den Gestaltungsmöglichkeiten vgl. statt vieler Coenenberg (2005), S. 475-495.
213 Die vollständige Bezeichnung lautet Teilkosten- und Erlösrechnung. Gemäß der Art der Kostenverrechnung kann zwischen zwei grundlegenden Ansätzen der Teilkostenrechnung unterschieden werden: Die Teilkostenrechnung auf Basis variabler Kosten nutzt als Zurechnungskriterium die Beschäftigung in Form des Verursachungsprinzips. Die Teilkostenrechnung auf Basis der relativen Einzelkostenrechnung verwendet für die Zurechnung das Riebel'sche Identitätsprinzip, welches einem Bezugsobjekt diejenigen Leistungs- und Kostengüter zurechnet, deren Entstehen und Vergehen auf dieselbe Entscheidung zurückzuführen ist. Für eine Erläuterung der Prinzipien mit weiteren Literaturverweisen vgl. bspw. Schweitzer/Küpper (2003), S. 54-57.
214 Eugen Schmalenbach definierte bereits im Jahr 1899 die beschäftigungsproportionalen Kosten und beschäftigungsfixen Kosten. Vgl. Schmalenbach (1899), S. 98-172. Die Schmalenbach'sche Grenzkostenlehre gilt daher als Vorreiter der Teilkostenrechnung. Vgl. grundlegend zur Teilkostenrechnung Schmalenbach (1963), S. 41-89.

verbreitetes Instrument zur betrieblichen Entscheidungsfindung mittelständischer Unternehmen.[215] Charakterisierendes Merkmal ist das Deckungsbeitragsprinzip,[216] welches fixe Kosten konsequent ausgliedert. Als Deckungsbeitrag wird die Differenz zwischen den Erlösen und den variablen Kosten bezeichnet. Unter Anwendung der Kosteneinflussgröße Beschäftigung unterscheidet die Grenzkostenrechnung nach (beschäftigungs-)- variablen und (beschäftigungs-)fixen Kosten, wovon bei letzteren die Kostenhöhe trotz Beschäftigungsänderung konstant bleibt. Variabel hingegen sind sämtliche Kosten, die sich mit infinitesimaler Variation der Beschäftigung ceteris paribus verändern.

Entsprechend der in Abschnitt 2.2.2. festgelegten Organisationsmerkmale zentralistischer Führungssysteme erfolgt die Erfassung der Kosten und Erlöse der Bezugsobjekte nach der spezifischen Struktur funktionaler Kostenbereiche. Für ein in dieser Arbeit typisiertes Unternehmen könnten dies bspw. die Funktionen Beschaffung, Produktion, Vertrieb/Absatz sowie Verwaltung darstellen. Mithilfe der Kosteneinflussgröße Beschäftigung verteilt die Grenzkostenrechnung sämtliche angefallenen Kosten getrennt nach variablen und fixen Kostenarten auf diese vier funktionalen Endkostenstellen.[217] Die Steuerung der Bereiche erfolgt anhand der Bereichs-Deckungsbeitragsrechnungen. Zudem können die variablen Kostenanteile der Kostenbereiche auf Kostenträger heruntergebrochen werden. Bei Durchführung dieser Verrechnung mithilfe des Umsatzkostenverfahrens werden dem effektiven Umsatz der betrachteten Periode nicht die gesamten Aufwendungen, sondern nur diejenigen sachlich abzugrenzenden Aufwendungen gegenübergestellt, welche für den Verkauf der Einheiten angefallen sind. Im Vergleich zum Gesamtkostenverfahren ist diese Methode insofern aussagekräftiger, als dass Betriebsergebnisse für bspw. einzelne Produktarten ermittelt werden können (Produkterfolgsrechnung). Jedoch beschränkt sich diese funktionsübergreifende innerbetriebliche Leistungsdokumentation auf variable Kosten.[218]

Im Hinblick auf eine Angleichung der GuV mit der internen funktionsübergreifenden Ergebnisrechnung bedarf es deshalb einer Zusammenfassung variabler und fixer Rechnungsgrößen auf den jeweiligen funktionalen Kostenstellen. Die vorgenommene Formierung funktionaler Kostenstellen im Sinne der Gliederungskriterien von Aufwands- und Ertragsarten der GuV bietet eine geeignete Grundlage für die Erhöhung des Verrechnungsumfangs der Kosten und Erlöse auf die Kostenträger. Mithilfe dieser Zuordnung kann eine interne Ergebnisrechnung auf Vollkostenbasis für Kostenträger konzipiert werden, die der Struktur einer GuV entspricht. Die Abstimmung der externen und internen Ergebnisrechnung für einen

---

215 Vgl. die Ergebnisse der Studien zur Anwendung der Kostenrechnungsverfahren in Abschnitt 2.4.2.
216 Kilger (1988), S. 82.
217 Eine detaillierte Darstellung der Vorgehensweise erfolgt in Abschnitt 5.4.3.
218 Die Konstruktion einer funktionsübergreifenden Ergebnisrechnung bildet jedoch den Ausgangspunkt für das in dieser Arbeit zu entwickelnde Konzept einer Integration externer und interner Erfolgsrechnungssysteme auf Basis von Kostenträgern.

Kostenträger erfolgt demnach auf Basis der Teilergebnisse der vier betrieblichen Kostenstellen und des Betriebsergebnisses.[219]

Abbildung 12 fasst die Gestaltungsgrundsätze zur Integration der externen und internen Ergebnisrechnung zusammen.

Merkmale	Externe Ergebnisrechnung				
	Konto- oder Staffelform	Mindestgliederung	Erfolgsspaltung	Gesamtkosten- oder Umsatzkostenverfahren	Brutto- oder Nettorechnung
Regelung nach IFRS	Anforderung formal nicht in IAS 1 geregelt, Beispiele im Anhang lassen Präferenz der Staffelform vermuten [220]	Mindestangaben in IAS 1.81-87 und Zusatzangaben für das Umsatzkostenverfahren in IAS 1.93	Anforderung zum Ausweis einzelner Teilergebnisse aus IAS 1.81 und IAS 1.83 ableitbar [221]	Empfehlung für das Umsatzkostenverfahren in IAS 1.89 [222]	Saldierungsverbot in IAS 1.32
Gestaltungsvorschlag	Staffelform	Gliederung nach IAS 1.81-87	Betriebsergebnis	Umsatzkostenverfahren	Brutto-Ausweis
Merkmale	Interne Ergebnisrechnung auf Basis von Kostenträgern				
	Teilkosten oder Vollkosten	Kostenstellengliederung	Erfolgsspaltung	Gesamtkosten- oder Umsatzkostenverfahren	Brutto- oder Nettorechnung
Regelung der Kostenrechnung	keine (ausschließlich interner Einsatz)				
Gestaltungsvorschlag	Vollkosten	Abbildung analog der Gliederungskriterien von Aufwands- und Ertragsarten der GuV	Betriebsergebnis	Umsatzkostenverfahren	Brutto-Ausweis

Abbildung 12: Notwendige Gestaltungsgrundsätze zur Konzeption einer integrierten Ergebnisrechnung

---

219 Sinngemäß Ammann/Müller (2006), S. 321. Diese Voraussetzung ist lediglich eine notwendige Bedingung. Die in Abbildung 12 formulierten Gestaltungsgrundsätze müssen ebenfalls erfüllt werden.
220 IASB (2008), IAS 1.IG.04.
221 Die Erfolgsspaltung in Betriebsergebnis, Finanzergebnis und außerordentliches Ergebnis existiert nach IFRS nicht, was im Schrifttum heftig kritisiert wird. Vgl. Coenenberg (2005), S. 490; Franz/Winkler (2006), S. 79. Die Angabe von Betriebsergebnis und Finanzergebnis ist fakultativ. Die beabsichtigte Integration der Erfolgsrechnung bezieht sich auf das Betriebsergebnis.
222 In IASB (2008), IAS 1.19, weist der Standardsetter jedoch darauf hin, dass aus historischen bzw. branchenspezifischen Gründen ebenfalls das Gesamtkostenverfahren verwendet werden kann.

(b) Adressatenkreis

Mittelständische Unternehmen befinden sich in Beziehungen mit zahlreichen Akteuren. Die Vielzahl an Personen und Institutionen können der Theorie von *Cyert/March (1963)* folgend als Koalitionsteilnehmer bezeichnet werden. Die Koalition setzt sich in der Regel aus den Einheiten Kapitalgeber, Lieferanten, Kunden, Mitarbeitern, dem Staat und weiteren Anspruchsgruppen zusammen.[223] Grundsätzlich haben alle Koalitionsteilnehmer Informationsbedürfnisse an eine Ergebnisrechnung. Dessen ungeachtet ist die Ableitung präziser und umsetzbarer Anforderungen an das Teilsystem nur auf Basis eines eng gefassten Adressatenkreises durchführbar. Insofern ist der Auffassung von *Prodhan (1986)* zu folgen: „The set (or sets) of users of financial accounting reports need to be specified before a reporting system appropriate for such users can be designed and evaluated."[224] Deshalb sollen in diesem Abschnitt die primären Nutzer der integrierten Ergebnisrechnung als Adressaten eingegrenzt werden.

Anknüpfend an die Beschreibung der Konfliktebenen von Principal-Agent-Beziehungen in Abschnitt 2.4.1. und die Konkretisierung des relevanten Unternehmenskreises über die Eigenschaft der erstmaligen Aufnahme externer nicht geschäftsführender Gesellschafter (Abschnitt 2.4.3.) sind die (potenziellen) Investoren und (potenziellen) Kreditgeber als wesentliche externe Adressaten der Ergebnisrechnung zu berücksichtigen. Eine nach den Anforderungen der Kapitalgeber ausgestaltete Rechnungslegung fördert den Abbau von Informationsasymmetrien und verringert somit die Agency-Kosten. In dem beschriebenen Interessenskonflikt zwischen Unternehmensleitung und Kapitalgebern übernimmt die Rechnungslegung eine Individualschutz-Funktion der Kapitalgeber vor dem moralischen Risiko des Managements.[225]

Als „überschneidenden" Adressat einer integrierten Ergebnisrechnung bezeichnet *Küpper (1998)* die Unternehmensleitung.[226] Einerseits ist der Eigentümer des typisierten Unternehmens – aufgrund des niedrigen Delegationsumfangs – primärer Adressat der internen kalkulatorischen Kosten- und Erlösrechnung, die über hierarchische Ebenen hinweg zur Steuerung von Cost- und Revenue-Centern notwendige Informationen generiert. Gleichzeitig hat die Unternehmensleitung die Erstellung und Veröffentlichung der pagatorischen Rechnungsle-

---

223 Vgl. Cyert/March (1963), S. 27-29. Die Autoren postulieren die Deutung des Unternehmens als Koalition (Coalition). Der Begriff Koalition begründet eine wechselseitige, dynamische Beziehung zwischen allen Beteiligten, die über Verhandlungen gemeinsam die Ziele der Koalition formulieren.
224 Prodhan (1986), S. 16.
225 Hacker (2002), S. 42-47, führt eine Gegenüberstellung der beiden Schutzfunktionen der Rechnungslegung, Individualschutz und Funktionenschutz, durch. Letzterer bezeichnet die Aufrechterhaltung der Leistungsfähigkeit der Kapitalmärkte, was über Kapitalallokationseffizienz und entscheidungsrelevante Rechnungslegungsinformationen erreicht werden kann. Vgl. zu den Schutzfunktionen grundlegend Beaver (2002), S. 31-36; Ballwieser (1976), S. 234.
226 Küpper (1998a), S. 151.

gung an die Kapitalgeber (und weitere sekundäre Interessensgruppen) zu verantworten. Dabei ist das Management ebenfalls Adressat der durch sie veröffentlichten externen Rechnungsdaten. Denn idealerweise wird zur Gewährleistung der Kommunikationsfähigkeit mit den Kapitalgebern bei der Planung, Entscheidung und Kontrolle der Unternehmensprozesse auch auf externe Daten zurückgegriffen.[227]

(c) Rechnungszweck und Rechnungsziel

Rechnungszwecke werden aus den Informationswünschen der verantwortlichen Entscheidungsträger abgeleitet. Gleichzeitig bestimmt der Rechnungszweck die Rechnungsziele. Als Rechnungsziele werden die im Rechnungssystem zu ermittelnden Zielgrößen bezeichnet, die durch die zu treffenden Entscheidungen beeinflusst werden sollen.[228]

Naturgemäß können die vielfältigen Rechnungszwecke und das durch sie determinierte breite Spektrum an Rechnungszielen nicht durch eine einzige Ergebnisgröße befriedigt werden. Aus diesem Grund werden die Anforderungen der drei Adressaten an eine Ergebnisrechnung isoliert ermittelt und gleichzeitig auf potenzielle Schnittmengen hingewiesen.

Investoren benötigen ein Instrument, um entscheiden zu können, ob sie weiterhin an einem Unternehmen Anteile halten oder in dieses investieren wollen. Dafür müssen (potenzielle) Anteilseigner ihren individuellen Grenzpreis des Bewertungsobjekts ermitteln.[229] Im Anschluss sollte dieser mit einem aktuellen Marktpreis oder mit konkreten Angeboten bzw. Preisforderungen für dieses Unternehmen abgeglichen werden. Deshalb kann der vordergründige Zweck für den Eigenkapitalgeber in der Planungsfunktion zur Bestimmung des Grenzpreises gesehen werden.[230] Zur Durchführung einer Beteiligungsentscheidung ist die Bestimmung des Unternehmenswertes auf der Basis von Zahlungsstromprognosen notwendig. Folglich ist somit das Rechnungsziel für Eigenkapitalgeber der Kapitalwert des aus dem

---

[227] Das in dieser Arbeit angewandte externe Normensystem adressiert zunächst einen großen Empfängerkreis, der im weiteren Verlauf auf den primären Zweck des Investorenschutzes eingegrenzt wird. Bei sorgfältiger Analyse des Frameworks lässt sich jedoch ebenfalls die Adressierung des Managements aus Paragraph F.11 herleiten. Vgl. IASB (2008), F.09-12. Gleiches gilt für den IFRS-SME, der als externe Adressaten nicht geschäftsführende Gesellschafter sowie bestehende und potenzielle Gläubiger klassifiziert. Vgl. IASB (2007), IFRS-SME BC.28.

[228] Küpper (1994), S. 971, präzisiert, dass sich die konkreten Rechnungsziele aus den jeweiligen Entscheidungsfeldern ergeben.

[229] Zur Herleitung des Grenzpreises wird in der Regel auf Methoden der Unternehmensbewertung zurückgegriffen. Für eine Einführung und Darstellung eines Grundmodells vgl. statt vieler Drukarczyk/Schüler (2007), S. 100-103 bzw. S. 153-165. Ebenso Ballwieser (1990), S. 23-58. Einen Einblick in die Spezifika der Bewertung mittelständischer Unternehmen liefert Behringer (1999), S. 152-200.

[230] Sinngemäß Hilz (2000), S. 70-71, der diesen Rechnungszweck der Anteilseigner vor dem Hintergrund der Konvergenz der externen und internen Unternehmenssteuerungssysteme auf Basis der US-GAAP formuliert.

Anteilsbesitz resultierenden künftigen Einkommensstromes. Für diversifizierte Unternehmen ist eine Bewertung der einzelnen (Teil-)Erfolgsquellen entsprechend vorzunehmen.

Die Tatsache, dass Fremdkapitalgeber im Rahmen von Basel II ihre Kreditnehmer stärker und präziser auf Ausfallrisiken untersuchen, erweckt ein vorrangiges Interesse an prognoseorientierten Informationen über die (potenziellen) Schuldnerunternehmen. Dabei benötigen die Banken Auskünfte, um darüber entscheiden zu können, ob eine erstmalige bzw. erneute Gewährung vorteilhaft oder die Kündigung eines Kredites geboten ist. Operationalisiert wird der Rechnungszweck der Planungsfunktion zur Offenlegung des individuellen Risikos eines Kreditnehmers mittels interner Rating-Verfahren.[231] Im Rahmen dieser Bonitätsprüfung unterscheidet die Bank nach quantitativen und qualitativen Einflussfaktoren, wovon insbesondere die „harten" Parameter, wie bspw. Planbilanzen oder Ertrags- und Liquiditätsplanungen, aus den Unternehmensrechnungssystemen zur Verfügung gestellt werden.[232] Die (Plan-)Ergebnisrechnung, bestenfalls segmentiert nach den jeweiligen operativen Geschäftsaktivitäten, ist essentieller Bestandteil für die Einschätzung der Kreditausfallwahrscheinlichkeit. Jedoch kann die Komponente der Erfolgsrechnung nicht alleine das (übergeordnete) Rechnungsziel angeben. Das Ergebnis des Entscheidungsfelds Unternehmensrisiko bildet vielmehr eine Gewichtung von Rechenergebnissen verschiedener Rechnungsteilsysteme ab und lässt infolgedessen die Anforderungen der Fremdkapitalgeber an die Ergebnisrechnung vielschichtig erscheinen.[233] Deshalb sollen die einzelnen auszuweisenden Rechnungsgrößen aus Abbildung 12 (Mindestangaben) das Rechnungsziel bilden. Zur Differenzierung der unterschiedlichen geschäftsspezifischen Risiken sind diese Daten nach operativen Teileinheiten getrennt zu berichten.[234]

Der Rechnungszweck der Verhaltenssteuerung von Entscheidungsträgern im Unternehmensprozess stellt eine Verbindung zwischen der externen und internen Unternehmensebene her.[235] Aufgrund der bei den typisierten Unternehmen besonders stark ausgeprägten Informationsasymmetrie zwischen den nicht geschäftsführenden Gesellschaftern und dem ge-

---

[231] Aufgrund der Tatsache, dass nur wenige KMU über ein externes Rating verfügen, erheben Banken zur individuellen Risikoeinschätzung ihrer Kreditnehmer selbstständig notwendige Informationen. Für eine Erläuterung zur Durchführung des internen Rating-Verfahren vgl. bspw. Behr/Fischer (2005), S. 49-54; Guthoff (2006), S. 185-189.

[232] Eine Übersicht möglicher quantitativer Parameter liefert die KfW-Studie zum Rating mittelständischer Unternehmen, vgl. Krämer-Eis (2001), S. 30.

[233] Für die Vielschichtigkeit der Rechnungsziele kann beispielhaft die Bildung mehrerer Rating-Parameter aus der Bilanzrechnung angeführt werden, wie etwa Umsatzrendite (Jahresüberschuss / Umsatzerlöse) oder Forderungs-Bindung (Forderungen aus Lieferungen und Leistungen / Umsatzerlöse). Ebenfalls sind Kombinationen von Rechnungsgrößen verschiedener Teilsysteme möglich. Bspw. ermittelt sich der Koeffizient Wachstumsquote (Nettoinvestitionsauszahlungen / Abschreibungen auf das Sachanlagevermögen) aus der Finanz- und Bilanzrechnung.

[234] Grundsätzlich sind die Ergebnisrechnungen als Planrechnungen zu ermitteln.

[235] Vgl. Küpper (1995), S. 31. Küpper (1998b), S. 521-522, beschreibt eine Veränderung der relativen Gewichtung der Rechnungszwecke zugunsten der Verhaltenssteuerung, die durch die zunehmende Marktorientierung der Unternehmen hervorgerufen wird.

schäftsführenden Alteigentümer kann die Verhaltenssteuerung der Unternehmensleitung als gemeinsamer Rechnungszweck der externen Kapitalgeber klassifiziert werden.[236] Dabei darf das Interesse zum Abbau des Informationsdefizits zwischen der externen und der internen Unternehmensebene aber nicht einseitig ausgelegt werden. Denn (zuletzt) mit der Entscheidung zur Aufnahme externer Anteilseigner befürwortet der geschäftsführende Eigentümer grundsätzlich den Aufbau einer gemeinsamen Informationsbasis. Schließlich können damit Such-, Transaktions- und Informationskosten auf beiden Seiten gesenkt werden. *Kubin (1998)* spricht in diesem Zusammenhang von einem Wandel der „Publizitätspflicht" hin zu einem „Publizitätsbedürfnis" der um Kapital werbenden Unternehmen.[237] Unter dem Rechnungszweck der Kommunikationsfähigkeit wird deshalb die Intention des Managements subsumiert, durch eine adäquate Ausgestaltung der externen Rechnungslegung den Adressaten eine ihren Anforderungen gerechte (im Folgenden: anforderungsgerechte) Datenplattform zur Verfügung zu stellen. Hingegen kann die Verhaltenssteuerung als Rechnungszweck der Unternehmensleitung explizit ausgeschlossen werden, denn aufgrund der typisierten Organisationsstruktur stehen unternehmensinterne Principal-Agent-Beziehungen nicht im Betrachtungsfeld dieser Arbeit.

Das Handlungsfeld der Unternehmensleitung ist prinzipiell durch die interne und externe Unternehmensrechnung gekennzeichnet. Als Konsequenz einer vollständigen Integration der Rechnungslegung würde das typisierte Unternehmen einen einheitlichen Kontenplan ausweisen, auf die laufende Verrechnung kalkulatorischer Kostenarten in der internen Unternehmensrechnung verzichten und einheitliche Bilanzierungs- und Bewertungsmethoden anwenden. Dementsprechend müsste die Finanzberichterstattung nach IFRS die zahlreichen internen Rechnungszwecke und -ziele[238] der funktionalen Produktions- und Prozesssteuerung mit erfüllen. Jedoch können aufgrund einzelner Bewertungsvorschriften des Standardsetters die Ausprägungen der pagatorischen Rechnungsgrößen mit den internen Steuerungsanforderungen kollidieren. Exemplarisch dafür kann der Niederstwerttest nach IAS 36 (rev. 2004), respektive IFRS-SME 26, genannt werden.[239] Wird im Rahmen des Werthaltigkeitstests ein (Netto-)Veräußerungserlös (Fair Value Less Costs to Sell) für eine Maschine aus Marktpreisen abgeleitet, der den bilanziellen Buchwert übersteigt, ist diese Veränderung erfolgswirksam auf die betroffenen Kostenstellen (und den/die Kostenträger) zuzuschreiben. Auf diese Weise fließen marktinduzierte Ergebniswirkungen in die interne Unternehmensrechnung ein, die den tatsächlichen Erfolg der unternehmerischen Tätigkeit überlagern. Ein

---

236 Zum Ausprägungsgrad der Principal-Agent-Beziehung bei mittelständischen Unternehmen vgl. Abschnitt 2.4.1. Eine Erläuterung zum Rechnungszweck der Verhaltenssteuerung findet sich bei Schweitzer/Küpper (2003), S. 31-33.
237 Kubin (1998), S. 547.
238 Für einen Überblick der internen Rechnungszwecke Abbildung, Dokumentation, Planung, Steuerung, Kontrolle und der möglichen Rechnungsziele vgl. Schweitzer/Küpper (2003), S. 26-36; Küpper (1998a), S. 152.
239 Eine ausführliche Beschreibung des Niederstwerttests erfolgt in Abschnitt 5.2.

Einsatz kalkulatorischer Anderskosten kann diese Bewertungskomponenten neutralisieren. Deshalb unterlässt der betrachtete Unternehmenskreis eine vollständige Integration der Rechnungslegung und zieht zur internen Planung und Steuerung kalkulatorische Kostenelemente hinzu. Diese Vorgehensweise ermöglicht es dem geschäftsführenden Eigentümer, mithilfe der auf sein Entscheidungsfeld zugeschnittenen Informationen Fertigungs- und Auftragsentscheidungen zur operativen Produktions- und Prozesssteuerung zu treffen.[240] Für die Ableitung einer integrierten Ergebnisrechnung auf Basis von Kostenträgern ist es hingegen erforderlich, die kalkulatorischen Kostenarten im Vorfeld der Verrechnung auf die Kostenträger wieder zu eliminieren.

Anhand des Beispiels wird deutlich, dass das in diesem Abschnitt aufgezeigte Aufgabenspektrum von externem und internem Rechnungswesen keine vollständige Vereinheitlichung der Systeme zulässt. Je operativer die Aufgaben des internen Rechnungswesens, desto geringer sind die Harmonisierungsmöglichkeiten mit der externen Rechnungslegung. Die Produkt- und Prozesssteuerung der funktionalen Bereiche muss deshalb weiter als eigenständiger Bereich bestehen bleiben.[241] Die Integrationsmöglichkeit der Kostenträgerergebnisrechnung sollte jedoch weiter untersucht werden.

3.4. Präzisierung des Grundsatzes zum Ausweis operativer Teileinheiten als Berichtsgegenstände

Die Bestimmung der Ausprägungsformen der Strukturvariablen im vorangegangenen Abschnitt hat gezeigt, dass zur Erfüllung ihrer Rechnungszwecke sowohl Eigenkapitalgeber als auch Fremdkapitalgeber von der Ergebnisrechnung eine Abbildung der unterschiedlichen Erfolgsquellen des Unternehmens einfordern. Unter Einbindung des obersten Postulats, den Adressaten entscheidungsnützliche – also relevante, verlässliche und wesentliche – Informationen zur Verfügung zu stellen, muss das Rechnungssystem die zunehmende Diversifikation[242] mittelständischer Unternehmen sichtbar machen.

Bei der Begründung für eine Detaillierung des Unternehmensrechnungssystems wird häufig auf den von der Informationsökonomie in den 50er Jahren beschriebenen theoretischen Ansatz des Feinheitstheorems zurückgegriffen.[243] Kernaussage des von *Ballwieser (1985)* „als fast trivial" bezeichneten Konzepts ist, dass aufgeschlüsselte Informationen im Vergleich zu

---

240 Auf diese Weise können die verschiedensten Kosten-, Erlös-, Deckungsbeitrags- und Gewinngrößen ausgewiesen werden, die unter Umständen alle interne Rechnungsziele darstellen. Vgl. Küpper (1998a), S. 152.
241 Vgl. Küting (1998), S. 2306-2309; sinngemäß Johnson/Kaplan (1991), S. 248-251.
242 Vgl. Abschnitt 2.3.1. dieser Arbeit.
243 Das Theorem findet sich insbesondere in den Arbeiten zur Segmentberichterstattung wieder. Vgl. bspw. Köhle (2004), S. 58; Hacker (2002), S. 94-95 sowie S. 203-204; Pejic (1997), S. 21-23. Zur modelltheoretischen Betrachtung vgl. bspw. Laffont (1989), S. 68-79.

aggregierten zumindest gleichwertig sind.[244] Der Begriff Feinheit wird in diesem Zusammenhang mit dem Vorhandensein unterschiedlich tief zergliederter Informationen erklärt. Auf die Fragestellung dieses Abschnitts projiziert bedeutet dies, dass die Aufschlüsselung der Unternehmensaktivitäten nach operativen Teileinheiten im Aussagegehalt mindestens so viel wert ist wie das zusammengefasste Ergebnis. Damit bietet der theoretische Ansatz eine Argumentationsgrundlage zur Rechtfertigung der Gleichwertigkeit bzw. Überlegenheit von nach Erfolgsquellen gespaltenen über konsolidierte Informationen.

Diversifizierte Geschäftsfelder unterliegen oftmals unterschiedlichen Ausgangsvoraussetzungen. In der Regel unterscheiden sich die Rahmenbedingungen nach Marktwachstum, Wettbewerbsintensität, Technologien oder Regionen. Infolgedessen weist jedes Geschäftsfeld verschiedenartige Chancen und Risiken für das Unternehmen auf, die den externen Rechnungsadressaten im Vorfeld ihrer Kapitalallokation aufgezeigt werden müssen. So ist es bspw. vorstellbar, dass einzelne operative Einheiten lediglich durch Quersubventionen positive Renditen einfahren, dieser Tatbestand jedoch für die Außenstehenden nicht sichtbar ist. Diese Intransparenz kann leicht zur falschen Beurteilung von Unternehmen und ihrer Teileinheiten führen. Zur Vermeidung daraus resultierender verzerrter Risikoeinschätzungen ist es deshalb aus Sicht der Kapitalgeber wünschenswert, dass die Kommunikationsinstrumente der Unternehmung eine Beurteilung der Einzelaktivitäten ermöglichen. Ist die Struktur der operativen Einheiten nicht erkennbar, ist keine Einschätzung der unterschiedlichen Chancen und Risiken der Geschäftsaktivitäten möglich und somit auch keine differenzierte Bewertung und Risikoklassifizierung des Unternehmens durchführbar.

Die Aufteilung des Erfolgs auf die Orte seiner Entstehung beschreiben *Schweitzer/Küpper (2003)* als kennzeichnendes Kriterium der Kosten- und Erlösrechnung.[245] Für die Erfassung, Gliederung und Zuordnung der Kosten und Erlöse auf unternehmerische Teileinheiten existieren verschiedene funktionsbezogene Rechnungssysteme, wie bspw. die Logistik-Kostenrechnung für Beschaffung und Transport oder die Rechnungen zum Produktions- und Absatzprogramm. Diese bereichsbezogenen kalkulatorischen Rechnungssysteme bilden naturgemäß einen hohen Disaggregationsgrad ab, sind aber entsprechend ihrer Zielsetzung funktional, d. h. zur spezifischen Steuerung ihres Bereichs, organisiert. Die Abbildung einzelner Funktionsergebnisse ist für den externen Adressaten prinzipiell ein Informationsgewinn, jedoch für die Erfüllung der Rechnungszwecke irrelevant. Deshalb erfordert der Grundsatz zur Abgrenzung operativer Geschäftsfelder eine Ergänzung der funktionalen Berichtsstrukturen um entscheidungsrelevante divisionale Berichtseinheiten. Für diese operativen Teileinheiten muss die Unternehmensrechnung ein funktionsübergreifendes Betriebsergebnis ausweisen können.

---

244 Ballwieser (1985), S. 50. Das Theorem besagt im Kern, dass bei kostenloser Informationsproduktion und -verarbeitung mehr Informationen besser sind als weniger.
245 Schweitzer/Küpper (2003), S. 67.

Grundlage zur Abbildung divisionaler Geschäftseinheiten bildet die in Abschnitt 3.3.2. beschriebene interne Ergebnisrechnung auf Basis von Kostenträgern. Die Überleitung der Rechnungsgrößen von den funktionalen Kostenstellen auf die divisionalen Kostenträger erfolgt nach bekannten und leicht verständlichen Methoden der Kostenrechnung, von denen mittelständische Unternehmen intensiv Gebrauch machen.[246] Für eine nach den Anforderungen der Kapitalgeber durchzuführende Diversifizierung der Erfolgsquellen bedarf es des Weiteren einer Präzisierung des Begriffs der Erfolgsspaltung. Das ursprünglich zur Bilanzanalyse angewendete Prinzip fordert – entsprechend den Ausführungen in Abschnitt 3.3.2. – eine Aufspaltung der Struktur der externen Ergebnisrechnung in Teilergebnisse.[247] Zur Ermittlung entscheidungsrelevanter divisionaler Berichtseinheiten wird in dieser Arbeit der Erfolgsspaltungsbegriff weiter gefasst und in drei Dimensionen unterteilt. Zugunsten einer exakten und leicht nachvollziehbaren Begriffsbestimmung wird der Ablauf zur Identifikation und hierarchischen Anordnung der Berichtsgegenstände in drei separate Verfahrensschritte (Dimensionen) gegliedert: Zuerst erfolgt die Festlegung der für die Rechnungsadressaten relevanten Berichtsperspektive, also die Festlegung des Kriteriums, mit dessen Hilfe die Geschäftsaktivitäten voneinander unterschieden werden können (1). Im zweiten Schritt (vertikale Erfolgsspaltung) wird die für das Entscheidungsziel wesentliche Aggregationsebene der Rechnungsgrößen bestimmt (2), bevor im Anschluss auf Basis dieser hierarchischen Ebene eine gegenseitige Abgrenzung der Berichtsgegenstände nach Chancen und Risiken (horizontale Erfolgsspaltung) durchgeführt wird (3).

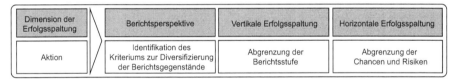

Abbildung 13: Erweiterung der Erfolgsspaltung zur anforderungsgerechten Ableitung operativer Teileinheiten

(1) Identifikation der Berichtsperspektive

Gemäß dem Deckungsbeitragsprinzip stellt die Grenzkostenrechnung dem Eigentümer mehrstufige Deckungsbeiträge für Kostenträger bereit. Dabei steht dem Adressaten eine Vielzahl verschiedener Kostenträger als potenzieller Berichtsgegenstand zur Verfügung. Denkbar wären bspw. Produkte, Regionen, Kunden, Produktionsstandorte, Branchen oder Beschaf-

---

246 Vgl. die Ergebnisse der Studien zur Anwendung der Kostenrechnungsverfahren in Abschnitt 2.4.2. Für eine Beschreibung zur Umsetzung vgl. die Abschnitte 3.3.2. und 5.4.3.
247 Der Begriff Erfolgsspaltung wird hauptsächlich in der externen Bilanzanalyse gebraucht und zielt auf eine Trennung des Periodenerfolgs in seine unterschiedlichen Bestandteile ab.

fungsmärkte. Folglich bedarf es in einem ersten Schritt der Bildung einer Rangfolge dieser Differenzierungsmerkmale. Das heißt, gemäß dem Management Approach wird anhand ihrer Bedeutung für die Unternehmenssteuerung eine Reihenfolge der verschiedenen Zerlegungsmöglichkeiten unternehmerischer Aktivitäten bestimmt. Diejenige Perspektive, nach welcher primär Entscheidungen vom Management getroffen werden, gilt als Kriterium zur Diversifizierung der operativen Teileinheiten. Gleichwohl ist dabei zu beachten, dass die selektierte Berichtsperspektive auch entscheidungsrelevant für die Kapitalgeber ist.[248]

(2) Durchführung der vertikalen Erfolgsspaltung

Die vertikale Erfolgsspaltung ist notwendig, um die Aggregationsebene der Berichtsgegenstände zu identifizieren. In Bezugnahme auf das Wesentlichkeitsprinzip aus Abschnitt 3.2. ist der Abstraktionsgrad durch das bilanzierende Unternehmen zu wählen, der die Erreichung der Rechnungszwecke und -ziele am besten gewährleisten kann. Konkret bedeutet dies, dass die Unternehmensleitung entscheiden muss, ob Berichtsgegenstände zur Erhöhung der Entscheidungsrelevanz zusammengefasst werden müssen oder können. Eine Bündelung von Berichtsgegenständen – etwa zwei einzelne Produkteinheiten, die bisher auf separaten Kostenträgern abgebildet werden – erfolgt durch einen zusammengefassten Ausweis der Kostenträgereinheiten in einer übergeordneten operativen Teileinheit. Für die Umsetzung der vertikalen Erfolgsspaltung existieren jedoch keine Vorgaben im Sinne von Grenz- oder Schwellenwerten, so dass der typisierte Unternehmenskreis diese in eigener Verantwortung bestimmen muss.

(3) Durchführung der horizontalen Erfolgsspaltung

Im Anschluss an die Auswahl der Aggregationsebene bedarf es in einem letzten Schritt der horizontalen Abgrenzung der Berichtsgegenstände. Die operativen Teileinheiten müssen unter Beachtung von Chancen- und Risikogesichtspunkten auf dem zuvor selektierten Aggregationslevel gegeneinander abgegrenzt werden. Anforderungsgemäß sollte jeder Berichtsgegenstand eine isolierbare Einheit darstellen, deren Aktivitäten im Hinblick auf den Erfolgsbeitrag und das operative Risiko in sich homogen sind. In Bezug auf die Auswirkungen auf die wirtschaftliche Gesamtsituation des Unternehmens hingegen ist ein möglichst heterogenes Verhalten der Berichtsgegenstände wünschenswert.

---

248 Analog der Ausführungen in Abschnitt 2.3.1. und der Festlegung der Charakteristika des typisierten mittelständischen Unternehmens in Abschnitt 2.4.3. erfolgt bei der betrachteten Unternehmensgruppe in der Regel eine Auswahl sektoraler und regionaler Berichtsperspektiven. Vgl. dazu ebenfalls den Argumentationsverlauf in Kapitel 5.

Abschließend ist auf die enge Verzahnung der horizontalen und vertikalen Erfolgsspaltung hinzuweisen. Genauer gesagt determiniert die horizontale Erfolgsspaltung die vertikale Dimension. Diese Tatsache liegt darin begründet, dass durch den Einsatz horizontaler Abgrenzungskriterien ein möglicher Zusammenschluss von zwei oder mehreren operativen Teileinheiten aus der Grundgesamtheit der Berichtsperspektive geprüft und umgesetzt wird. So ist es vorstellbar, dass aus bestimmten Chancen- und Risikogesichtspunkten zwei Produkteinheiten zu einer Produktgruppe (Berichtsgegenstand II in Abbildung 14) zusammengefasst und gegenüber einem Einzelprodukt (Berichtsgegenstand I) und sowie einer weiteren Produktgruppe (Berichtsgegenstand III) abgegrenzt werden müssen. Dieser gemeinsame Ausweis von operativen Teileinheiten schafft automatisch eine im Vergleich zur Grundgesamtheit höhere vertikale Hierarchieebene. Deshalb sind für den weiteren Verlauf dieser Arbeit die Kriterien zur horizontalen Abgrenzung als maßgeblich zu betrachten. Diese gewährleisten nicht nur eine chancen- und risikoorientierte Abgrenzung der Berichtsgegenstände, sondern sind implizit auch für die Festsetzung der vertikalen Berichtsebene verantwortlich.

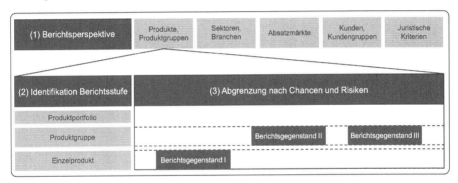

Abbildung 14: Exemplarische Darstellung der Dimensionen zur Erfolgsspaltung auf Basis von Produkten

Unter Berücksichtigung der dargestellten Anforderungen zur Abbildung unterschiedlicher Geschäftsaktivitäten soll eine integrierte Ergebnisrechnung auf Basis von Kostenträgern entwickelt werden. Zur Identifikation der für die externen Kapitalgeber relevanten Berichtsgegenstände und für die notwendige Durchführung der horizontalen (und vertikalen) Erfolgsspaltung findet sich in der Literatur jedoch kein auf mittelständische Unternehmen zugeschnittenes Regelwerk. Freilich könnte dazu auf Leitlinien aus der Segmentberichterstattung der verschiedenen Normensysteme sowie auf Informationen aus dem betriebswirtschaftlichen Teilbereich der Unternehmensbewertung zurückgegriffen werden. Vor dem Hintergrund der limitierten kaufmännischen Ressourcenausstattung müssten diese jedoch für den relevanten Unternehmenskreis entsprechend eingegrenzt und komprimiert werden. Folglich existiert ein Bedarf zur Ausarbeitung eines Kriterienkatalogs, der die Publizitätsanforderungen der Kapitalgeber zum Ausweis entscheidungsrelevanter Berichtsgegenstände auf die

Ausgangslage mittelständischer Unternehmen transformiert und Lösungsvorschläge aufzeigt.

Obwohl die Ausführungen in diesem Kapitel die Anforderung deutlich herausgearbeitet haben, fordern heutige Normensysteme von nicht kapitalmarktorientierten mittelständischen Unternehmen keinen Ausweis disaggregierter Rechnungslegungsinformationen.[249] Vor diesem Hintergrund verlangen *Jonas/Blanchet (2000)*, dass eine Regel zum Ausweis von nach Erfolgsquellen differenzierten Rechnungslegungsdaten in die Rahmenpostulate eingearbeitet wird. Die Autoren spezifizieren in ihrem „Proposed Framework" für die US-amerikanische Rechnungslegung das qualitative Rahmenpostulat Relevanz durch Einfügung des Ausweiskriteriums „Disaggregated Information".[250]

3.5. Berücksichtigung spezifischer Eigenschaften mittelständischer Unternehmen

Die in Abschnitt 2.2.2. formulierten Organisationsmerkmale zentralistischer Führungssysteme bilden starre Eckpfeiler für die Ausgestaltung von Unternehmensrechnungssystemen für die untersuchte Gruppe mittelständischer Betriebe. Dessen ungeachtet erfolgte die Ableitung der Anforderungen in den letzten drei Abschnitten direkt aus den Zielsystemen der – nicht auf mittelständische Unternehmen spezifizierten – Teil- und Normensysteme. An anderer Stelle dieser Arbeit wurde bereits deutlich gemacht, dass der betrachtete Unternehmenskreis nicht als bloßes Kleinbild großer Konzerne klassifiziert werden kann. Aus diesem Grund müssen im Vorfeld der Herleitung einer Rechnungslegungskonzeption die zur Beschreibung des hohen Zentralisierungsgrads herangezogenen Komponenten der Führungsteilsysteme thematisiert werden. Dazu sollen im Folgenden die auf Basis des Führungsteilsystems Organisation formulierten Ausgangsvoraussetzungen mit den bisher aufgestellten Anforderungen an eine integrierte Ergebnisrechnung abgeglichen und somit vorhersehbare Problemfelder identifiziert werden.[251]

- Niedriger Spezialisierungsgrad der Geschäftsleitung begrenzt Informationsaufnahme
  Das zentralistische Führungssysteme kennzeichnende Merkmal der Funktionshäufung in persona der Unternehmensleitung begrenzt die Aufnahme und Verarbeitung der ermittelten Informationen. Zwar ist es plausibel anzunehmen, dass mit zunehmender Geschäftsdiversifizierung mittelständischer Unternehmen tendenziell der Unternehmer

---

249 Vgl. IASB (2007), IFRS-SME 31.01. Dies liegt unter anderem in dem unspezifischen Geltungsbereich begründet.
250 Jonas/Blanchet (2000), S. 359-360. Analog der Beschreibung in Abschnitt 3.2. erfolgt eine Eingliederung des Postulates Disaggregated Information unter dem Kriterium Predictive Value, das wiederum bestimmender Faktor der Relevance ist. Eine Berücksichtigung dieser Forderung in den Rahmenpostulaten würde auch den IASB-Entwurf IFRS-SME beeinflussen.
251 Vgl. zu den folgenden Absätzen die Ausführungen in Abschnitt 2.2.2.

nicht mehr als alleiniger Handlungsträger fungiert und vermehrt Führungsaufgaben auf andere Instanzen überträgt. Jedoch weisen *Kieser/Kubicek (1992)* in ihrer Untersuchung einen mit ansteigender Unternehmensgröße degressiv wachsenden Grad der Aufgabenverteilung nach.[252] Die übergewichtete Verteilung der Aufgaben auf die Unternehmensleitung bleibt somit erhalten.[253]

Infolgedessen ist der Unternehmer Hauptadressat der internen Unternehmensrechnung. Einzelne Funktionsergebnisse werden zwar mit den Instanzleitern abgestimmt, es erfolgt jedoch keine Delegation zur Maßnahmenentscheidung. Gleichzeitig bildet der Eigentümer die Schnittstelle zur Kommunikation mit den externen Kapitalgebern. Hierfür werden die entsprechenden externen (Kenn-)Zahlen zur Unternehmensentwicklung benötigt. Der Datenumfang und die steigende Komplexität schaffen folglich einen Informationsengpass auf Managementebene. Dieser Flaschenhals erfordert von Unternehmensrechnungssystemen eine unbedingte Fokussierung der Informationen. Neben einer potenziellen Entlastung der Führungsebene durch übereinstimmende Rechnungsgrößen der Ergebnisrechnung auf Basis von Kostenträgern beinhaltet diese Aussage auch die konkrete Anforderung an ein für das typisierte Unternehmen zu implementierendes externes Berichtssystem, ausschließlich die für Kapitalgeber entscheidungsrelevanten operativen Teileinheiten abzubilden.

- Geringe Koordinationsanforderungen an die Kostenrechnung
Das in Abschnitt 2.4. abgeleitete Informationsdefizit externer Kapitalgeber offenbart einen Koordinationsbedarf der divisionalen Einheiten durch Planrechnungen (sogenannte technokratische Koordinationsinstrumente). Der Rechnungszweck der Planungsfunktion sowie der hieraus formulierte Anspruch einer sachgerechten Erfolgsspaltung der zu planenden operativen Einheiten präzisieren diese Anforderung. Kapitalgeber verlangen eine zielgerichtete Koordination der divisionalen Unternehmensteilbereiche auf übergeordnete Ziele, bspw. durch Implementierung eines Planungs- und Budgetprozesses mit strategischen, taktischen und operativen Teilelementen.[254] Die Koordinationsaufgabe besteht darin, eine formalisierte Planung, Steuerung und Kontrolle der disaggregierten Zielvorgaben für die externen divisionalen Unternehmensteileinheiten sicherzustellen.

Auf Basis der Analyseergebnisse zum Nutzungsgrad der Rechnungsteilsysteme in Abschnitt 2.4.2. unterstellt die Arbeit, dass – im Gegensatz zu den divisionalen Berichtseinheiten – für die funktionalen Organisationseinheiten bereits Planziele formuliert, verfolgt und kontrolliert werden. In diesem Zusammenhang ist der Unterschied zwischen Berichtsstruktur und Organisationsstruktur bei den typisierten mittelständischen Unter-

---

252 Kieser/Kubicek (1992), S. 301.
253 Letztlich steigt der Spezialisierungsbedarf erst mit Erschöpfung der fachlichen oder kapazitativen Fähigkeiten des Aufgabenträgers.
254 Vgl. Küpper (2001), S. 68.

nehmen zu konkretisieren: Die Implementierung operativer Teileinheiten erfolgt (bisher) lediglich im Berichtssystem.[255] Die funktionalen innerbetrieblichen Bereiche hingegen sind Organisationseinheiten, die zugleich Bezugsobjekte des internen Berichtssystems darstellen. Vor diesem Hintergrund ist zu berücksichtigen, dass der Einsatz personenbezogener Koordinationsinstrumente zur Steuerung und Kontrolle der funktionalen Bereiche des typisierten Unternehmenskreises nicht abnehmen wird. Der Eigentümer behält sich das Recht vor, anstelle der Koordination mittels Plänen und Programmen jederzeit persönliche Anweisungen (in Form hierarchischer Ad-hoc-Entscheidungen und -Weisungen) an seine Mitarbeiter weiterzuleiten. Diese Maßnahmen können nicht nur mit den aus der Kostenrechnung abzuleitenden Implikationen kollidieren, sondern können diese unter Umständen auch aushebeln. Demzufolge kommt der internen Kostenrechnung eine verhältnismäßig geringe Koordinationsrolle zu.

- Beibehaltung des Einliniensystems
Der im vorangegangenen Stichpunkt angesprochene Unterschied zwischen der divisionalen Berichtsstruktur und der funktionalen Berichts- und Organisationsstruktur suggeriert, dass der typisierte Unternehmenskreis ebenfalls eine Anpassung der Organisationsstruktur in Erwägung ziehen sollte. In Anlehnung an den Management Approach könnte das nach dem Verrichtungsprinzip organisierte Einliniensystem bspw. zu einer Matrixorganisation mit verantwortlichen Führungskräften für die operativen Teileinheiten einerseits und die funktionalen Bereiche andererseits ausgebaut werden. Jedoch verhindern der geringe Spezialisierungsgrad der Unternehmensleitung und der daraus resultierende verhältnismäßig niedrige Koordinationsbedarf die Herausbildung einer solch komplexen Organisationsstruktur. Zur Gewährleistung der Überschaubarkeit der großen Entscheidungsfelder und für die Sicherung des vollständigen Durchgriffs auf nachgelagerte Einheiten ist das verrichtungsorientierte Einliniensystem der Organisation – trotz der Gefahr einer Überbeanspruchung der Leitungsebene – grundsätzlich beizubehalten. Deshalb unterscheiden sich bei den typisierten mittelständischen Unternehmen Berichtsstruktur und Organisationsstruktur deutlich: Die (divisionalen) operativen Teileinheiten existieren nur als Berichtsgegenstände.

- Keine Erhöhung der Entscheidungsdelegation
Wie beschrieben, führt die Bildung operativer Teileinheiten keineswegs zu Delegationsabsichten. Die Instanzen existieren nur fiktiv als Berichtsgegenstände. Das zentralistische Führungssystem erlaubt keine organisatorische Einrichtung operativer Teileinheiten, wie bspw. die Installierung eines Produktmanagers mit entsprechenden Weisungskompeten-

---

255 Die Möglichkeit einer Anpassung der Organisationsstruktur an das Berichtssystem wird unter dem Stichpunkt „Beibehaltung des Einliniensystems" diskutiert.

zen und Entscheidungsverantwortung. Sämtliche Befugnisse verbleiben beim Eigentümer.

- Limitierte kaufmännische Ressourcen bedingen geringen Formalisierungsgrad
Die aus dem Schrifttum abgeleitete unzureichende Ausstattung der kaufmännischen Bereiche konnte durch Offenlegung des Informationsdefizits im Rahmen der Analyse der empirischen Arbeiten in Abschnitt 2.4.2. bestätigt werden. Gleichzeitig beeinträchtigt die steigende Komplexität der Geschäftsaktivitäten zunehmend die persönliche Überschaubarkeit der Unternehmung und macht deshalb den Einsatz von Informationssystemen mit formalisierten Informationsstrukturen unverzichtbar. Die mittelständischen Unternehmen sind deshalb gefordert, ihre Informationssysteme auszubauen. Dafür müssen die Eigentümer jedoch auf in der Regel unvorbereitete und mit geringem Know-how behaftete Finanz- und Verwaltungsbereiche zurückgreifen. Für die Konzeption eines Rechnungslegungssystems sollte deshalb dem Postulat der Wirtschaftlichkeit, konkret der Berücksichtigung des Kosten-Nutzen-Verhältnisses, gefolgt werden.
Prinzipiell begünstigt die Ressourcenknappheit eine Annäherung von externem und internem Rechnungswesen. Unter Rückgriff auf den Management Approach erscheint es somit vorteilhaft, die Rechnungslegung auf einem Ein-Kreis-System auf Basis externer Rechnungsdaten durchzuführen.[256] Mit einer freiwilligen Umstellung auf ein solches System würde der zusätzliche Aufwand einer ausschließlich für interne Unternehmenssteuerung zu generierenden Informationsplattform weitgehend entfallen. Jedoch bedingt die in Abschnitt 3.3. geforderte „Teilharmonisierung",[257] dass auf funktionalen Ebenen kalkulatorische Rechnungskreise bestehen bleiben. Trotzdem sollte der Formalisierungsgrad eines kalkulatorischen Teilsystems so gering wie möglich gehalten werden, weil die Verwendung paralleler Datenbanken für die interne und externe Rechnungslegung zeitintensive und kostspielige Doppel- und Abstimmungsarbeiten erfordert.

Zusammenfassend lässt sich als Ergebnis der Anforderungsermittlung festhalten, dass die Konzeption einer vollständig integrierten Rechnungslegung für mittelständische Unternehmen bei Berücksichtigung aller Anforderungen der drei Adressatengruppen nicht durchführbar ist. Gleichzeitig stellt der Verzicht auf jegliche Abstimmung auch keine Alternative dar. Es wurde deutlich gemacht, dass eine Harmonisierung des pagatorischen und kalkulatorischen Teilsystems der Ergebnisrechnung auf Basis einer Kostenträgerrechnung – unter Berücksichtigung der Ausgangsvoraussetzungen des zentralistischen Führungssystems – prinzipiell möglich ist. Für den Ausweis entscheidungsrelevanter Berichtseinheiten ist es jedoch notwendig, einen Kriterienkatalog zur Durchführung der erweiterten Erfolgsspaltung der Er-

---

[256] Die Begriffe Ein-Kreis-System und Zwei-Kreis-System werden im Schrifttum zur Unterscheidung zwischen einer integrierten Rechnungslegung und nach pagatorischem und kalkulatorischem Rechnungskreis getrennten Systemen verwendet. Vgl. mit weiteren Nachweisen Währisch (1998), S. 193.
[257] Bruns (1999), S. 595.

gebnisrechnung auszuarbeiten. Deshalb soll in den folgenden Kapiteln ein zugängliches Konzept für die Anleitung zur anforderungsgerechten Erfolgsspaltung erstellt werden. Analog zur Ableitung gemeinsamer Rahmenpostulate in Abschnitt 3.2. stützt sich die Vorgehensweise auf eine punktuelle Einbeziehung einzelner Prinzipien der Regelwerke unterschiedlicher Normensysteme.

Abbildung 15 gibt die das Spannungsfeld präzisierenden Anforderungen abschließend wieder.

Informationsdefizit der Rechnungslegung						
Anforderungen an eine integrierte Ergebnisrechnung auf Basis von Kostenträgern						
Postulate der Erfolgsrechnungen	Abbildungs-gegenstand	Adressat	Rechnungszweck	Rechnungsziel	Erfolgs-spaltung
Relevanz Verlässlichkeit Verständlichkeit Vergleichbarkeit Wesentlichkeit Wirtschaftlichkeit	GuV (Betriebs-ergebnis) Kostenträger-ergebnisrechnung	Eigen-kapitalgeber	Planungsfunktion zur Wertermittlung des Unternehmens bzw. des Teilbereichs Verhaltenssteuerung	Kapitalwert des künftig generierbaren Einkommensstromes	Berichts-perspektive
		Fremd-kapitalgeber	Planungsfunktion zur Offenlegung des individuellen Risikos Verhaltenssteuerung	Verschiedene Rechnungsgrößen zur (übergeordneten) Ermittlung des Risikos	Horizontale Erfolgs-spaltung ⎡Vertikale⎤ ⎣Erfolgs-spaltung⎦
		Unternehmens-leitung	Kommunikationsfähigkeit zur Senkung der Such-, Transaktions- und Informationskosten	Extern normierte Erfolgsgrößen	
Leitplanken des zentralistischen Führungssystems für die Konzeption						
	1) Niedriger Spezialisierungsgrad der Geschäftsleitung begrenzt Informationsaufnahme 2) Geringe Koordinationsanforderungen an die Kostenrechnung 3) Beibehaltung des Einliniensystems 4) Keine Erhöhung der Entscheidungsdelegation 5) Limitierte kaufmännische Ressourcen bedingen geringen Formalisierungsgrad				

Abbildung 15: Zusammenfassende Darstellung der Ableitung von Anforderungen zur Auflösung des Informationsdefizits

4. Anwendung des partiellen Integrationskonzepts als Bezugsrahmen einer konvergenten Ergebnisrechnung

4.1. Vorstellung des Konzepts für kapitalmarktorientierte Unternehmen

Wenngleich eine vollständige Integration von interner und externer Rechnungslegung nicht durchführbar ist, sollte dennoch zur Optimierung der Kosten-Nutzen-Verhältnisse, wo möglich, eine Abstimmung der Teilsysteme erfolgen. Einen Vorschlag zur Teilharmonisierung zeigt *Weißenberger (2006)*, die für den Integrationsgrad eine sogenannte partielle Integration der Rechnungssysteme befürwortet.[258] Dabei zeichnet sich der Integrationsansatz durch eine zweifache Bedeutung des Begriffs „partiell" aus: eine teilweise Integration der Rechnungsgrößen auf einzelnen hierarchischen Ebenen des Unternehmens.

Die unterschiedlichen Integrationsmöglichkeiten der Rechnungslegung resultieren in Integrationsmustern, die anhand der beiden Dimensionen Integrationsgrad und Hierarchieebene operationalisiert werden.[259] In der hierarchischen Perspektive wird eine Untergliederung des Unternehmens in eine Stufenordnung vorgenommen. Unter Verwendung von aus der internen und externen Rechnungslegung bekannten Bezugsobjekten erfolgt eine Festlegung von hierarchischen Entscheidungsfeldern von der Konzernspitze über Segmente, Profit- und Cost-Center bis zur Ebene einzelner Kostenstellen und -träger. Die zweite Dimension differenziert die Integrationstiefe der beiden Rechnungskreise. Dabei fungieren Brückenrechnungen (auch: Überleitungsrechnungen) als Zwischenlösung auf dem Weg von zwei parallel geführten Teilsystemen zur einheitlichen, vollständig integrierten Rechnungslegung.[260] Vereinfacht kann die Integrationstiefe durch die Anzahl von Überleitungspositionen bzw. Anpassungen der zur kalkulatorischen Rechnung verwendeten Rechnungsgrößen festgestellt werden.

Der Integrationspfad bildet das jeweilige Integrationsmuster der Rechnungslegung ab und beschreibt damit die zunehmende Integrationstiefe der Rechnungsgrößen mit dem Ansteigen der Unternehmensebene (Abbildung 16). Grundsätzlich ist bei kapitalmarktorientierten Unternehmen die Vereinheitlichung von externer und interner Erfolgsrechnung mittels pagatorischer Rechnungsgrößen auf die oberen Hierarchieebenen begrenzt. Dazu zählen die Kon-

---

[258] Für die Erstveröffentlichung vgl. Weißenberger (2006), S. 21-25. Die weiteren Ausführungen stützen sich auf Weißenberger (2007), S. 198-207 und Weißenberger/Angelkort (2007), S. 527-531.
[259] Vgl. Weißenberger (2006), S. 24. Simons/Weißenberger (2008), S. 142, detaillieren den Integrationsgrad nochmals in Bezug auf (1) den Rechnungszweck und (2) die Datenbasis und konstruieren somit ein dreidimensionales System. Dass (1) und (2) auf unterschiedlichen Hierarchieebenen verschiedene Ausprägungsformen einnehmen, verlangen die im vorangegangenen Kapitel abgeleiteten Anforderungen. Vgl. Abbildung 15.
[260] Zu Funktion und Zweck von Überleitungsrechnungen vgl. statt vieler Coenenberg (2005), S. 861-862. Der Begriff wird synonym für die Transformation von IFRS-Rechnungsgrößen auf ein anderes Normensystem, bspw. die US-GAAP, verwendet. Für einen Überblick vgl. Dobler (2007), S. 519-520.

zernspitze und die Segmentebene.[261] Weil die Angleichung der beiden Teilsysteme sich auf die oberen Hierarchieebenen beschränkt, werden zur Durchführung der Produktions- und Prozesssteuerung in den nachgelagerten Unternehmensbereichen kalkulatorische Elemente weiterhin angewendet.[262] Die externe Publikation von pagatorischen Größen oder die Erstellung von Überleitungsrechnungen sind aufgrund des mangelnden Kapitalmarktinteresses hier nicht notwendig. Dessen ungeachtet werden die externen Rechnungsgrößen jedoch hierarchieübergreifend ermittelt, damit auf den oberen Unternehmensebenen die aggregierten Werte ausgewiesen werden können.

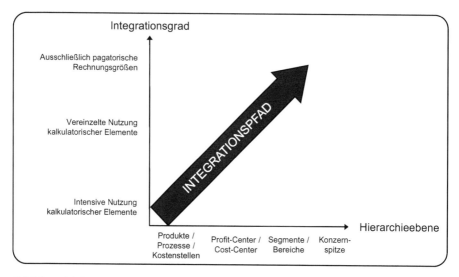

Abbildung 16: Integrationsmuster einer partiell integrierten Rechnungslegung kapitalmarktorientierter Unternehmen[263]

Anhand Abbildung 16 lässt sich die Abhängigkeit der Integrationstiefe der auszuweisenden Rechnungsgrößen von den Rechnungszwecken und -zielen der Rechnungsadressaten der jeweiligen Hierarchieebenen ableiten. So sind pagatorische Unternehmensdaten für die Darstellung auf der Segment-/Bereichsebene und der Konzernspitze prinzipiell auch in den unteren Hierarchieebenen zu führen, die Rechnungszwecke der Adressaten der internen Kostenrechnung können durch ihren Ausweis jedoch nicht erfüllt werden. Um den internen

---

261 Durch die verhältnismäßig geringe Anzahl der Berichtsgegenstände in den oberen Unternehmensebenen ist es darüber hinaus möglich, bei Bedarf in der internen Rechnung einzelne pagatorische Positionen zu eliminieren bzw. anders zu bewerten. Diese Veränderungen können durch eine Überleitungsrechnung transparent gemacht werden.
262 Auch die Ergebnisse der Studie von Wagenhofer/Engelbrechtsmüller (2006), S. 24-25, belegen, dass die Abweichung zwischen interner und externer Rechnungslegung in mittleren und unteren Führungsebenen zunimmt.
263 Eine in Anlehnung an Weißenberger (2006), S. 24, veränderte Darstellung.

Rechnungszwecken nachzukommen, besteht deshalb für die funktionalen Unternehmenseinheiten weiterhin die Notwendigkeit zur Ermittlung und zum Ausweis eigenständiger Steuerungsgrößen. Aus Perspektive der Adressaten der internen Kostenrechnung ist deshalb zumindest bis zur Ebene der Profit-Center ein kalkulatorischer Rechnungskreis vorzuhalten. Obendrein würde ein disaggregierter Ausweis pagatorischer Rechnungsgrößen auf Kostenstellen- und Kostenträgerebene eine Informationsflut auslösen, die für die Rechnungsziele der externen Entscheider irrelevant ist. Zur Steuerung der funktionalen Bereiche sollen die kalkulatorischen Größen auch weiterhin bis auf Profit-Center-Ebene zusammen geführt werden. Jedoch sieht die partielle Integration aufgrund dieser dort eingezogenen Bruchstelle zwischen externer und interner Erfolgsrechnung keine weitere Aggregation der kalkulatorischen Zahlen bis zur Konzernspitze vor.

Im Hinblick auf die Beständigkeit der partiellen Integration identifizieren *Simons/Weißenberger (2008)* mithilfe eines einfachen spieltheoretischen Modells Kostensenkungspotenziale als bedeutsames Kriterium für die langfristige Durchsetzung einer grundsätzlich auf dem pagatorischen Rechnungskreis basierenden Rechnungslegung.[264] Insbesondere die erzielbare Komplexitätsreduktion führt zu einer Absenkung der Kosten für das Finanz- und Rechnungswesen. Eine konsistente Datenhaltung mit reduziertem Aufwand für Aufbereitung und Bewertung der Informationen bildet jedoch nicht das einzige Argument für den Ansatz. Vielmehr verfügen die entlasteten Arbeitsbereiche über Beratungskapazitäten, so dass sie den geschaffenen Freiraum zur Entscheidungsunterstützung des Managements nutzen und damit zur Produktivitäts- und Unternehmenswertsteigerung beitragen können (Zielausrichtungs- und Servicefunktion des Controlling).[265]

Neben der Persistenz der partiellen Integration widmen sich *Simons/Weißenberger (2008)* der Frage, auf welcher hierarchischen Unternehmensebene die Bruchstelle zwischen der internen und der externen Rechnungslegung anzusiedeln ist. Die Autoren erklären die Begrenzung der Integration auf die oberen Hierarchieebenen bei dezentral organisierten Konzernen ebenfalls modelltheoretisch. Es wird ein Spiel zwischen den Managern von zwei Berichtsgegenständen beschrieben, welche sich, ausgehend von einer integrierten Rechnungslegung auf oberster Konzernebene, sowohl mit Überleitungskosten zur Muttereinheit als auch mit Abstimmungskosten untereinander (zwischen den Schwestereinheiten) konfrontiert sehen.[266] Unter Abwägung verschiedener Kosteneinflussgrößen legt das Modell für eine kritische Anzahl von direkt an die Muttergesellschaft berichtenden Tochterunternehmen eine

---

264 Simons/Weißenberger (2008), S. 144-151.
265 Zu den abgeleiteten Zwecksetzungen des koordinationsorientierten Controlling vgl. Küpper (2001), S. 18-20.
266 Dabei erfüllt die Fokussierung auf dezentral gesteuerte Konzerne die zur spieltheoretischen Betrachtungsweise essentielle Bedingung, dass die Gesellschaften eigenständig die Entscheidungen zur Herbeiführung einer konvergenten Rechnungslegung, mit den sie umgebenden Bereichen, fällen können. Diese Prämisse kann für den in dieser Arbeit betrachteten Unternehmenskreis nicht aufrechterhalten werden.

Bruchstelle der Konzernrechnungslegung fest, die von dem traditionell extern ausgewiesenen Konzern- oder Segmentergebnis nach unten abweicht. Bei diesen Unternehmen findet eine Verlagerung der Integration der Rechnungslegung bis auf die Ebene der Profit-Center und teilweise bis auf Cost-Center-Level statt.[267] Projiziert auf die Fragestellung dieser Arbeit liefern *Simons/Weißenberger (2008)* eine Empfehlung für die extern relevante hierarchische Berichtsebene. Unter Anwendung ihres spieltheoretischen Ansatzes wird eine Unternehmensebene festgelegt, ab welcher der Ausweis externer Rechnungslegungsdaten bis zur Konzernspitze erfolgt. Da dezentrale Entscheidungseinheiten, welche die Autoren für ihre vertikale Erfolgsspaltung voraussetzen, dem in dieser Arbeit betrachteten Unternehmenskreis fehlen, muss eine Übertragungsmöglichkeit des für kapitalmarktorientierte Unternehmen konzipierten Ansatzes auf mittelständische Unternehmen geprüft werden.

4.2. Übertragung der partiellen Integration auf die Ergebnisrechnung mittelständischer Unternehmen

4.2.1. Zwischenbewertung der partiellen Integration

Grundsätzlich scheint das Konzept zur Auflösung des in Kapitel drei aufgezeigten Spannungsfelds geeignet zu sein. Abgebildet wird eine Teilharmonisierung des kalkulatorischen und pagatorischen Rechnungskreises auf Basis einer Kombination des Normensystems IFRS und der Kosten- und Erlösrechnung. Neben der externen Bereitstellung einer integrierten Ergebnisrechnung auf Kostenträgerbasis für das Gesamtunternehmen und deren divisionale operative Teileinheiten kann zur Produkt- und Prozesssteuerung der funktionalen Bereiche weiterhin auf das Instrument der Deckungsbeitragsrechnung zurückgegriffen werden.

Die Informations- und Rahmengrundsätze finden im Ansatz der partiellen Integration Berücksichtigung. Insbesondere ist der hohe Erfüllungsgrad der quantitativen Postulate hervorzuheben. Die partielle Integration fokussiert explizit Kosteneinsparpotenziale in Form des Streichens unnötiger Überleitungen zwischen den Rechnungskreisen durch den adressatenkonformen Ausweis wesentlicher Informationen auf der jeweiligen Hierarchieebene. Die Anwendung bei mittelständischen Unternehmen könnte somit einer Berichtsinflation vorbeugen, was gleichzeitig zur Erfüllung der aufgestellten organisatorischen Leitplanken einer begrenzten Informationsaufnahme durch die Unternehmensleitung sowie der limitierten kaufmännischen Ressourcen im Rechnungswesen und Controlling beiträgt. Dieses Argument hat ein besonderes Gewicht, weil im Gegensatz zu kapitalmarktorientierten Konzernen bei

---

267 Vgl. Simons/Weißenberger (2008), S. 155-156; sinngemäß Weißenberger/Angelkort (2007), S. 430. Das Ergebnis individuell rationaler Strategien kann somit als Anhaltspunkt für die empirisch beobachtete unvollständige Integration der Rechnungslegung kapitalmarktorientierter Unternehmen eingestuft werden. Nichtsdestotrotz entscheidet in der Regel die Zentrale über die IFRS-Einführung ihrer Konzerngesellschaften.

der betrachteten Unternehmensgruppe neben dem externen Adressatenkreis im Wesentlichen die Unternehmensleitung als dritter Empfänger der externen Rechnungslegungsdaten in Betracht kommt. Zugleich ist der geschäftsführende Eigentümer aufgrund seiner Überschneidungsfunktion ebenso Adressat sämtlicher kalkulatorischen Rechnungsdaten.[268]

Die identifizierten externen Berichtsgegenstände bilden ein Fundament, auf dem in einem weiteren Schritt die Ausarbeitung und Implementierung technokratischer Koordinationsinstrumente für die (noch abschließend zu definierenden) operativen Teileinheiten erfolgen kann. Zwar erfüllt das partielle Integrationskonzept den Rechnungszweck der Planungsfunktion zur Offenlegung von Unternehmensrisiken und zur Durchführung von Unternehmens(teil)bewertungen nicht ausdrücklich, es werden jedoch entscheidungsrelevante Ebenen gekennzeichnet, für die der typisierte Unternehmenskreis zukünftig externe Planungsrechnungen erstellen muss. Durch die beabsichtigte Abbildung einer integrierten Ergebnisrechnung auf Kostenträgerbasis für die extern entscheidungsrelevanten operativen Teileinheiten verringert sich die Informationsasymmetrie zwischen dem geschäftsführenden Eigentümer und den nicht geschäftsführenden Gesellschaftern. Diese Transparenzerhöhung stellt eine Grundlage zur zielorientierten Einflussnahme auf die Unternehmensleitung durch die nicht geschäftsführenden Gesellschafter dar und fördert damit die Erfüllung des Rechnungszwecks der Verhaltenssteuerung.

Eine Integration der Teilsysteme auf Basis der Kostenträgerrechnung ermöglicht Kreditgebern den Zugriff auf alle notwendigen Rechnungsgrößen der Ergebnisrechnung zum Einbezug in die Risikoermittlung. Das Rechnungsziel der Fremdkapitalgeber – der Ausweis der in Abbildung 12 formulierten (Mindest-)Rechnungsgrößen – wird somit durch das partielle Integrationskonzept erfüllt. Offen bleibt jedoch, ob die zur Verfügung gestellten Rechnungsgrößen auch die entscheidungsrelevanten operativen Einheiten abbilden.

Für eine Kapitalwertermittlung des Unternehmens bzw. seiner operativen Teileinheiten benötigt der Eigenkapitalgeber zahlungsstromorientierte Rechnungsgrößen aus der Finanzplanrechnung. Zwar verlangt der Standardsetter für den Konzern- oder Einzelabschluss die Aufstellung einer Cashflow-Rechnung, eine auf Geschäftsaktivitäten disaggregierte Berichtspflicht besteht jedoch nicht.[269] Unter Bezugnahme auf den in Abschnitt 2.4.2. vorgestellten Nutzungsgrad der Rechnungsteilsysteme und der Leitplanke limitierter kaufmännischer Ressourcen sollte eine Anfertigung von Plan-Cashflow-Rechnungen durch den typisierten Unternehmenskreis auch nicht erwartet werden. Der Verzicht auf den Ausweis einer Kapitalflussrechnung für operative Teileinheiten verhindert somit die direkte Kapitalwertermittlung. Alternativ kann das Rechnungsziel der Eigenkapitalgeber mithilfe zweier Wege

---

268 Vgl. die Ausführungen in den Abschnitten 3.5. und 2.2.2.
269 IASB (2008), IAS 7. Auf Basis der Segmentberichterstattung kann somit lediglich eine Schätzung mithilfe von Abschreibungen und weiteren nicht zahlungswirksamen Aufwendungen erfolgen. Vgl. IASB (2008), IFRS 8.20-24. Sinngemäß Alvarez (2004), S. 370. Die IFRS-SME fordern ebenfalls nur eine Kapitalflussrechnung auf Unternehmensebene ein. Vgl. IASB (2007), IFRS-SME 7.01-21.

erreicht werden: Aus Praktikabilitätsgründen und zur Wahrung einer verständlichen Verfahrensbasis zwischen Investoren und dem Eigentümer könnte ein Multiplikatorverfahren[270] zur Anwendung kommen, bspw. auf Basis des Periodenerfolgs der integrierten Kostenträgerrechnung.[271] Deutlich schwieriger für mittelständische Unternehmen würde sich die Nutzung des Lücke-Theorems zur Ermittlung der Kapitalwerte gestalten. Das Lücke-Theorem besagt, dass der aus Einzahlungen und Auszahlungen berechnete Kapitalwert demjenigen aus periodisierten Erträgen und Aufwendungen entspricht, wenn die einzelnen Periodenergebnisse jeweils um kalkulatorische Zinsen auf den Kapitalbestand der Vorperiode korrigiert werden.[272] Entsprechend müsste der betrachtete Unternehmenskreis zur Durchführung der Wertermittlung periodische Vermögensgrößen für alle operativen Teileinheiten aus der Konzernbilanz ableiten und ausweisen. Aufgrund der Ressourcensituation des kaufmännischen Bereichs mittelständischer Unternehmen kann dieser Anforderung des Lücke-Theorems jedoch nicht nachgekommen werden. Infolgedessen bietet sich dieser zweite Weg zur Erreichung des Rechnungsziels nicht an.

Insgesamt zeigt sich eine hohe Übereinstimmung des Konzepts mit dem aufgestellten Anforderungsprofil. Die partielle Integration erscheint als praktikabler Mittelweg zwischen vollständig getrennten Unternehmensrechnungssystemen und totaler Integration. Eine Relevanz für die KMU formulieren auch *Simons/Weißenberger (2008)*. Gerade vor dem Hintergrund der „recht einfachen Struktur der (internen) Rechnungslegung mittelständischer Unternehmen" kann eine Adaption des Ansatzes zu Kosteneinsparungen führen.[273] Im folgenden Abschnitt muss nun überprüft werden, inwiefern die in 4.1. genannte und auf die betrachteten KMU nicht zutreffende Prämisse kapitalmarktorientierter Großkonzerne mit dezentralen Entscheidungseinheiten die Möglichkeiten der partiellen Integration einschränkt.

---

270 Multiplikatoren werden verbreitet eingesetzt, um eine überschlägige Ermittlung eines Marktpreises durchzuführen. In der Regel wird dazu eine betriebswirtschaftliche Kennzahl mit einem Faktor multipliziert, der von einem Marktwert vergleichbarer Unternehmen abgeleitet wird. Zur Einordnung von Multiplikatorverfahren mit weiteren Nachweisen vgl. statt vieler Drukarczyk (2007), S. 473-486.
271 In ihrer Untersuchung zur Beteiligungsfinanzierung von Finanzinvestoren an deutschen Familienunternehmen stellen Achleitner/Schraml/Tappeiner (2008), S. 33-34, fest, dass die Mehrzahl der Transaktionspreise auf dem Multiplikatorverfahren beruht. Behringer (1999), S. 99-103, bestätigt die grundsätzlich hohe Verbreitung bei mittelständischen Unternehmen und weist ebenfalls auf die mit diesem Verfahren verbundenen Risiken hin.
272 Als wesentliche Voraussetzung gilt, dass in der Totalperiode die aufsummierten Periodengewinne und Einzahlungsüberschüsse übereinstimmen (Kongruenzprinzip). Vgl. dazu Lücke (1955), S. 310-324. Zur Integration der kostenrechnerischen Ansätze in die kapitaltheoretische Konzeption vgl. Küpper (2001), S. 123-138.
273 Simons/Weißenberger (2008), S. 156. Sinngemäß Weißenberger/Angelkort (2007), S. 426.

4.2.2. Verfehlung einer anforderungsgerechten divisionalen Erfolgsspaltung der Berichtsstruktur

Dass der Ansatz der partiellen Integration von einer hierarchischen Stufenordnung der Berichtsgegenstände spricht, lässt eine Relevanz für die betrachteten KMU vermuten. Es zeigt sich jedoch, dass eine schematische Übertragung des für kapitalmarktorientierte Unternehmen entwickelten Konzepts auf ein typisiertes mittelständisches Unternehmen eine Veränderung des beschriebenen Integrationsmusters erzeugt.

Die Abweichung ist damit zu begründen, dass die betrachteten Unternehmen über keine vertikal ausgeprägte Hierarchiestruktur der Berichtsgegenstände verfügen. Die an einer funktionalen Organisationsstruktur angelehnte Berichtsstruktur mit Cost- und Revenue-Centern in der zweiten Hierarchieebene sieht eine Integration von divisional untergliederten Berichtsobjekten unterhalb der Unternehmensspitze nicht vor (Abbildung 17). Zwar könnten über eine interne Kostenträgerrechnung Ergebnisse divisional gegliederter Berichtsgegenstände innerhalb des unternehmensweiten Profit-Centers abgeleitet werden. Allerdings fehlen Regeln, in welcher Ebene die Berichtsgegenstände anzuordnen und welche Integrationsgrade anzustreben sind. Hintergrund für die ausbleibende divisionale Erfolgsspaltung mittelständischer Rechnungssysteme ist der systematische Verzicht auf Entscheidungs- und Weisungsdelegation. Im zentralistischen Führungssystem wird von der Möglichkeit kein Gebrauch gemacht, über technokratische Ziel- und Planvorgaben einzelne Erfolgsquellen zu steuern. Der Eigentümer ist wesentlicher Adressat der internen Unternehmensrechnungssysteme.

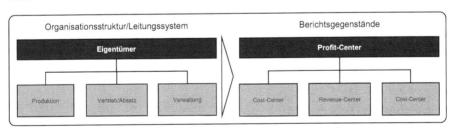

Abbildung 17: Darstellung der auf einer funktionalen Organisationsstruktur beruhenden Berichtsgegenstände mittelständischer Unternehmen

Es wird deutlich, dass das zentralistische Führungssystem des typisierten Unternehmenskreises die Vorhaltung kalkulatorischer und pagatorischer Rechnungsgrößen bis in die höchste hierarchische Ebene erfordert. Die durchgängig parallele Datenermittlung in beiden Rechnungskreisen zur Erfüllung der Rechnungszwecke und -ziele der internen und externen Adressaten ist mit der Bezeichnung einer integrierten Rechnungslegung und dem postulierten Ausweis einer hierarchischen Bruchstelle zwischen internen und externen Daten nicht vereinbar. Damit konterkariert diese Tatsache die im vorigen Abschnitt angeführten erzielbaren Kosteneinsparpotenziale durch Wegfall der kalkulatorischen Rechnungsgrößen ab der dritten oder zweiten Hierarchieebene. Offensichtlich sind die Anforderungen der externen Kapitalgeber in jedem Fall mit zusätzlichen Kosten für den typisierten Unternehmenskreis verbunden, denn es besteht keine Kompensationsmöglichkeit durch einen Abbau der internen Rechnungssysteme in den oberen Hierarchieebenen. Die in Abschnitt 3.4. präzisierte Anforderung zur Erfolgsspaltung der externen Rechnungslegung führt aufgrund der notwendigen Beibehaltung einer alle Ebenen durchdringenden internen Kostenrechnung zu einem Mehraufwand. Das Kosteneinsparpotenzial beschränkt sich dementsprechend auf die kostenminimierende Durchführung der gestiegenen Berichtsanforderungen.

Das sich einstellende Integrationsmuster induziert eine Rechtsbewegung des Pfads (Abbildung 18): niedriger Integrationsgrad kombiniert mit einer geringen Abstufungsmöglichkeit hierarchisch disaggregierter externer Berichtsgegenstände.

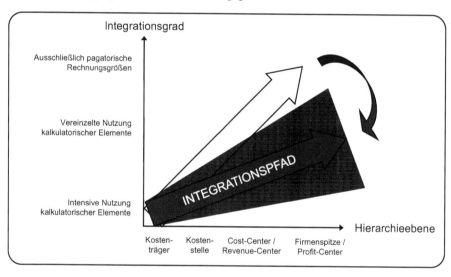

Abbildung 18: Rechtsverschiebung der Lage des Integrationspfads[274]

Neben der Verschiebung des Integrationsmusters kann ein weiteres Argument zur mangelnden Transformationsmöglichkeit der partiellen Integration auf den typisierten Unternehmenskreis angeführt werden. *Simons/Weißenberger (2008)* beschreiben in der Praxis beobachtbare Integrationsmuster großer, in der Regel kapitalmarktorientierter Konzerne, die konform nach den IFRS-Rechnungslegungsstandards ihre Berichterstattung konzipieren. Das IFRS-Normensystem schreibt den Unternehmen den Ausweis mehrerer disaggregierter Be-

---

274 Eine in Anlehnung an Weißenberger (2006), S. 25, veränderte Darstellung.

richtsebenen, wie etwa operative Segmente, explizit vor. Ein operatives Segment wiederum spiegelt nicht nur eine Unternehmensteileinheit wider, sondern kann durchaus auch aus einer oder mehreren Gesellschaften bestehen.[275] Insofern stellt das für diese Arbeit typisierte mittelständische Unternehmen nur einen Ausschnitt der unteren Hierarchieebene des für das partielle Integrationskonzept beispielhaft verwendeten Großkonzerns dar. Die Betrachtung der Daten- und Berichtssysteme der Gesellschaften eines operativen Segments offenbart, dass diese Unternehmen ebenfalls hierarchieübergreifend pagatorische Rechnungsdaten zum Ausweis der aggregierten Werte auf den oberen Konzernebenen vorhalten müssen. Bedeutender Unterschied zwischen den Tochtergesellschaften von Großkonzernen und dem für diese Untersuchung typisierten Unternehmenskreis ist jedoch, dass letzterer eine von der Organisationsstruktur abweichende externe Berichtsstruktur für den Ausweis operativer Teileinheiten auf Kostenträgerbasis implementieren muss. Dazu greifen die mittelständischen Unternehmen auf eine limitierte kaufmännische Ressourcenbasis zurück, so dass ein Kriterienkatalog zum Ausweis entscheidungsrelevanter externer Berichtsgegenstände benötigt wird.

Bei stringenter Übernahme der Methodik der partiellen Integration kapitalmarktorientierter Konzerne könnte zur Umsetzung der Erfolgsspaltung auf der zweiten oder dritten Hierarchieebene die Festlegung der Bruchstelle für den (nunmehr zusätzlichen) Ausweis externer Unternehmensrechnungsdaten auf Ebene der Cost-Center bzw. Kostenstellen erfolgen (Bruchstelle I in Abbildung 19). Aufgrund der Anzahl potenzieller Berichtsgegenstände würde die Integration der Rechnungssysteme auf diesem niedrigen Aggregationslevel jedoch einen hohen Abstimmungs- und Überleitungsaufwand mit sich bringen. Gleichzeitig wurde bereits mehrfach angeführt, dass der externe Datenausweis funktional gegliederter Hierarchieebenen für externe Adressaten per se nicht entscheidungsrelevant ist.

Eine Alternative bietet die Platzierung der Bruchstelle auf der ersten Hierarchieebene im Profit-Center (Bruchstelle II in Abbildung 19). Die Durchführung von Überleitungen auf Gesamtunternehmensebene wäre verhältnismäßig einfach und kostenminimierend. Jedoch widerspricht der Ausweis konsolidierter Daten den Anforderungen der Kapitalgeber zur Diversifizierung der Erfolgsquellen.

---

275 Die IFRS-Segmentberichterstattung wird in Abschnitt 5.1. erläutert.

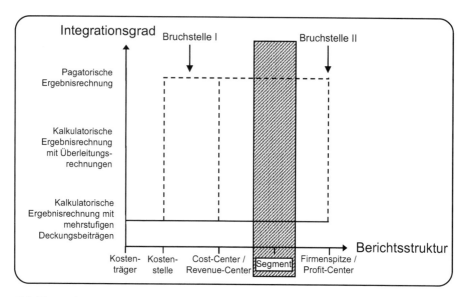

Abbildung 19: Vorschlag alternativer Bruchstellen zur Integration der Rechnungslegung bei stringenter Übernahme des partiellen Integrationskonzepts

Als Zwischenfazit gilt es an dieser Stelle festzuhalten, dass eine schematische Übernahme der partiellen Integration auf die typisierten mittelständischen Unternehmen die wichtige Publizitätsanforderung an eine integrierte Ergebnisrechnung zum Ausweis entscheidungsrelevanter operativer Teileinheiten nicht erfüllen kann. Den Ausführungen von *Simons/ Weißenberger (2008)* muss deshalb hinzugefügt werden, dass ihre Ergebnisse zwar grundsätzlich auch für mittelständische Unternehmen relevant sind, jedoch die Prämissen und die methodische Herleitung zur Identifikation der Bruchstelle für diesen Unternehmenskreis nicht anwendbar sind.

4.3. Schlussfolgerung zur Ableitung eines Leitlinienkatalogs für die Darstellung operativer Teileinheiten

Obwohl die Anwendung der partiellen Integration bei mittelständischen Unternehmen potenzielle Kosteneinsparungen – als eines ihrer Kernziele – nicht umsetzen kann, sensibilisiert der Ansatz den betrachteten Unternehmenskreis für eine Verbesserung seiner externen Kommunikationsfähigkeit. Die Kernbotschaft des partiellen Integrationskonzepts für die in dieser Arbeit fokussierte Zielgruppe lautet deshalb, eine Integration der Ergebnisrechnung partiell, nämlich ausschließlich in der relevanten Hierarchieebene, durchzuführen. Es wurde jedoch aufzeigt, dass die vorgeschlagene Systematik zur Herbeiführung eines anforderungsgerechten Integrationsgrades und einer aus der Sicht externer Kapitalgeber relevanten Bruchstelle zum Ausweis unterschiedlicher Geschäftsaktivitäten bei mittelständischen Unternehmen nicht anwendbar ist. Die partielle Integration kann deshalb die Anforderungen der Erfolgsspaltung in Verbindung mit den Rahmenpostulaten der Entscheidungsnützlichkeit, Wesentlichkeit und Wirtschaftlichkeit nicht erfüllen.

Dennoch eignet sich der Ansatz prinzipiell als Bezugsrahmen für die weiteren Ausführungen. Zum einen fördert der hohe Erfüllungsgrad der restlichen Anforderungen an eine konvergente Ergebnisrechnung die grundsätzliche Bereitschaft der Unternehmen, sich mit dem Konzept auseinanderzusetzen. Darüber hinaus stellen *Weißenberger (2006)* und *Simons/Weißenberger (2008)* erstmalig einen Kriterienkatalog bereit, der einen „Erklärungsbeitrag für die in der Praxis beobachtbaren Muster" der Berichtsstruktur integrierter Rechnungslegungssysteme kapitalmarktorientierter Unternehmen liefert.[276] Aufgrund des beschriebenen Kapitalwettbewerbs zwischen den typisierten mittelständischen Unternehmen und kapitalmarktorientierten Betrieben erscheint es deshalb plausibel, die partielle Integration als Fundament der Berichterstattung zu verwenden. Gleichzeitig sollte die Methodik auf die speziellen Eigenschaften des betrachteten Unternehmenskreises angepasst werden.

Ein präziser Leitlinienkatalog ist notwendig, um das Postulat zum Ausweis entscheidungsrelevanter Berichtsgegenstände umzusetzen. Dazu müssen aus dem Baukasten der zur Integration beabsichtigten Normensysteme einfach anwendbare und schnell zugängliche Regelwerke identifiziert werden, welche die in Abschnitt 3.4. formulierten Dimensionen der Erfolgsspaltung bestmöglich erfüllen. Das folgende Kapitel zieht dafür Auszüge aus der Segmentberichterstattung und der Cash-Generating-Unit-Konzeption heran. Beide Instrumente formulieren Gestaltungsgrundsätze für den Ausweis operativer Teileinheiten kapitalmarktorientierter Unternehmen. Diese gilt es auf die Ausgangsvoraussetzungen mittelständischer Unternehmen zu transformieren.

---

[276] Simons/Weißenberger (2008), S. 156.

5. Erweiterung der partiellen Integration unter besonderer Berücksichtigung von Segmenten und Cash-Generating-Units

5.1. Integration von Segmenten als Berichtsgegenstände

5.1.1. Vorstellung der Regularien zur Segmentidentifikation

Beim Vorliegen diversifizierter Geschäftsbeziehungen kann die Aussagekraft der externen Berichterstattung durch eine Segmentierung der Erfolgsquellen erhöht werden. Die Aufstellung eines Segmentberichts im externen Jahresabschluss versorgt Adressaten mit detaillierten Informationen über die eingesetzten Ressourcen und den nachhaltigen Erfolg der einzelnen Teilbereiche der Unternehmung. Das Normensystem der IFRS schreibt die Anfertigung eines Segmentberichts für kapitalmarktorientierte Unternehmen verpflichtend vor, der Entwurf für einen Rechnungslegungsstandard für KMU (IFRS-SME) sieht eine Aufstellung als fakultativ an.[277]

Die Identifikation operativer Teileinheiten wird prinzipiell in zwei Prozessschritte unterteilt. Der Begriff Segmentierung bezeichnet die erste Phase. Auf dieser Stufe ist eine Entscheidung bezüglich des Segmentierungskriteriums der Informationen zu treffen, also nach welchen Gesichtspunkten die Abschlussdaten disaggregiert werden.[278] In dem anschließenden Prozessschritt erfolgt die Segmentabgrenzung. Hier wird das Verfahren festgelegt, mit dem auf Grundlage des zuvor ausgewählten Segmentierungskriteriums sinnvoll Segmente im Unternehmen gebildet werden. Ein nachgelagerter (dritter) Schritt setzt über vom Standardsetter formulierte Wesentlichkeits- und Schwellenwerte die tatsächlich auszuweisende Segmentanzahl (berichtspflichtige Segmente)[279] fest. Übertragen auf die in Abschnitt 3.4. aufgestellten Anforderungen zur Diversifikation der operativen Teileinheiten wird in der ersten Phase die Berichtsperspektive festgelegt und im Anschluss die horizontale (und vertikale) Erfolgsspaltung durchgeführt (Schritt zwei und drei).

Die unterschiedlichen Methoden zur Durchführung der Segmentierung und Segmentabgrenzung von Unternehmensdaten sind wegen ihrer Bedeutung für den Aussagegehalt des Seg-

---

277 IASB (2008), IFRS 8.02; IASB (2007), IFRS-SME 31.01. Sollte sich ein Unternehmen, welches die IFRS-SME anwendet, jedoch zur freiwilligen Veröffentlichung entscheiden, ist der Standard IFRS 8 vollständig einzuhalten. Der Vorschlag zum freiwilligen Ausweis des Standardsetters ist insofern nachvollziehbar, als – wie bereits in Abschnitt 2.1. erwähnt – keine Spezifizierung der Zielgruppe aller KMU vorgenommen wurde.
278 Vgl. Baumann (1987), S. 10; Peskes (2004), S. 177.
279 Aus dem Englischen übersetzte Überschrift der Standards IASB (2008), IFRS 8.11-19.

mentberichts Gegenstand kontroverser wissenschaftlicher Auseinandersetzungen.[280] Diese Arbeit beabsichtigt nicht, einen Beitrag zu dieser Diskussion zu leisten. Vielmehr sollen die Vorschriften nach praktikablen Leitlinien zur Erfolgsspaltung mittelständischer Unternehmen durchleuchtet werden. Dabei konzentrieren sich die folgenden Ausführungen auf die beiden internationalen Standards IAS 14 (rev. 1997) „Segment Reporting" und IFRS 8 „Operating Segments", von denen letzterer für alle Geschäftsjahre beginnend nach dem 31.12.2008 verpflichtend anzuwenden ist.[281]

IFRS 8 verpflichtet die Unternehmen, ihre Segmentierung entsprechend der internen Berichts- und Organisationsstruktur durchzuführen, um den Abschlussadressaten somit einen Einblick in die interne Steuerung zu gewähren (Management Approach).[282] Hintergrund ist, dass nach Auffassung des IASB die konsequente Orientierung an den unternehmensintern etablierten Organisationsstrukturen für die Adressaten mit einem größeren Nutzen und für die betroffenen Unternehmen mit geringeren Erstellungskosten verbunden ist.[283]

IAS 14 (rev. 1997) hingegen verfolgt prinzipiell den Risk and Reward Approach. Dieser Ansatz grenzt Segmente gemäß der Ähnlichkeit ihrer marktbezogenen Chancen und Risiken ab. Danach sind Unternehmenseinheiten so zu unterteilen, dass sich die Chancen- und Risikostrukturen innerhalb der Segmente homogen, zwischen den verschiedenen Segmenten jedoch heterogen darstellen.[284] Strenggenommen stellt der IAS 14 (rev. 1997) jedoch eine Kombination aus Elementen des Risk and Reward Approach und des Management Approach dar. Denn der primäre Schritt der Segmentierung soll grundsätzlich auf Basis der internen Berichts- und Organisationsstruktur des Unternehmens durchgeführt werden.[285] Für den Fall, dass die interne Segmentierung jedoch nicht marktbezogen, d. h. nach regionalen oder sektoralen Kriterien, erfolgt, wird eine strikte Orientierung an dem Management Approach abgelehnt und eben jene marktbezogene Berichtsperspektive nach Regionen und Geschäftsbe-

---

280 Im Kern geht es dabei um die Definition eines Regelwerks, welches die bilanzierenden Unternehmen anleitet, die betriebswirtschaftlichen Tatsachen möglichst realistisch, vergleichbar und unter Chancen- und Risikogesichtspunkten abzubilden. Dabei wird zwischen der Segmentberichterstattung nach dem Management Approach und dem Risk and Reward Approach unterschieden. Beide werden in diesem Abschnitt vorgestellt und gewürdigt. Zur wissenschaftlichen Diskussion vgl. bspw. Alvarez (2004), S. 49-52; Köhle (2004), S. 105-107; Himmel (2004), S. 135-142; Geiger (2001), S. 104-114.
281 IASB (2008), IFRS 8.IN.09. Die Regelungen des Standards IFRS 8 sind eine fast wörtliche Übernahme des US-amerikanischen Standards Nr. 131 „Disclosures about Segments of an Enterprise and Related Information". Für eine kritische Auseinandersetzung mit dem im Rahmen des europäisch-amerikanischen Konvergenzprojektes übernommenen US-Standard vgl. bspw. Fink/Ulbrich (2006), S. 233, S. 236-243; Fink/Ulbrich (2007b), S. 984-985.
282 Die Segmentberichterstattung gilt als wesentlicher Anwendungsbereich des zur Konvergenzzwecken formulierten Management Approach. Vgl. Abschnitt 3.1. dieser Arbeit.
283 IASB (2008), IFRS 8.IN.03, IFRS 8.BC.60 und IFRS 8.Appendix.A.
284 IASB (2006), IAS 14.09 (rev. 1997).
285 IASB (2006), IAS 14.27-28 (rev. 1997).

reichen eingefordert (Two-tier Approach).[286] Der Management Approach wird somit deutlich von Elementen des Risk and Reward Approach überdeckt. Deshalb wird IAS 14 (rev. 1997) auch als „Risk and Reward Approach with a safety net" bezeichnet.[287]

Aufgrund der individuellen Ausrichtungsmöglichkeiten des internen Rechnungswesens wird der Segmentberichterstattung nach IFRS 8 ein höherer Grad an Gestaltungsfreiheit im Vergleich zur Segmentierung nach IAS 14 (rev. 1997) zugebilligt. Anstelle des nach IAS 14 (rev. 1997) klar formulierten Darstellungskatalogs der unternehmerischen Aktivitäten tritt mit IFRS 8 die Anforderung, einzelne dezentrale Teileinheiten extern so auszuweisen, wie die Informationen für die interne Berichterstattung aufbereitet werden.[288] Strenggenommen bedeutet eine Segmentierung auf Basis dieses Kriteriums für funktional organisierte Unternehmen, die Klassifizierung der Segmente auf Basis ihrer individuellen Organisationsstruktur, d. h. anhand ihrer Funktionsbereiche, vorzunehmen.[289] Diese Zusammensetzung spiegelt jedoch nicht die Schwerpunkte der unterschiedlichen Geschäftsaktivitäten wider. Infolge der mangelnden Aussagekraft sind diese Segmentinformationen nutzlos für die Erfüllung der Anforderungen der Kapitalgeber.[290]

Die hier angeführte Kritik an einer Vereinbarkeit der neuen Vorgehensweise zur Segmentdarstellung mit den organisatorischen Voraussetzungen mittelständischer Unternehmen schließt jedoch nicht aus, dass IFRS 8 unter Umständen brauchbare Regularien für die Zielsetzung dieser Arbeit bereithält. Schließlich gibt der Standard Hinweise zur Differenzierung von Erfolgsquellen. Danach wird ein operativer Teilbereich (Operating Segment) als eine Unternehmenseinheit abgegrenzt,

- deren Aktivitäten zu Erträgen und Aufwendungen führen können (einschließlich der Erträge und Aufwendungen aus intersegmentären Transaktionen),
- die das oberste Führungsgremium des Unternehmens (Chief Operating Decision Maker) regelmäßig überprüft sowie zur Beurteilung des Erfolgs und zur Ressourcenallokation heranzieht und
- für die gesonderte Finanzinformationen verfügbar sind.[291]

Diese Leitlinien und alle weiteren die Segmentidentifikation unterstützenden Regularien, IFRS 8.05-8.19, sollen im folgenden Abschnitt zur Entwicklung einer anforderungsgerechten externen Berichtsstruktur verwendet werden. Im Sinne einer punktuellen Übernahme ein-

---

286 IASB (2006), IAS 14.32 (rev. 1997). Der Standardsetter fordert in diesem Fall, nach IASB (2006), IAS 14.32 (b) (rev. 1997), eine Disaggregation aller intern berichteten Segmente vorzunehmen, bis diese der in IAS 14.09 (rev. 1997) vorgegebenen Definition (und Struktur) genügen.
287 Vgl. mit weiteren Nachweisen Peskes (2004), S. 435-447.
288 Fink/Ulbrich (2007a), S. 1, bezeichnen diese Kehrtwende als einen inhaltlichen Paradigmenwechsel in der Segmentberichterstattung.
289 Vgl. Peskes (2004), S. 280; Böcking (1999), S. 526.
290 Vgl. Mautz (1967), S. 60; Peskes (2004), S. 284.
291 IASB (2008), IFRS 8.05.

zelner Regeln zum Aufbau des Kriterienkatalogs für den typisierten Unternehmenskreis sind weitere Paragraphen des Standards, wie etwa vorgeschriebene Segmentbilanzierungsmethoden oder zusätzliche segmentbezogene Angabepflichten, nicht weiter Inhalt der Ausführungen.

5.1.2. Entwicklung der Berichtsstruktur durch Ausgestaltung der Berichtsgegenstände nach IFRS 8

Für die Ableitung der Berichtsstruktur müssen die Gestaltungsgrundsätze zum Ausweis operativer Teileinheiten nach IFRS 8 den in Abschnitt 3.4. entwickelten Dimensionen zur divisionalen Erfolgsspaltung zugeordnet werden.

(1) Identifikation der Berichtsperspektive

Gemäß der Intention des Management Approach erfolgt die Segmentierung des Unternehmens anhand der internen Berichts- und Organisationsstruktur. Mangels weiterer Präzisierung wird somit keine primäre Berichtsperspektive festgelegt. Vielmehr geht das IASB davon aus, dass die zunehmende Ausrichtung der Unternehmenssteuerung an der Steigerung des Unternehmenswertes automatisch die damit notwendige Einrichtung einer entscheidungsrelevanten Berichts- und Organisationsstruktur hervorrufen dürfte.[292] Dieses Marktvertrauen sollte dem betrachteten Unternehmenskreis mittelständischer Unternehmen nicht entgegengebracht werden. Da der typisierte Mittelständler nicht am organisierten Kapitalmarkt teilnimmt, birgt die Konstruktionsanleitung nach IFRS 8 ein erhebliches Gefahrenpotenzial der Identifikation unwesentlicher Segmente.[293] Prinzipiell bietet sich nämlich eine Vielzahl möglicher Einheiten[294] für die Kostenträger (im Folgenden: Kostenträgereinheiten) zur Segmentierung an (Abbildung 20).

---

292 Vgl. Alvarez (2004), S. 50.
293 Andererseits bietet das substanzlose Segmentierungskriterium auch genügend Flexibilität für die Adaption und Integration weiterführender Leitlinien.
294 Vgl. Schweitzer/Küpper (2003), S. 156-157, verwenden die „Gütereinheit" als Klassifikationsmerkmal der Kostenträger.

Produkte, Produktgruppen	Regionen des Absatzmarktes	Regionen des Beschaffungsmarktes	Branchen	Kunden, Kundengruppen
Staatliche und nichtstaatliche Regulierung	Juristische Kriterien	Anspruchsgruppen	Zeitliche Kriterien	Historische Kriterien

Abbildung 20: Segmentierungsmöglichkeiten der Berichtsperspektive nach dem Management Approach[295]

In Abschnitt 2.3.1. wurde aufgezeigt, dass bei mittelständischen Unternehmen insbesondere eine sektorale bzw. regionale Diversifikation vorliegt. Dieser Tatbestand schränkt die potenziell identifizierbaren Erfolgsquellen zwar ein, indem suggeriert wird, dass sich das typisierte Unternehmen von dem möglichen Ausweis der funktionalen Organisationsstruktur löst und zur Segmentierung nach einer der beiden Perspektiven entscheidet. Trotzdem bleibt ein gewisses Restpotenzial zur Selektion einer „gewachsenen" divisionalen Berichtsperspektive, die sich bspw. an der juristischen Kostenträgereinheit „gesellschaftsrechtliche Struktur" orientieren könnte.

(2) Durchführung der horizontalen (und vertikalen) Erfolgsspaltung

Die Bestimmungen von IFRS 8.05 zur Segmentabgrenzung ermöglichen es, all diejenigen Unternehmensaktivitäten als potenzielle operative Teileinheiten zu klassifizieren, die separat erfassbare Aufwendungen und Erträge generieren und von der Unternehmensleitung gesteuert und entwickelt werden.[296] Eine zwingende und ausschließliche Übernahme dieses Paragraphen zur Erfolgsspaltung mittelständischer Unternehmen würde bedeuten, dass jede durch die interne Kostenrechnung abbildbare sektorale oder regionale Kostenträgereinheit als operatives Segment bezeichnet werden könnte.[297] Dies ist insbesondere mit der zentralistischen Führungsstruktur zu begründen. In einem auf den Eigentümer zugeschnittenen Informationssystem werden alle unternehmensinternen Berichte im Hinblick auf Managemententscheidungen generiert. Somit erfüllen durchweg alle Kostenträgerrechnungen die Voraussetzungen zur Segmentidentifikation nach IFRS 8.05.

Für eine Einschränkung der großen Anzahl denkbarer Berichtsgegenstände bietet der Standard jedoch Anhaltspunkte. So kann durch den Einsatz unterschiedlicher horizontaler Abgrenzungskriterien ein zusammengefasster Ausweis aggregierter Kostenträgereinheiten erfolgen. Paragraph IFRS 8.12 formuliert die Möglichkeit, über leistungsbezogene Kriterien

---

295 Für eine alternative Detaillierung vgl. mit weiteren Nachweisen bspw. Peskes (2004), S. 183-185.
296 IASB (2008), IFRS 8.05. Die hier erfolgte Wiedergabe ist stark verkürzt und zugespitzt. Der Standard hält in den Paragraphen IFRS 8.06-8.10 ergänzende Hinweise bereit, die den Ermessensspielraum geringfügig einschränken, für die hier dargelegte Argumentationskette jedoch irrelevant sind.
297 Die Erwirtschaftung von Erträgen durch den Kostenträger sei hier vorausgesetzt.

eine (freiwillige)[298] Zusammenfassung verschiedener operativer Teileinheiten zu einem einzigen Segment durchzuführen. Die Berichtsgegenstände müssen dafür in sämtlichen Merkmalen aus Abbildung 21 übereinstimmen. Weitere notwendige Bedingung zur Vereinigung ist, dass die Berichtseinheiten eine vergleichbare langfristige wirtschaftliche Entwicklung erwarten lassen.

Abbildung 21: Homogenitätskriterien zur Bestimmung aggregierbarer Berichtseinheiten

Die zur Aggregation erforderlichen Kriterien sind eine wörtliche Übernahme des Paragraphen IAS 14.09 (rev. 1997) „Definitions of business segment and geographical segment". Analog der Ausführungen aus Abschnitt 5.1.1. klassifiziert der „alte" Standard zur Segmentberichterstattung Geschäftssegmente als (zusammengefasste) Produkte oder Dienstleistungen, die in sich homogenen, gegeneinander jedoch unterschiedlichen Chancen und Risiken ausgesetzt sind. Die Homogenitätskriterien dienen zur Operationalisierung der Bestimmung gleicher oder verschiedenartiger Chancen- und Risikostrukturen.[299] Durch Übernahme dieser Abgrenzungskriterien des Risk and Reward Approach wird eine anforderungsgerechte, nach Chancen und Risiken abgewogene Klassifizierung homogener operativer Teileinheiten gefördert. Neben dieser sektoralen Diversifizierung mittelständischer Unternehmen bleibt jedoch die Möglichkeit zur Zusammenführung segmentierter Regionen unberücksichtigt. Mangels Erwähnung im Standard ist somit die Aggregation zweier auf Basis von geografischen Kriterien segmentierten Teileinheiten nicht möglich.[300]

In einem weiteren Schritt formuliert der Standard IFRS 8.13 ein Wesentlichkeitsmerkmal zum Ausweis berichtspflichtiger Segmente. Diese Signifikanzschwelle determiniert eine maßgebliche Berichtspflicht für eine Kostenträgereinheit bzw. für zusammengefasste Einheiten, sofern diese mindestens 10 % der Erträge oder des Ergebnisses aus der Summe aller Kostenträgereinheiten auf sich vereinen.[301] Diejenigen operativen Segmente, die die Wesentlichkeitshürde nicht erfüllen, sind keine Berichtsgegenstände. So will dieses horizontale

---

298 Aus IFRS 8.12 resultiert keine maßgebliche Berichtspflicht.
299 IASB (2006), IAS 14.09 (rev. 1997).
300 Vgl. Fink/Ulbrich (2006), S. 237. Diese Einschränkung verhindert nicht die prinzipielle Ausweismöglichkeit des Segments nach IFRS 8.13 Abs. 2, sofern den Informationen ein Nutzen auf Kapitalgeberseite zugesprochen wird. Lediglich die Zusammenfassung von zwei geografisch segmentierten Berichtseinheiten ist nach IFRS 8.12 nicht möglich.
301 IFRS 8.13 formuliert als weitere Signifikanzschwelle die Vereinigung von 10 % des Vermögens der Summe aller Segmente. Analog der Prämisse aus Abschnitt 3.2.2. fokussiert diese Arbeit jedoch die Ergebnisrechnung.

Abgrenzungskriterium alle entscheidungsrelevanten operativen Teileinheiten aus der Grundgesamtheit der Berichtsgegenstände ermitteln. Diese Vorgehensweise ist jedoch kritisch zu bewerten, weil die Festsetzung einer rein quantitativen Schwelle zum externen Ausweis willkürlich ist. Darüber hinaus besteht die Gefahr, dass zuvor anforderungsgerecht abgegrenzte Segmente aufgrund der Verfehlung des Wesentlichkeitsmerkmals nicht separat ausgewiesen werden.

Die Behandlung der zunächst aufgrund der Regeln von IFRS 8.13 nicht berichtspflichtigen Segmente verstärkt diese Verzerrung. Einerseits kann entgegen der oben formulierten Hürde ein freiwilliger Ausweis des Segments erfolgen (IFRS 8.13 Abs. 2).[302] Darüber hinaus erlaubt IFRS 8.14 die gemeinsame (zusammengefasste) Veröffentlichung nicht berichtspflichtiger Teilbereiche. Bedingung dafür ist, dass diese Segmente vergleichbare wirtschaftliche Eigenschaften besitzen und bezüglich der Mehrzahl der in IFRS 8.12 beschriebenen wirtschaftlichen Kriterien übereinstimmen. Abgesehen von diesen zwei Bestimmungen zum freiwilligen Ausweis existieren weitere Paragraphen, die eine Ausweispflicht nach sich ziehen. Dies ist einerseits IFRS 8.17, der ein Ausweisgebot für Segmente vorsieht, welche die Wesentlichkeitsgrenze voraussichtlich nur in der aktuellen Berichtsperiode unterschreiten und von fortwährender Bedeutung für das Unternehmen sind. Darüber hinaus fordert IFRS 8.15 die Veröffentlichung eines nicht berichtspflichtigen Segments für den Fall, dass alle bisher extern anzugebenden Segmente nicht mindestens 75 % der mit Dritten erzielten Erträge abdecken. Als Leitplanke für eine zu intensive Segmentpublizität fungiert wiederum IFRS 8.19 mit der Empfehlung, höchstens zehn Segmente auszuweisen

Das in Abbildung 22 zusammengefasste Regelwerk zur Erfolgsspaltung nach IFRS 8 macht deutlich, dass die Abgrenzung der extern auszuweisenden Berichtsgegenstände für mittelständische Unternehmen einen komplexen und teilweise redundanten Prozess darstellt. Die zu Beginn durchgeführte Aufteilung nach leistungsbezogenen Merkmalen wird von den anschließenden Prozessschritten mit willkürlichen Abgrenzungselementen überlagert. Diese uneinheitliche Methodik gewährleistet keine Identifikation von nach Chancen und Risiken diversifizierten Segmenten.

---

302 Geografische Regionen werden einzeln ausgewiesen, sektorale Segmente können zusammengefasst gezeigt werden.

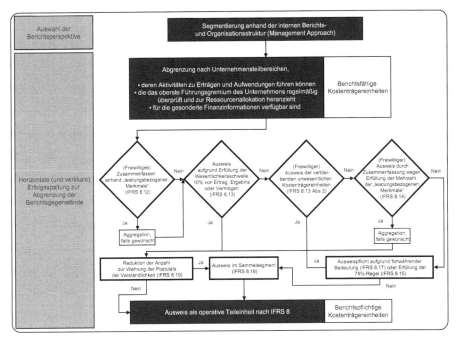

Abbildung 22: Leitfaden zur Erfolgsspaltung nach IFRS 8[303]

5.1.3. Erfordernis zur Konkretisierung des Regelwerks für die Durchführung einer anforderungsgerechten Erfolgsspaltung

Die Aufstellung eines Kriterienkatalogs zur Umsetzung einer anforderungsgerechten Erfolgsspaltung auf Basis von IFRS 8 ist nicht praktikabel. Dies ist in erster Linie mit den geringen Anforderungen zur Segmentierung der Berichtsperspektive zu begründen, die gerade bei den typisierten Mittelständlern Probleme verursachen können. Die Ausweitung der Gestaltungsmöglichkeiten im Zuge des Übergangs von einer marktorientierten Berichtsperspektive nach Regionen und Geschäftsbereichen gemäß IAS 14 (rev. 1997) auf die Segmentierung im Sinne einer selbstständig definierten internen Organisations- und Berichtsstruktur (IFRS 8) birgt das Risiko, eine nicht dem Anspruch der Kapitalgeber genügende und zweckmäßige Berichtsperspektive abzuliefern. Aufgrund der auftretenden Verzerrungen bei der anschließenden Segmentabgrenzung muss obendrein bezweifelt werden, dass die durch den Standard identifizierten Berichtsgegenstände auch stets den Blickwinkel des Eigenkapitalgebers und Fremdkapitalgebers erfüllen. Die Richtlinien zur Erfolgsspaltung dienen zwar

---

303 Eine in Anlehnung an IASB (2008), IFRS 8.IG.07, veränderte Darstellung.

prinzipiell der Präzisierung extern relevanter Berichtsobjekte. Die Vermischung der Abgrenzungsmethoden sichert jedoch keine verlässliche Aufteilung der operativen Teileinheiten nach in sich homogenen Chancen- und Risikoprofilen.

Sämtliche für die mittelständischen Unternehmen entwickelten Kritikpunkte lassen sich in die seit Jahren im Schrifttum geäußerten Bedenken zur Segmentierung nach dem Management Approach einordnen. Seitdem die Segmentberichterstattung auf Basis des Management Approach im Jahr 1997 Zugang in die US-GAAP gefunden hat, lehnen US-amerikanische und deutsche Literaturvertreter die uneingeschränkte Orientierung an der internen Berichts- und Organisationsstruktur ab.[304] *Coenenberg (2005)* unterstreicht die gezeigten Überlegungen: „wenn intern nur eine unzureichende Berichterstattung vorhanden ist, wirkt sich dies unmittelbar auf die externe Segmentberichterstattung aus."[305]

Zusammengefasst zeigt die Untersuchung folgende Ergebnisse: Erstens befindet sich der betrachtete Unternehmenskreis aufgrund seiner funktionalen internen Organisations- und Berichtsstruktur für die Durchführung einer anforderungsgerechten Erfolgsspaltung nach IFRS 8 in einer schlechten Ausgangssituation. Diese Gegebenheit liegt darin begründet, dass der Mittelständler bei der beabsichtigten erstmaligen Segmentierung und Abgrenzung der operativen Geschäftseinheiten – im Vergleich zu den kapitalmarktorientierten Gesellschaften – nicht auf eine bereits vorhandene interne divisonale Berichtsstruktur zurückgreifen kann.

Zweitens leisten die substanzlosen Segmentierungs- und Abgrenzungskriterien des Standards IFRS 8 keine Hilfestellung, der Anforderung der Kapitalgeber, extern entscheidungsrelevante Teileinheiten zu identifizieren, zweckgerecht nachzukommen. Deshalb kann das auszuarbeitende Konzept zur Erfolgsspaltung des externen Berichtssystems nicht ausschließlich auf Definitionskriterien von IFRS 8 aufbauen. Im Hinblick auf eine mögliche Einreihung der IFRS 8-Gestaltungskriterien in das partielle Integrationskonzept gilt es dennoch hervorzuheben, dass der Standard trotz der geäußerten Kritik zumindest Indikationen für eine Operationalisierung der Erfolgsspaltung liefert. So macht bspw. die Festlegung von Signifikanzschwellen deutlich, dass entscheidungsrelevante Berichtsgegenstände nicht sämtliche Einzelprodukte darstellen, sondern unter Umständen Produktgruppen sind, die anhand bestimmter Kriterien untereinander nach Chancen und Risiken abgegrenzt werden müssen. Diese

---

304 Vgl. bspw. Martin (1997), S. 30; Reason (2001), S. 75; Pejic (1998), S. 90; Haller/Park (1999), S. 63. Hacker (2002), S. 194-196, beschreibt, dass die ursprüngliche Empfehlung des Jenkins Committee zur Segmentierung und Segmentabgrenzung anhand der Struktur der internen Berichterstattung an zwei Bedingungen geknüpft war. Erstens formulierte der Ausschuss durch die Anmerkung „to the extent possible" eindeutig keine bedingungslose Ausrichtung an der internen Berichts- und Organisationsstruktur. Und zweitens basierte die Forderung des Committee auf der Annahme, dass die Unternehmen intern in nach Chancen und Risiken abgegrenzte Tätigkeitsbereiche strukturiert sind. Der Management Approach sollte sich auf diese Tatsache stützen. Einen sinngemäßen Erklärungsansatz liefert Peskes (2004), S. 393-394.
305 Coenenberg (2005), S. 812. Sinngemäß Geiger (2001), S. 112; Reason (2001), S. 75.

Signifikanz- und Wesentlichkeitsschwellen (IFRS 8.13-19) sind grundsätzlich zwar hilfreich, aber eben willkürlich und deshalb nicht für die Zielsetzung der Arbeit verwendbar.

Die Intention der Implementierung einer divisionalen Segmentebene unterhalb der Ebene der Unternehmensleitung des typisierten Unternehmenskreises bildet den Ausgangspunkt für die weiteren Ausführungen dieser Arbeit. Gleichzeitig wird die vorhandene Flexibilität des Management Approach genutzt, um ergänzend weitere Leitlinien zur Abgrenzung anforderungsgerechter operativer Teileinheiten zu definieren. Dazu soll in den folgenden Abschnitten das Konzept der Cash-Generating-Units herangezogen werden.

5.2. Integration von Cash-Generating-Units als Berichtsgegenstände

5.2.1. Ableitung und Auslegung der notwendigen Regularien zur Identifikation von Cash-Generating-Units

Für die Handhabung von Wertbeeinträchtigungen formuliert der IASB zur Durchführung von Niederstwerttests (Impairment-Tests) und außerplanmäßigen Abschreibungen mit dem Standard IAS 36 (rev. 2004) „Impairment of Assets" detaillierte Vorschriften für eine einheitliche Vorgehensweise bei der Abgrenzung von Vermögenswerten.[306] Konform mit dem Einzelbewertungsgrundsatz[307] der IFRS ist jeder einzelne Vermögensgegenstand zum Bilanzstichtag der Werthaltigkeit zu unterziehen.[308] Im Rahmen der Identifikation eines im Wert beeinträchtigten Gegenstandes definiert der Standardsetter die Anforderung, dass als Bewertungsbasis die kleinste Gruppe von Vermögenswerten heranzuziehen ist, die weitgehend unabhängig Cash-Inflows (Einzahlungsströme) generieren kann.[309] Die Durchführung des Impairment-Tests ist jedoch nur dann möglich, wenn die Einzahlungsströme des Vermögensgegenstands von den Cash-Inflows anderer Vermögenseinheiten isoliert werden können. Ist dies nicht der Fall, sind die in einem betrieblichen Nutzungs- und Funktionszusammenhang stehenden Vermögenswerte in einer kleinsten identifizierbaren Gruppe von Vermögensgegenständen zu einer zahlungsmittelgenerierenden Einheit zusammenzuführen. Im Anschluss

---

306 Der im Rahmen des IASB-Projekts Business Combination (Phase I) überarbeitete Standard IAS 36 (rev. 2004) ist verpflichtend seit dem 1.4.2004 anzuwenden. Vgl. IASB (2008), IAS 36.IN.01. Die Grundstruktur des Werthaltigkeitstests nach IAS 36 wurde unverändert in IAS 36 (rev. 2004) übernommen.
307 IASB (2008), IAS 36.66 (rev. 2004). Der Einzelbewertungsgrundsatz nach IFRS gehört zu den Prinzipien, die nicht im Rahmenkonzept, sondern in den einzelnen Standards genannt werden. Vgl. dazu allgemein Wagenhofer (2003), S. 129, sowie bspw. den Standard IASB (2008), IAS 2.23.
308 Grundsätzlich unterscheidet der Standardsetter zwischen indikatorgesteuerten und jährlich stattfindenden Werthaltigkeitstests. Eine wesentliche Veränderung in der Überarbeitung des IAS 36 (rev. 2004) ist, dass im Falle von zugeordneten Geschäfts- oder Firmenwerten (Goodwill) nach Ablauf eines Jahres zwingend ein Werthaltigkeitstest für den Vermögensgegenstand durchzuführen ist. Vgl. IAS 36.10 (b) (rev. 2004).
309 IASB (2008), IAS 36.06, 68 (rev. 2004).

115

ist deren gemeinsamer Nutzungswert zu ermitteln.[310] Der Begriff zahlungsmittelgenerierende Einheit wird vom Standardsetter als Cash-Generating-Unit (CGU) bezeichnet und wie folgt konkretisiert: „A cash generating unit is the smallest identifiable group of assets that generates cash inflows that are largely independent of the cash inflows from other assets or groups of assets."[311]

Aus dem Blickwinkel der Erfolgsspaltung stellen die Bewertungseinheiten einen abgrenzbaren operativen Leistungserstellungs- bzw. Produktionsverbund[312] im Sinne einer operativen Teileinheit dar. Zu deren Identifikation formuliert der Standardsetter folgende methodische Leitlinie: Für die Ermittlung von CGUs müssen die in einem Funktionszusammenhang stehenden Vermögenswerte so lange gruppiert werden, bis die beiden Kriterien der Abgrenzbarkeit und weitestgehenden Unabhängigkeit der Einzahlungsströme auf einer kleinstmöglichen Aggregationsebene kumulativ erfüllt sind.[313] Diese Identifikationsmerkmale eröffnen Raum für Gestaltungsmöglichkeiten. Zur Ableitung eines Kriterienkatalogs für die Bestimmung operativer Teileinheiten werden deshalb die beiden abstrakten Formulierungen Abgrenzbarkeit und weitestgehende Unabhängigkeit der Einzahlungsströme in den folgenden Absätzen systematisiert und interpretiert:

- Erwirtschaftung abgrenzbarer Einzahlungsströme
  Beschreibendes Merkmal einer CGU ist die Fähigkeit des Vermögenswertes (oder der Gruppe von Vermögenswerten), von anderen Vermögenseinheiten abgrenzbare Einzahlungsströme aus dem Wertschöpfungsprozess zu generieren. Die Definition von CGUs in einem Unternehmen ist nicht durch rechtliche Strukturen beschränkt und orientiert sich somit an der Identifikation von Einzahlungen aus der fortlaufenden Nutzung abgrenzbarer Produktions- und Dienstleistungseinheiten.[314]
  Ein Produktionsverbund liegt vor, wenn materielle und immaterielle Inputfaktoren mittels eines Transformationsprozesses in Endprodukte und Dienstleistungen transformiert

---

310 Bei der Durchführung des Niederstwerttests wird überprüft, ob der bei Verkauf erzielbare Ertrag (Recoverable Amount) der zahlungsmittelgenerierenden Einheit den Buchwert des Vermögensgegenstands übersteigt. In diesem Falle muss eine außerplanmäßige Zuschreibung vorgenommen werden. Ein Recoverable Amount unterhalb des Buchwerts löst hingegen eine Abschreibung aus. Der erzielbare Ertrag lässt sich aus dem jeweils höheren Wert eines potenziellen (Netto-)Veräußerungserlöses (Fair Value Less Costs to Sell) und einem über das Kapitalwertverfahren ermittelten Ertragswert (Value in Use) berechnen. Für eine detaillierte Erläuterung vgl. bspw. Beyhs (2002), S. 87-97.
311 IASB (2008), IAS 36.06 (rev. 2004). Anhand der verwendeten Nomenklatur Cash-Inflows wird ersichtlich, dass der Standard IAS 36 (rev. 2004) Auszüge aus den aktuellen Finanzplanrechnungen verlangt, um den Nutzungswert einer CGU über den Barwert der vom Management erwarteten Zahlungsmittelüberschüsse zu ermitteln. Die Abstellung auf Zahlungsmittel wird später durch das Zielkonzept dieser Arbeit aufgeweicht. Für die Anforderungen an die Finanzplanrechnungen vgl. IASB (2008) IAS 36.33-57 (rev. 2004).
312 Vgl. Beyhs (2002), S. 100; Wirth (2005), S. 12.
313 IASB (2008), IAS 36.68 (rev. 2004).
314 „Insofern können sowohl einzelne, als Produktionsverbund abgrenzbare Teile einer rechtlichen Einheit, als auch Zusammenfassungen mehrerer rechtlicher Einheiten CGUs darstellen." Beys (2002), S. 101.

werden.[315] Darunter kann bspw. die Herstellung von Absatzgütern auf einer Produktionsmaschine verstanden werden. Aufbauend auf diesem Grundgedanken gehören neben den Kerngegenständen der Produktion auch Vermögensgegenstände mit unterstützendem Charakter zu den Bestandteilen einer CGU. Dazu werden die der Produktion vor- und nachgelagerten Prozessschritte Beschaffung und Absatz sowie die übergeordnete Funktion Verwaltung gezählt.[316] Insgesamt, resümiert *Beyhs (2002)*, sind sämtliche Vermögensgegenstände als Bestandteil einer CGU klassifizierbar, „die sich der operativen Unternehmenstätigkeit ... [und] ... Betriebsfähigkeit"[317] zuordnen lassen (Abbildung 23). Aufgrund dieses ganzheitlichen Abbildungsrahmens hat der Begriff der CGU auch Einzug in die Literatur zur bereichsbezogenen Unternehmensbewertung gehalten.[318] Eine Unterteilung der Unternehmung in CGUs anhand der „leistungswirtschaftlichen Risikoaspekt[e]"[319] könnte zur Erfüllung des Grundsatzes zur anforderungsgerechten Abgrenzung der operativen Teileinheiten beitragen. Für die Aufteilung des Unternehmens bedienen sich *Haaker/Paarz (2005)* des Wertadditivitätstheorems, wonach man einen unsicheren Zahlungsstrom unbeschränkt teilen kann, ohne gleichzeitig den Gesamtbetrag zu verändern.[320] Unter Berücksichtigung dieser Prämisse wird der Unternehmensgesamtwert ($V_{Konzern}$) aus den Teilbewertungen der einzelnen CGUs ermittelt ($V_{CGU1}+V_{CGU2}+...+V_{CGUN}=V_{Konzern}$).

---

315 Vgl. Dinkelbach/Rosenberg (2004), S. 16-18.
316 Vgl. Wirth (2005), S. 13-14. Auch Schneider (1963), S. 471-472, bestätigt, dass für die Zurechnung weitgehend unabhängiger Cashflows zumeist die Abgrenzung eines gesamten Leistungsbereichs erforderlich ist.
317 Beyhs (2002), S. 101.
318 Vgl. Dirrigl (2003), S. 164-165.
319 Haaker/Paarz (2005), S. 196. Auffallend ist die Ähnlichkeit der Bezeichnung mit den leistungsbezogenen Merkmalen zur Abgrenzung homogener Chancen- und Risikoprofile in Abschnitt 5.1.2. Diese Analogie ist der Anwendung des Ansatzes jedoch zuträglich.
320 Zur Wertadditivität vgl. mit weiteren Nachweisen Lorson (2004), S. 176.

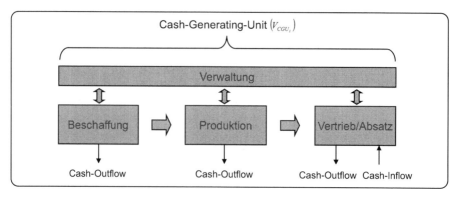

Abbildung 23: Cash-Generating-Unit als Leistungserstellungs- und Produktionsverbund[321]

- Unabhängigkeit der Einzahlungsströme
  Die Fähigkeit, abgrenzbare Einzahlungsströme zu generieren, stellt eine notwendige, aber nicht hinreichende Bedingung zur Klassifikation einer CGU dar. Der Produktionsverbund bildet erst dann eine CGU, wenn die erwirtschafteten Zahlungsströme weitgehend unabhängig von denen anderer Einheiten des bilanzierenden Unternehmens sind.[322] Gemäß der Intention des Standardsetters ist die weitgehende Unabhängigkeit der Zahlungsströme eines Produktionsverbunds von den Einzahlungen anderer Unternehmensbereiche dann nicht gegeben, wenn zwischen den jeweiligen Vermögensteileinheiten Interdependenzen existieren, die einer „substanziellen, isolierten Dispositionsfreiheit"[323] entgegenstehen. Einen Vorschlag zur Operationalisierung der Dispositionsfreiheit liefern *Telkamp/Bruns (2000)*. Die Autoren empfehlen zur Prüfung der Interdependenzen zwischen zwei CGUs den Abstimmungsgrad der Planungs- und Steuerungsrechnung als Bezugsgröße heranzuziehen.[324] Agieren bspw. zwei horizontal gegliederte Produktionseinheiten stark vernetzt, so dass eine autonome Planung für die jeweilige betriebliche Teileinheit nicht möglich ist, liegt keine Unabhängigkeit der Einzahlungsströme vor. Dementsprechend werden beide Produktionseinheiten in einer CGU zusammengefasst. Das könnte der Fall sein, wenn eine Gesamtproduktionsmenge auf mehrere Produktionsstätten aufgeteilt wird und die simultane Steuerung der Werke aus der Zentrale heraus erfolgt. Die Umsatzerlöse des Produktionsverbunds unterliegen dann wechselseitigen Abhängigkeiten, die eine Zu-

---

321 Eine veränderte Darstellung in Anlehnung an Haaker (2007), S. 85.
322 Vgl. IASB (2008), IAS 36.68, 69 (rev. 2004). Nach den Ausführungen von IAS 36.69 (rev. 2004) sind zur Determination von weitestgehend unabhängigen Einzahlungsströmen Organisationsmerkmale des Unternehmens relevant, bspw. die operative Verantwortung für Produktlinien und Geschäftsfelder bzw. das Aggregationsniveau, auf dem Entscheidungen über die Fortführung der Geschäfte getroffen werden.
323 Beyhs (2002), S. 103. Ebenfalls Telkamp/Bruns (2000), S. 26.
324 Telkamp/Bruns (2000), S. 26. Sinngemäß Wirth (2005), S. 15.

sammenfassung der Produktionsstandorte in eine gemeinsame CGU erfordern.[325] Produzieren die Standorte jedoch unabhängig voneinander, bspw. unterschiedliche Produkte, kann ein niedriger Abstimmungsgrad der Planung und Steuerung unterstellt werden. Aufgrund der Dispositionsfreiheit sind beide Vermögensteileinheiten als separate CGUs auszuweisen.[326]

Analog den Leitlinien zur Segmentberichterstattung, operative Teileinheiten auf Basis existierender interner Berichtsstrukturen zu implementieren, erfordert auch die Methodik zur Identifikation der CGUs eine enge Abstimmung mit bestehenden Strukturen des internen Berichtswesens. Schließlich wird mit der Möglichkeit, Cash-Inflows zu generieren, neben der Existenz einer Finanzplanrechnung auch das Bestehen eines Absatzmarktes[327] für eine zahlungsmittelgenerierende Einheit vorausgesetzt – wobei die vorliegende Arbeit eine Planung und Steuerung des Absatzes mithilfe interner Erfolgsrechnungssysteme unterstellt. Zudem empfiehlt der Standardsetter, die von dem Management gesteuerten Berichtsgegenstände, wie etwa Produktlinien oder Geschäftsfelder, als CGU einzuordnen.[328] Im Gegensatz zum Management Approach nach IFRS 8 existiert jedoch für die Identifikation und Abgrenzung von CGUs ein enger Kriterienkatalog, welcher unter Zuhilfenahme von Sekundärliteratur noch weiter präzisiert werden kann. An erster Stelle ist die Einschränkung der Berichtsperspektive zu erwähnen. IAS 36 (rev. 2004) fokussiert eine sektorale Diversifizierung der Unternehmung. Alternative Unterscheidungskriterien sind zwar zulässig, jedoch behandeln auch die vom IASB aufgezeigten Beispiele in erster Linie sektorale und regionale Kriterien.[329] Diese in Grundzügen an IAS 14.09 (rev. 1997) angelehnte marktbezogene Begrenzung der Berichtsperspektive kommt den Diversifikationstendenzen der typisierten mittelständischen Unternehmen entgegen.[330]

---

325 Vgl. dazu das Beispiel aus IASB (2008), IAS 36.IE.13 (rev. 2004) sowie Baum/Coenenberg/Günther (2007), S. 38-39.
326 Telkamp/Bruns (2000), S. 26, sehen die Aufteilung einer Produktionsmenge auf zwei Werke dann als zulässiges Kriterium zugunsten eigenständiger CGUs an, wenn die Verteilung der Produktionsmenge nach eindeutigen wirtschaftlichen Kriterien erfolgt (bspw. auf Basis von Produktionsstückkosten der Werke). In diesem Zusammenhang warnt Beyhs (2002), S. 105, davor, den Grundsatz der Unabhängigkeit von Zahlungsströmen zu streng auszulegen. Nicht jede Art von Wechselwirkung mit anderen Unternehmensbereichen schließt die Identifikation eines Produktionsverbunds als eigenständige CGU kategorisch aus. Der Standardsetter verlangt lediglich eine weitgehende Unabhängigkeit, die ein gewisses Maß an Interdependenzen mit anderen Teileinheiten durchaus zulässt.
327 Dieser muss jedoch bei Zwischenprodukten nicht zwingend in Anspruch genommen werden. Vgl. IASB (2008), IAS 36.70-71 sowie den folgenden Abschnitt 5.2.2.
328 IASB (2008), IAS 36.69. Darüber hinaus nimmt das IASB an weiteren Stellen Bezug auf das interne Berichtswesen. Vgl. bspw. die Abgrenzung zwischen CGUs und Segmenten in IAS 36.80 (b), das Heranziehen des internen Berichtswesens zur Ermittlung von Anhaltspunkten für das Vorliegen einer Wertminderung in IAS 36.111 (e) oder die im Standard explizit angeführte Absicht des Boards, eine Verbindung zwischen CGUs und internem Reporting herzustellen, in IAS 36.BC.140.
329 IASB (2008), IAS 36.IE.A-D (rev. 2004).
330 Zur Erläuterung der marktbezogenen Kriterien von IAS 14.09 (rev. 1997) vgl. Abschnitt 5.1.1. dieser Arbeit.

Gleichzeitig stellt der Standard klare Vorschriften für die Abgrenzung operativer Teileinheiten auf. Das Fundament dazu bildet die Forderung zum Ausweis der (abgrenzbaren und unabhängigen) Einzahlungsströme auf der kleinstmöglichen Aggregationsebene der Vermögensgegenstände. Übertragen auf die in dieser Arbeit behandelte integrierte Ergebnisrechnung ist festzustellen, dass CGUs auf dem kleinstmöglichen Aggregationslevel der Kostenträger auftreten können, da hier zwischen den Einheiten abgrenzbare (direkt zurechenbare) Einzahlungsströme auszumachen sind. Im Rückschluss stellt diese Forderung scheinbar erst einmal keine Verbesserung zur Identifikation operativer Segmente nach IFRS 8.05 dar. Für den weiteren Verlauf der Erfolgsspaltung gilt es jedoch zwischen den Termini beider Standards zu unterscheiden. Während IFRS 8 lediglich auf die Existenz[331] von Zahlungsströmen in operativen Teileinheiten abzielt, geht der Standard IAS 36 (rev. 2004) mit dem hinreichenden Kriterium der Unabhängigkeit[332] der Einzahlungsströme einen Schritt weiter.[333] Die Vermögenswerte sind genau dann als CGU klassifizierbar, wenn eine substanzielle Dispositionsfreiheit gewährleistet ist. Dieses Isolationskriterium dient der Internalisierung von Einzelrisiken in Form von CGUs und fördert die Risikodiversifikation des Berichtssystems der Unternehmung.

Auf die Zielsetzung dieser Arbeit übertragen bedeutet das Unabhängigkeitskriterium, dass die Kostenträger eine eigenständige berichtspflichtige CGU bilden, wenn ihre Planung und Steuerung weitestgehend isoliert von anderen Kostenträgern erfolgt. Sollte die Untersuchung zur horizontalen Erfolgsspaltung keine Dispositionsfreiheit zweier Kostenträger anzeigen, sind beide gemeinsam als CGU zu behandeln. Die Zusammenfassung der Kostenträger determiniert die vertikale Berichtsebene. Im Gegensatz zu IFRS 8 existieren bei IAS 36 (rev. 2004) keine (im Prozessverlauf nachgelagerten) willkürlichen Bestimmungen, die mittels Wesentlichkeitsschwellen oder sonstigen (Nicht-)Ausweisregeln diese stringente Vorgehensweise der Erfolgsspaltung aushebeln.

5.2.2. Entwicklung der Berichtsstruktur durch Ausgestaltung der Berichtsgegenstände nach IAS 36 (rev. 2004)

In diesem Abschnitt wird nun ein konzeptioneller Vorschlag präsentiert, wie eine anforderungsgerechte Berichtsstruktur für operative Teileinheiten anhand des Abstimmungsgrads der Planung und Steuerung entwickelt werden kann. Der Konzeptentwicklung ist vorwegzuschicken, dass der Entwurf für einen Rechnungslegungsstandard für KMU ebenfalls im

---

331 „... for which discrete financial information is available." IASB (2008), IFRS 8.05.
332 „... that are largely independent [...] from other assets or groups of assets." IASB (2008), IAS 36.68 (rev. 2004).
333 Diese Abgrenzung ist ebenfalls enger als die Definition der US-GAAP-„Reporting Units", die bei Niederstwerttests eine vergleichbare Funktion wie die CGUs in IAS 36 (rev. 2004) einnehmen. Vgl. FASB (2008b), SFAS 142 „Goodwill and Other Intangible Assets", Paragraph 30.

Jahresturnus die Überprüfung nicht-finanzieller Vermögensgegenstände auf ihre Werthaltigkeit einfordert.[334] Anders als in IAS 36 (rev. 2004) stellt der IFRS-SME jedoch nicht auf CGUs ab, was die KMU prinzipiell von einer Abgrenzung der Leistungserstellungs- und Produktionsverbunde befreit. Allerdings fordert der Standard nach Paragraph IFRS-SME 26.09 für den Fall, dass eine Einzelbewertung eines Vermögensgegenstands unmöglich ist, den Wert für die „kleinste identifizierbare Gruppe von Vermögenswerten" zu schätzen.[335] Mangels Alternativen ist es deshalb plausibel anzunehmen, dass mittelständische Unternehmen sich mit dem Standard IAS 36 (rev. 2004) auseinandersetzen (müssen). Unter Beachtung der Prämisse limitierter kaufmännischer Ressourcen, die eine einfache Zugänglichkeit und kostengünstige Anwendbarkeit des Kriterienkatalogs erfordern, baut der im Folgenden dargelegte Ansatz deshalb auf den vorgestellten Paragraphen des IAS 36 (rev. 2004) auf. Anhand weiterer konzeptioneller Überlegungen wird eine mögliche zweckgerechte Auslegung für den typisierten Unternehmenskreis präsentiert. Dazu werden zunächst die Basisrechnungsgrößen definiert und im Anschluss die Abbildungsmöglichkeiten von nach Produkten zergliederbaren Geschäftsaktivitäten systematisiert. Auf Basis dieser Prämissen erfolgt die Entwicklung der Berichtsstruktur durch Abprüfung des Abgrenzungs- und Unabhängigkeitskriteriums.

Aufsatzpunkt für die Entwicklung der Berichtsstruktur ist die im vorigen Abschnitt vorgestellte CGU. Die Benennung Cash-Generating-Unit resultiert aus dem Zahlungscharakter der die Vermögensgegenstände klassifizierenden weitestgehend unabhängigen Einzahlungsströme. Kennzeichnung einer CGU ist dementsprechend die separate Erfassung pagatorischer Einzahlungen, die nicht zwingend erfolgswirksam sind. Der Standard hat die Absicht, für die Durchführung des Werthaltigkeitstests das vorhandene individuelle Nutzenpotenzial auf Basis eines Finanzplans der CGU zu ermitteln. Dazu berechnet man unter der Annahme einer fortgesetzten Geschäftstätigkeit den Kapitalwert der zu erwartenden Free-Cashflows. Die Aufstellung von Plan-Cashflow-Rechnungen (zur direkten Kapitalwertermittlung) für operative Teileinheiten wurde jedoch, unter Bezugnahme auf den rudimentären Nutzungsgrad der Rechnungsteilsysteme und die Leitplanke limitierter kaufmännischer Ressourcen des typisierten Unternehmenskreises, in Abschnitt 4.2.1. ausgeschlossen. Alternativ kann der Unternehmenskreis zur indirekten Kapitalwertermittlung auf ein Multiplikatorverfahren, bspw. mittels Vervielfachung der Umsatzerlöse oder des Periodenergebnisses, zurückgreifen. Die

---

334 Vgl. IASB (2007), IFRS-SME 26. Als Erleichterung für KMU schreibt der Standard, in IFRS-SME 26.21, für zugeordnete Geschäfts- oder Firmenwerte nur einen indikatorgesteuerten Werthaltigkeitstest vor.
335 IASB (2007), IFRS-SME 26.09. Als Reaktion auf einzelne Kommentierungen zum IFRS-SME, zugunsten einer konsistenten Begriffsverwendung den Ausdruck Cash-Generating-Unit in den IFRS-SME 26 aufzunehmen, betont die Projektgruppe im Vorfeld der Board-Sitzung vom 23.7.2008, dass sich der Paragraph 26 inhaltlich grundsätzlich an dem Standard IAS 36 (rev. 2004) anlehnt und deshalb immanent auf zahlungsmittelgenerierende Einheiten abzielt: „Staff believes that ED paragraph 26.9 is a cash-generating-unit approach without using that term." Projektgruppe „Standards for SMEs" (2008), http://www.iasb.org/Home.htm.

Notwendigkeit zum Ausweis periodischer Erfolgsgrößen für die Wertbestimmung der Kostenträgereinheiten erfordert für den weiteren Verlauf, von Basisgrößen der Finanzzielrechnung in Begriffsbezeichnungen der Erfolgszielrechnung zu wechseln. Wegen der Absicht die Bestimmungskriterien von IAS 36 (rev. 2004) zu verwenden, soll der Begriff CGU beibehalten werden. Hingegen ersetzen im Folgenden die Termini Aufwand und Ertrag aus der pagatorischen Erfolgsrechnung bzw. Kosten und Erlöse der kalkulatorischen Erfolgsrechnung die Begriffe Auszahlungen und Einzahlungen.[336]

Für die Darstellung der verschiedenen Möglichkeiten zur Identifikation eines Leistungserstellungs- und Produktionsverbunds kann die CGU in das Leistungssystem und das Rechnungssystem unterteilt werden. Analog den Ausführungen im vorherigen Abschnitt ist die Erfassbarkeit weitestgehend unabhängiger Ertrags- bzw. Erlösströme Voraussetzung zur Kennzeichnung einer CGU. Bedingung für die Abbildung isolierter Ertragströme im Rechnungssystem ist jedoch der Nachweis einer substanziellen und isolierten Dispositionsfreiheit der Vermögensgegenstände, die wiederum durch das Leistungssystem determiniert wird. Zur Veranschaulichung zeigt Abbildung 24 den Prototyp einer durch pagatorische Erfolgsgrößen definierten CGU. Ebenfalls wird in der Grafik zwischen dem Leistungs- und dem Rechnungssystem unterschieden.

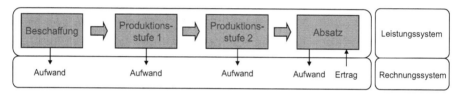

Abbildung 24: Prototyp einer funktional gegliederten CGU mit periodischen Erfolgsgrößen

In der Abbildung wird der Bezug zur funktionalen Organisationsstruktur mittelständischer Unternehmen deutlich. Aus einer prozessorientierten Sichtweise ist erkennbar, dass die kleinste Darstellungsform einer CGU durch ein einziges Produkt bestimmt werden kann. Jedes Produkt als Kostenträgereinheit wird auf einer das Unternehmen vertikal durchdringenden Produktionslinie hergestellt. Vereinfachend soll diese Produktionslinie in die Prozessschritte Beschaffung, Produktion (inkl. Zwischenprodukt auf Produktionsstufe 1) und Absatz unterteilt werden. Um den Abstimmungsgrad der Planung und Steuerung festzuset-

---

336 Zur Abgrenzung der Erfolgszielrechnungen von den Finanzzielrechnungen vgl. Abschnitt 3.1.

zen, sind die etwaigen Interdependenzen der jeweiligen Prozessstufen zwischen den unterschiedlichen Kostenträgereinheiten (also zwischen den Produkten) zu analysieren.[337]

Die auf das Wesentlichkeitsprinzip zurückgehende Anforderung, Berichtsgegenstände auszuweisen, welche der Erreichung der Rechnungszwecke und -ziele der Adressaten am besten dienen, fordert von der Unternehmensleitung zu entscheiden, ob einzelne Produkte/Kostenträger zur Erhöhung der Entscheidungsrelevanz zusammengefasst werden müssen. Die beabsichtigte hierarchische Strukturierung der Kostenträgereinheiten erzwingt zuerst die Ausarbeitung eines Gruppierungsrahmens mit qualitativen Schwellenwerten zur Abgrenzung der unterschiedlichen Abbildungsebenen. Danach können alle hergestellten Produkte anhand zweckgerechter Kriterien zur Überprüfung abgrenzbarer und unabhängiger Ertragströme in die verschiedenen hierarchischen Darstellungsebenen zur externen Publikation eingeordnet werden.

In der vorliegenden Arbeit soll unter dem Produktbegriff der gesamte Nutzen, den ein Unternehmen einem Konsumenten anbietet, verstanden werden. Gemäß dieser generischen Definition kann unter der Produktbezeichnung die vollständige Subsumierung materieller und immaterieller Güter und Dienstleistungen erfolgen.[338] Darüber hinaus wird analog Abschnitt 2.3.1. angenommen, dass die Betriebe über ein Produktportfolio verfügen und somit Mehrproduktunternehmen darstellen. Für den betrachteten Unternehmenskreis bedeutet die Produktdiversifikation eine Ausdehnung der Geschäftsaktivitäten auf ähnliche Märkte bzw. auf Produktionsverfahren mit starken Gemeinsamkeiten. Diese Gegebenheit unterstellt, dass der Eigentümer mangels Fachexpertise und zur Wahrung der operativen Einflussmöglichkeiten eine Expansion in vollkommen neue Märkte unterlässt. Im Folgenden bezeichnet das Konzept diesen Sachverhalt als sogenannte verwandte Diversifikation.[339]

---

337 Das Konzept stellt einen Produktions- und Produktbezug her und dient somit einer sektoral diversifizierten Berichtsperspektive. Der Ansatz lässt jedoch auch geografische Kriterien bei der Unterteilung der unternehmerischen Vermögensgegenstände zu. Im Falle einer Erfolgsspaltung nach Regionen darf jedoch der produktbezogene Aspekt nicht zu stark in den Hintergrund treten. Die Intention des Standards ist die Ermittlung funktional zusammenwirkender Vermögensgegenstände, die gemeinsam weitestgehend unabhängige Ertragströme (in IAS 36 (rev. 2004): Einzahlungsströme) generieren. Dieser Sachverhalt ermöglicht eine prinzipielle Aufteilung des Unternehmens nach Regionen. Die CGUs innerhalb einer Region können dennoch durch eine funktionale Prozesssicht der Produktionslinien analog Abbildung 24 beschrieben werden. Entscheidender Unterschied in der Darstellungsform ist hierbei lediglich, dass anstelle der Einzelprodukte Regionen als Kostenträger die weitestgehend unabhängigen Ertragströme der Produktionslinien verursachen. Im weiteren Verlauf der Arbeit wird die sektorale Sichtweise beibehalten. Der zu entwickelnde Kriterienkatalog kann jedoch gleichfalls für Regionen in Anspruch genommen werden. Vgl. zur regionalen CGU-Abgrenzung Haaker/Paarz (2005), S. 198.
338 Vgl. statt vieler Meffert (2000), S. 333-335.
339 Zur verwandten und unverwandten Diversifizierung vgl. mit weiteren Nachweisen Bernards (1994), S. 23-24, der diese Begriffsform im Rahmen der Segmentanalyse verwendet.

Die weitere Strukturierung des globalen Produktbegriffs wird anhand eines Stufenkonzeptes durchgeführt, welches mit Begriffsdefinitionen aus der Marketingdisziplin arbeitet (Abbildung 25).[340]

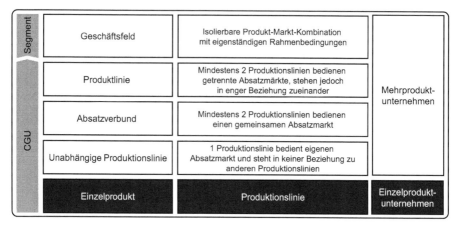

Abbildung 25: Stufenkonzept als Gruppierungsrahmen für die Abbildungsmöglichkeiten zusammengefasster Kostenträgereinheiten

Ausgehend von der Grundgesamtheit aller hergestellten Produkte des typisierten Mehrproduktunternehmens können Absatzverbundwirkungen auftreten, wenn mindestens zwei Güter auf dem gleichen Markt verkauft werden. Sind voneinander getrennte Absatzmärkte angesprochen, steht eine Gruppe von Produkten unter Umständen trotzdem in einer engen Beziehung zueinander. Dies kann der Fall sein, wenn die Produkte eine ähnliche Funktion erfüllen, an die gleiche Zielgruppe verkauft werden, in eine bestimmte Preisklasse fallen oder in einem engen Produktionszusammenhang stehen.[341] Diese Konstellation beschreibt der Begriff Produktlinie.[342] Den Produktlinien hierarchisch übergeordnet stehen die Geschäftsfelder. Im Marketing wird unter einem Geschäftsfeld eine abgegrenzte, von anderen Geschäftsfeldern unabhängige Produkt-Markt-Kombination verstanden, die unter eigenständigen Rahmenbedingungen agiert. Gekennzeichnet ist ein Geschäftsfeld durch:

---

[340] Während viele Autoren die Entwicklung relevanter Geschäftseinheiten marktorientiert auffassen, versucht der gewählte Ansatz über die Bezugnahme an CGUs zusätzlich Kriterien auf der Produktionsseite zu entwickeln. Vgl. dazu bspw. die Diskussionen zur Ableitung strategischer Geschäftseinheiten von Abell (1980), S. 170-173; Eick (1982), S. 79-90; Baum/Coenenberg/Günther (2007), S. 36-40. Die Elemente des gewählten Stufenkonzepts orientieren sich an den in Grundzügen von Klingels (2005), S. 119-150, entwickelten Gestaltungsmöglichkeiten für CGUs auf Basis von Produkten.
[341] Vgl. Kotler/Bliemel (2001), S. 727; Meffert (2000), S. 335.
[342] Dabei ist der hier definierte Begriff Produktlinie von dem oben eingeführten Leistungserstellungsverbund Produktionslinie zu unterscheiden: Grundsätzlich kann eine Produktlinie aus mehreren Produktionslinien bestehen.

- eine unabhängige Marktaufgabe, die auf die Lösung abnehmerrelevanter Probleme ausgerichtet ist,
- ein vollwertiges Auftreten am Markt mit eindeutig identifizierbarer Konkurrenz,
- einen eindeutig formulierten und implementierten strategischen Handlungsplan und
- einen Beitrag zur Steigerung des Erfolges des Unternehmens.[343]

Die Definitionskriterien eines Geschäftsfelds bilden den Schwellenwert für die oberste Hierarchieebene disaggregierter Teileinheiten des typisierten Unternehmenskreises.[344] Aufgrund des starken Abstraktionsgrads der Abgrenzungskriterien werden Geschäftsfelder im Folgenden mit Segmenten nach IFRS 8 gleichgesetzt. Die flexiblen Identifikations- und Abgrenzungsleitlinien der Segmentberichterstattung erlauben die Subsumierung der als Geschäftsfelder zusammengefassten Kostenträgereinheiten. Zudem entspricht gerade diese Vorgehensweise, Segmente auf Basis vorhandener Berichtsgegenstände zu definieren, dem Verständnis des Management Approach.[345]

Im Anschluss an die Begriffsdefinitionen und Konzeption des Abbildungsrahmens für CGUs und Segmente sollen in den folgenden Absätzen die entscheidungsrelevanten Berichtsgegenstände ermittelt werden.

Die Methodik zur Identifikation einer CGU verlangt, dass der Leistungserstellungs- und Produktionsverbund abgrenzbare und unabhängige Ertragströme generieren kann. Aufgrund der im vorigen Abschnitt beschriebenen Feststellung, dass die Kostenträgereinheiten auf Einzelproduktebene prinzipiell direkt zurechenbare – abgrenzbare – Ertragströme generieren können, dient diese notwendige Bedingung als formalistisches Basiskriterium, welches im Verlauf der Arbeit nicht weiter thematisiert wird. Die folgenden Absätze konzentrieren sich deshalb auf die Gestaltungsmöglichkeiten einer anforderungsgerechten Berichtsstruktur durch Bildung von CGUs anhand des hinreichenden Kriteriums, weitestgehend unabhängige Erträge zu generieren.

Durch die Überprüfung der Dispositionsfreiheit werden in den folgenden Absätzen unterhalb von Segmenten Absatzverbunde (1), Produktlinien (2) und unabhängige Produktionslinien (3) als CGU identifiziert. Die ermittelten CGUs stellen nach Chancen und Risiken differenzierte operative Teileinheiten dar und definieren die Bruchstelle zum Ausweis externer Berichtsgegenstände. Auf Basis der Merkmale von Geschäftsfeldern (4) werden die operativen Teileinheiten zu Segmenten zusammengefasst.

---

343 Vgl. Meffert (2000), S. 235-236.
344 Die Verzahnung von CGUs und Segmenten sind Inhalt der Ausführungen in Abschnitt 5.3.1.
345 Auch aufgrund einer synonymen Namensverwendung von Segment und Geschäftsfeld ist eine Gleichsetzung der Bezeichnungen möglich. Vgl. dazu bspw. Hacker (2002), S. 55 und S. 192; Street/Nichols/Gray (2000), S. 259.

(1) Identifikation einer CGU durch Absatzverbundwirkungen der Produktionslinien

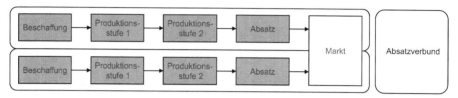

Abbildung 26: Definition einer CGU auf Basis von Absatzverbundwirkungen

Abbildung 26 demonstriert eine mögliche Absatzverbundwirkung bei einem Mehrproduktunternehmen. Ein Verkauf von zwei Sachgütern am gleichen Markt schränkt die Dispositionsfreiheit beider Produkte ein. Schließlich könnte die Einstellung des einen Produktes eine erhöhte Nachfrage nach dem anderen Sachgut erwirken. Es bedarf deshalb einer intensiven Abstimmung beider Güter. Um eine Absatzverbundwirkung zu identifizieren, kann auf das Kriterium des Standardsetters der Existenz eines aktiven Marktes nach IAS 36 (rev. 2004) zurückgegriffen werden.[346] Verfügen beide Produkte über keine voneinander getrennten aktiven Märkte, ist folglich ein hoher Abstimmungsgrad zwischen beiden Gütern notwendig, und die Bedingung zum Ausweis isolierter CGUs ist nicht erfüllt. Dem IASB zufolge liegt ein aktiver Markt nach IAS 36.06 (rev. 2004) vor, wenn die folgenden drei Merkmale kumulativ erfüllt sind:

- die auf dem Markt gehandelten Güter sind homogen,
- normalerweise sind für die entsprechenden Güter jederzeit Angebot und Nachfrage vorhanden, und
- die Preise für die gehandelten Güter sind öffentlich verfügbar.[347]

Zur Aufhellung der unpräzisen Definition finden sich im Schrifttum verschiedene Interpretations-alternativen, die jedoch allesamt keine systematisch anwendbaren und anforderungsgerechten Leitlinien formulieren.[348] Aufgrund der unklaren Auslegung und des daraus re-

---

[346] IASB (2008), IAS 36.06, 70 (rev. 2004) in Verbindung mit IASB (2008), IAS 38.08, 78 (rev. 2004). Das IASB vermutet die Existenz einer CGU immer dann, wenn der Output eines Leistungserstellungs- und Produktionsverbundes auf einem aktiven Markt gehandelt werden kann. Vgl. mit weiteren Nachweisen Wirth (2005), S. 14-15.

[347] IASB (2008), IAS 36.06 (rev. 2004). Dabei ist tatsächliche Teilnahme an einem aktiven Markt unerheblich. Der Begriff fußt auf der Möglichkeit, die (Zwischen-)Produkte auf einem externen Markt anzubieten und absetzen zu können.

[348] Hauptargument gegen die Verwendung des Aktiver-Markt-Kriteriums zur Identifikation eines aktiven Güter- und Dienstleistungsmarktes ist die Tatsache, dass die Definitionskriterien Merkmale vollständiger Märkte beschreiben, wie sie lediglich annähernd am organisierten Kapitalmarkt anzutreffen sind. Zahlreiche Autoren sehen darüber offensichtlich hinweg. Vgl. bspw. die konträren Auslegungen von Scheinpflug (2004), Rn. 369 und Beyhs (2002), S. 103. Letzterer bezeichnet aufgrund der Interpretationsspielräume das Element des aktiven Marktes als nicht konstitutiv.

sultierenden Gestaltungsspielraums zur Marktabgrenzung soll an dieser Stelle kein Votum zugunsten eines Autors erfolgen.

Um eine objektive Differenzierung operativer Teileinheiten zu gewährleisten, schlägt diese Untersuchung für die Abgrenzung von Absatzmärkten das Konzept der Kreuzpreiselastizitäten vor. Der ursprünglich auf die Arbeiten zur mikroökonomischen Monopolpreis-Theorie von *Triffin (1940)* zurückgehende Ansatz dient heute unter anderem als Instrument der staatlichen Wettbewerbspolitik.[349] Entwicklungsausgangspunkt der Theorie war die Notwendigkeit zur Identifikation relevanter Märkte für die Bestimmung des Ausmaßes an Marktmacht, bspw. im Vorfeld eines Unternehmenszusammenschlusses. Diejenigen Produkte, die durch eine symmetrische Kreuzpreiselastizität miteinander verbunden sind, bilden einen Markt. Dabei werden die einzelnen Märkte durch Substitutionslücken voneinander getrennt. Diese Lücken entstehen dadurch, dass kein fühlbarer Zusammenhang zwischen Preisänderungen des einen Gutes und Mengenänderungen des anderen Gutes besteht. Die Kreuzpreiselastizität der Nachfrage misst demzufolge die Reaktion der Nachfrage nach einem Gut auf eine Änderung des Preises eines anderen Gutes. Oder anders: Die Kreuzpreiselastizität der Nachfrage misst den Grad der Produkt-Substituierbarkeit und damit das Ausmaß einer möglichen Konkurrenz zwischen zwei Gütern. Je größer (an 1 annähernd) der Wert der Kreuzpreiselastizität, desto enger die Beziehung der Güter zueinander.[350]

Aufgrund der gleichen Fragestellung, anhand von ökonomischen Wettbewerbsbeziehungen gemeinsame Produktmärkte zu definieren, ist das vorgestellte Konzept für die Identifikation einer CGU durch einen gemeinsamen (Absatz-)Markt zweier Produktionslinien anwendbar. Auf Basis von Marktforschungsdaten können die Kreuzpreiselastizitäten für Einzelprodukte des Portfolios berechnet und somit mögliche Absatzverbunde aufgedeckt werden. Für den Fall einer ausgeprägten Preiselastizität zwischen zwei Produkten ist eine Substituierbarkeit zu unterstellen. Es liegt ein Absatzverbund vor. Aufgrund mangelnder Dispositionsfreiheit werden die Erträge beider Produkte als nicht unabhängig klassifiziert. Infolge der sehr starken Konkurrenzsituation ist eine gemeinsame Abbildung der Sachgüter als CGU zu empfehlen. Bewirkt die Preisänderung des ersten Gutes keine Nachfragereaktion im zweiten Gut, zeichnet sich das Verhältnis beider Güter durch eine niedrige Kreuzpreiselastizität aus. Diese sind nicht als Absatzverbund zu klassifizieren. Aufgrund der niedrigen ökonomische Wettbewerbsbeziehung zwischen den Produkten kann das Vorhandensein vollständiger Dispositionsfreiheit und somit einer grundsätzlichen Unabhängigkeit der Ertragströme vermutet werden. Diese vorschnelle Schlussfolgerung ist jedoch im zweiten Prozessschritt zu verifizieren.

---

349 Der Triffin'sche Koeffizient ist ein Instrument zur Identifikation der Intensität von Konkurrenzbeziehungen. Vgl. Triffin (1940), S. 98-108.
350 Dabei sind Substitutionsgüter nicht mit Komplementärprodukten zu verwechseln. Letztere werden durch eine gemeinsame Nachfrage von zwei sich ergänzenden Gütern beschrieben, nicht jedoch durch eine funktionale Austauschbarkeit.

(2) Identifikation einer CGU durch funktionale Zusammenhänge der Produktionslinien

Zur Analyse der Produktionsseite werden nur Produktionslinien aufgenommen, die einen eigenständigen Absatzmarkt ausweisen. Um völlige Gewissheit darüber zu erlangen, ob eine Produktionslinie von anderen Produktionslinien unabhängig Erträge generieren kann, bedarf es einer detaillierten Analyse der Funktionszusammenhänge. Diese können auf der Produktionsseite in unterschiedlichen Formen auftreten und verhindern unter Umständen eine unabhängige Planungsfreiheit der Sachgüter:

- Fall 1: Mindestens zwei Produktionslinien produzieren einzelne Sachgüter. Zwischen beiden Linien bestehen Funktionszusammenhänge in der Art, dass beide auf eine gemeinsame Plattform zur Produktion von Grundprodukten zurückgreifen, bspw. gemeinsame Produktionskapazitäten oder gemeinsamer Rohstoffeinkauf.
- Fall 2: Mindestens zwei Produktionslinien produzieren einzelne Sachgüter. Zwischen beiden Linien bestehen Funktionszusammenhänge in der Art, dass Linie 1 Teile für Linie 2 zur Erstellung des Endgutes liefert, bspw. ein Zwischenprodukt.

Fall 1:

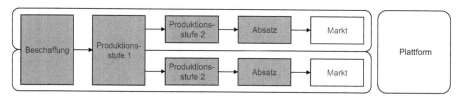

Abbildung 27: Definition einer CGU auf Basis eines funktionalen Zusammenhangs durch Verwendung einer gemeinsamen Plattform

Der Begriff einer Produktionsplattform charakterisiert die gemeinsame Nutzung von Basiselementen innerhalb der Produktion.[351] Dabei kann die gemeinschaftliche Herstellung eines Zwischengutes für zwei auf eigenen Märkten agierende Produktionslinien Funktionszusammenhänge verursachen. Auf den ersten Blick deutet der gemeinschaftliche Gebrauch einer Produktionsplattform auf eine Abhängigkeit der Ertragströme beider Produktionslinien hin. Zur weiteren Klärung sollte in diesem Fall auf das Kriterium des aktiven Marktes zurückgegriffen werden. So lässt sich die Frage beantworten, ob das durch die Plattform hergestellte Zwischenprodukt oder die Dienstleistung auf einem (externen) aktiven Markt – zu nicht stark abweichenden Konditionen – hinzugekauft werden kann oder nicht. Das Kriterium der Aus-

---

351 Vgl. Meffert (2000), S. 1331-1332, wo die Plattformstrategie am Beispiel des Volkswagen-Konzerns veranschaulicht wird, der zur Synergienutzung im Personenwagenbereich Grundplattformen für Karosserien verschiedener Modellreihen fertigt.

tauschbarkeit des Zwischenproduktes repräsentiert somit eine „0-1"-Entscheidung und eröffnet keinen Interpretationsspielraum, wie er bei der Identifikation eines Absatzverbundes kritisiert wurde.

Bei Existenz eines aktiven Marktes für das Zwischenprodukt kann von einer Dispositionsfreiheit der beiden Produktionslinien ausgegangen werden. Sollte hingegen kein aktiver Markt für das Zwischenprodukt vorliegen, ist aufgrund des notwendigen Abstimmungsbedarfs ein Abhängigkeitsverhältnis zwischen beiden Produktionslinien zu unterstellen. Zur Herstellung beider Sachgüter müssen die Linien auf die Produktionsstufe 1 und den Beschaffungsmarkt gemeinsam zurückgreifen. Aufgrund dieses Flaschenhalses bleiben Produktions-Umgestaltungen der einen Linie nicht ohne Implikationen für das jeweils andere Sachgut. Die enge Vernetzung verhindert somit autonome Planungsprozesse der Teileinheiten und führt zu einer gegenseitigen Abhängigkeit der Ertragströme. In diesem Fall ist aus den Produktionslinien 1 und 2 eine gemeinsame Produktlinie, eine CGU, zu bilden.

Fall 2:

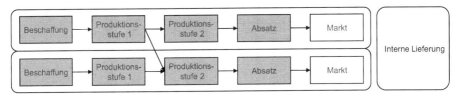

Abbildung 28: Definition einer CGU auf Basis eines funktionalen Zusammenhangs durch Lieferung eines Zwischenproduktes von Linie 1 an Linie 2

Neben der Benutzung einer Plattform können funktionale Zusammenhänge zwischen zwei Produktionslinien auch bei gemeinsamer Verwendung eines Zwischenproduktes, das durch eine der beiden Linien hergestellt wird, auftreten. Dies ist bspw. der Fall, wenn Linie 1 ein Zwischenprodukt herstellt, das neben der Weiterverarbeitung innerhalb der eigenen Linie auch für die Produktion des Sachgutes der Linie 2 zum Einsatz kommt. Zur Identifikation der Abhängigkeit der Ertragströme der Linie 2 von der Linie 1 ist die mögliche Austauschbarkeit des Zwischenproduktes zu analysieren. Dies kann – analog Fall 1 – unter Zuhilfenahme des Aktiver-Markt-Kriteriums durchgeführt werden. Eine Substituierbarkeit ist dann erkennbar, wenn bei Wegfall der Lieferung von Linie 1 sich Linie 2 alternative Zulieferer suchen kann.[352] Darüber hinaus besteht unter Umständen auch die Möglichkeit, das Produkt in Eigenherstellung auf Linie 2 zu produzieren. Aufgrund der Unabhängigkeit der Linie 2 von dem Zwischenprodukt der Linie 1 ist dann eine Dispositionsfreiheit beider Linien ge-

---

352 Das IASB (2008), IAS 36.IE.03, beschreibt, dass auch im Falle der Ausgliederung von essentiellen unternehmerischen Funktionen die Unabhängigkeit der Zahlungsströme gewahrt bleiben kann. Der Standardsetter bezieht sich dabei auf ein Beispiel der Auslagerung von Zentralfunktionen.

währleistet und somit die Voraussetzung zum eigenständigen externen Ausweis erfüllt. Sollte für das durch Linie 1 hergestellte Zwischenprodukt jedoch kein aktiver Markt existieren, somit keine Substituierbarkeit für das von Linie 2 benötigte Zwischenprodukt vorliegen (auch nicht durch Eigenproduktion), existiert ein hoher Abstimmungsgrad der Planungen zwischen beiden Linien. Aus diesem Grund ist es zu empfehlen, beide Produktionslinien in einer Produktlinie zusammenzufassen und gemeinsam als eine CGU auszuweisen.

(3) Identifikation einer CGU durch weitgehende Unabhängigkeit der Produktionslinie

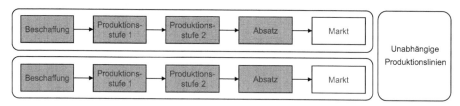

Abbildung 29: Definition einer CGU auf Basis weitgehender Unabhängigkeit der Produktionslinie

Konnten im Laufe dieses zweistufigen Analyseprozesses einzelne Produktionslinien nicht als Produktlinie oder als Absatzverbund zusammengefasst werden, bleiben Sachgüter übrig, die einen eigenständigen Absatzmarkt und eine funktionale Unabhängigkeit von der Produktion anderer Sachgüter vorweisen können. Aufgrund dieser Dispositionsfreiheit sind die Produktionslinien in der Lage, unabhängige Ertragströme zu generieren, und werden infolgedessen als separate CGUs extern ausgewiesen.

(4) Identifikation eines Geschäftsfelds auf Basis von CGUs

Im Anschluss an die Ableitung der extern zu berichtenden operativen Teileinheiten ist eine weitere Aggregation der Berichtsgegenstände auf Basis absatzrelevanter Kriterien möglich. Jedoch geht der Ausweis von Geschäftsfeldern und somit der Einzug einer weiteren Berichtsebene zwischen den Aggregationslevels der Unternehmensleitung und der CGUs über die Anforderungen der Kapitalgeber hinaus. Deren Rechnungszwecke der Wertermittlung und Offenlegung des individuellen Risikos operativer Teileinheiten sind durch Ausweis der Ergebnisrechnungen auf Ebene der CGUs prinzipiell erfüllt. Im Falle der Identifikation einer Vielzahl von CGUs bietet sich aber zugunsten der Übersichtlichkeit eine Zusammenfassung der Berichtsobjekte auf der Segmentebene an.

Bezüglich der Segmentidentifikation wurde in Abschnitt 5.1.2. deutlich gemacht, dass aufgrund fehlender Segmentierungsvorschriften und uneinheitlicher Abgrenzungsmethoden grundsätzlich ein (freiwilliger) Ausweis jedes berichtsfähigen Segmentes möglich ist. Insofern stellen die Vorschriften des Standards IFRS 8 keine Leitplanken für das entwickelte Konzept dar. Der Intention des Management Approach folgend kann jegliche Berichtsperspektive für die Zusammenfassung der CGUs ausgewählt werden. Das heißt, grundsätzlich wäre eine Aggregation auf Basis von Regionen oder sonstigen beliebigen Merkmalen möglich. Aufgrund der sektoralen und regionalen Diversifizierung des typisierten mittelständischen Unternehmens sollte die Zusammenführung der CGUs dennoch übereinstimmend mittels einer der beiden marktbezogenen Perspektiven erfolgen. Bei der Segmentabgrenzung kann der betrachtete Unternehmenskreis auf das zur Identifikation von Verbundwirkungen verwendete Instrument der Kreuzpreiselastizitäten zurückgreifen. Im Vergleich zu den Verbundwirkungen zwischen den Einzelprodukten wird deren erneute Berechnung keine signifikanten (positiven) Elastizitäten zwischen den CGUs anzeigen. Dennoch können die unterschiedlichen Ausprägungsformen der Elastizitäten zur Aufstellung einer Rangfolge dienen und insofern zumindest Indikationen für die Zusammenfassung liefern. Auf dieser Basis lassen sich im Anschluss anhand sinnvoller gemeinsamer Eigenschaften der verschiedenen CGUs mögliche isolierte Produkt-Markt-Kombinationen mit eigenständigen Rahmenbedingungen herausfiltern. Vor dem Hintergrund der Prämisse einer verwandten Diversifikation kann diese Vorgehensweise bedeuten, dass die sektoral gebildeten CGUs nicht nach Regionen, sondern (erneut) nach dem Segmentierungskriterium Produkte zusammengefasst werden.

Zusammenfassend ist festzuhalten, dass die dargelegten Prozessschritte für die Identifikation von extern auszuweisenden Berichtsgegenständen den Anforderungen der Kapitalgeber zur chancen- und risikokonformen Abgrenzung operativer Teileinheiten ein Stück näher kommen. Auf Basis des horizontalen Kriteriums des Abstimmungsgrads der Planung und Steuerung zwischen zwei Produkten werden verschiedene Kostenträgereinheiten vertikal zusammengeführt und gemeinsam als CGU ausgewiesen. In Bezug auf die in der partiellen Integration eingeführte hierarchische Stufenordnung der Berichtsgegenstände ist zu betonen, dass alle extern auszuweisenden Berichtsgegenstände auf der Ebene der CGUs angesiedelt werden. Diese Berichtsebene gilt auch für den (seltenen) Fall, dass ein einzelner Kostenträger aufgrund des Chancen- und Risikoprofils die Anforderung zum separaten Ausweis erfüllt.[353] Grundsätzlich ist nochmals hervorzuheben, dass die partielle Integration eben keine Überleitung sämtlicher Kostenträgerrechnungen einfordert. Der in diesem Abschnitt entwickelte Leitfaden versorgt den Eigentümer der Unternehmung mit einer Anleitung, partiell nur die für Rechnungsadressaten wesentliche Ergebnisrechnung (zusammengefasster Kos-

---

353 Vgl. dazu die Kritikpunkte der willkürlichen Wesentlichkeitsschwellen der Segmentabgrenzung nach IFRS 8 in Abschnitt 5.1.2.

tenträger) in pagatorischen Rechnungsgrößen auszuweisen. Auf diese Weise trägt der Kriterienkatalog insbesondere zur Erfüllung des Wesentlichkeits- und Wirtschaftlichkeitspostulates bei.

5.3 Systematisierung der hierarchischen Verknüpfung von Cash-Generating-Units und Segmenten in einer divisionalen Berichtsstruktur

5.3.1 Aggregation von Cash-Generating-Units zu Segmenten

Die entwickelte Berichtsstruktur basiert auf einer hierarchischen Abstufung von Segmenten und CGUs unterhalb der Unternehmensspitze. Dabei leisten der Standard IAS 36 (rev. 2004) und die darauf aufbauende Sekundärliteratur essentielle Hilfestellungen, um die abstrakten Formulierungen der Segmentberichterstattung nach IFRS 8 für die typisierten mittelständischen Unternehmen zu präzisieren. Allerdings setzt die im vergangenen Abschnitt weiterentwickelte Vorgehensweise zur Erfolgsspaltung eine konfliktfreie gemeinsame Anwendung der beiden Standards voraus. Schließlich verfolgt IAS 36 (rev. 2004) – im Gegensatz zu dem explizit für die externe Berichterstattung konzipierten Standard IFRS 8 – die Zwecksetzung, Identifikationskriterien für im Wert beeinträchtigte Vermögensgegenstände zu beschreiben. Es muss deshalb geprüft werden, ob die vorgeschlagene Übernahme einzelner Bestandteile beider Richtlinien zur individuellen Anwendung für die Identifikation und Abgrenzung von entscheidungsrelevanten Berichtsgegenständen nicht den Bestimmungen des Standardsetters widerspricht.

Bei genauer Betrachtung wird deutlich, dass das IASB durch ausdrückliche Erwähnung einer möglichen Verbindung beider Teileinheiten die aufeinander abgestimmte Determinierung von CGUs und operativen Segmenten unterstützt. So wird im Rahmen der Definition einer CGU in IAS 36.68 (rev. 2004) grundsätzlich keine Gruppierungsobergrenze für die Vermögensgegenstände festgesetzt. Der Standardsetter differenziert jedoch zwischen geschäfts- oder firmenwerttragenden CGUs und solchen ohne einer Zuordnung von Goodwill. Für CGUs, die keinen Geschäfts- oder Firmenwert tragen, kann prinzipiell die Abgrenzung des gesamten Unternehmens als zulässig erachtet werden.[354] Aufgrund der flexiblen Gestaltungsparameter der Segmentberichterstattung nach IFRS 8 ist demnach ebenfalls die Identifikation nicht geschäftswerttragender CGUs auf Segmentebene möglich. Hingegen fungieren die Ausführungen von IAS 36.80 (rev. 2004) als Größenbeschränkung für CGUs mit zugewiesenem Goodwill: „Each unit or group of units to which the goodwill is so allocated shall: [...] not be larger than an operating segment determined in accordance with IFRS 8 Operating

---

354   IASB (2008), IAS 36.68 (rev. 2004).

Segments."³⁵⁵ Eine goodwilltragende CGU kann also prinzipiell keine Segmente, jedoch mehrere nicht goodwilltragende CGUs beinhalten.³⁵⁶ Damit legt das IASB eine Maximalgröße für eine CGU oder eine Gruppe zusammengefasster CGUs mit Geschäfts- oder Firmenwert(en) fest.

Für die Zielsetzung dieser Arbeit ist aus IAS 36 (rev. 2004) abzuleiten, dass eine CGU bzw. eine Gruppe von CGUs grundsätzlich nicht oberhalb von Segmenten gebildet werden sollte.³⁵⁷ Darüber hinaus muss beachtet werden, dass bei der Vereinigung geschäftswerttragender CGUs mit solchen ohne Goodwill der Geschäfts- und Firmenwert auf die übergeordnete Segment-Einheit übergehen muss.³⁵⁸ Der Grundsatz zur Verbindung von CGUs und der sie als Dachgröße beschränkenden Segmente nach IFRS 8 sollte also für das vorliegende Konzept lauten:

$CGU_{\text{ohne Goodwill}} \leq CGU_{\text{Goodwill}} \leq Operatives\ Segment.$ ³⁵⁹

Diese Betrachtungsweise folgt den Veröffentlichungen von *Haaker (2008, 2006a, 2006b, 2005)*. Der Autor entwickelt auf Basis der CGU-Konzeption des IASB ein Controlling-Instrument für die wertorientierte Steuerung von Unternehmensteilbereichen unterhalb der Segmentebene.³⁶⁰ Die mit IAS 36 (rev. 2004) erzielte Standardisierung und Objektivierung des Bewertungs- und Abgrenzungskonzepts steuerungsrelevanter Teileinheiten garantiert dem Instrument eine verlässliche Kommunikationsgrundlage für den Austausch zwischen dem Unternehmen und seinen Kapitalgebern.

Haaker/Parz (2005) betonen die enge Verbindung der sachlichen CGU-Abgrenzungskriterien zum Risk and Reward Approach nach IAS 14.³⁶¹ In Abschnitt 5.1.2. wurde kritisiert, dass gerade die Rücknahme der Regularien zur Segmentabgrenzung durch den Management Approach eine potenzielle Gefahr für mittelständische Unternehmen zum Ausweis nicht nach Chancen und Risiken abgegrenzter Berichtsgegenstände darstellt. Die in dieser Arbeit vorgeschlagene Verbindung von IFRS 8 mit den Abgrenzungskriterien nach IAS 36 (rev. 2004) führt eine zweckgerechte Definition operativer Teileinheiten unter neuen Voraussetzungen

---

355 IASB (2008), IAS 36.80 (rev. 2004). Der Goodwill generiert naturgemäß keine unabhängigen Einzahlungsströme und wird deshalb zur Durchführung des Impairment-Tests an die CGU-Einheiten angegliedert.
356 IASB (2008), IAS 36.80 (rev. 2004).
357 Für den Fall, dass die Zusammenfassung des gesamten Unternehmens als CGU beabsichtigt ist, wird das Unternehmen als „Ein-Segment-Unternehmen" klassifiziert.
358 IASB (2008), IAS 36.87. Dieser Grundsatz ist ebenfalls bereits bei der Zusammenfassung der Kostenträgereinheiten zu CGUs zu berücksichtigen.
359 Ebenso deutlich dokumentiert IAS 36.130(d) (rev. 2004) die beabsichtigte Verbindung. Der Paragraph verlangt im Falle einer außerordentlichen Ab- oder Zuschreibung eine Charakterisierung der CGU. Dabei wird explizit die Klassifizierung des Vermögensgegenstandes als operatives Segment nach IFRS 8 vorgeschlagen.
360 Haaker (2008), S. 348-363, S. 504-505; Haaker (2006a), S. 4-47; Haaker (2006b), S. 687-695; Haaker (2005), S. 351-357.
361 Haaker/Paarz (2005), S. 197-198. Ebenso Beyhs (2002), S. 111-112.

wieder ein. CGUs stellen die kleinste Gruppe von nach Chancen und Risiken abgegrenzten Vermögenswerten dar, deren Identifikations- und Abgrenzungsregularien konzeptionell in das Regelwerk der Segmentberichterstattung nach IFRS 8 überführbar sind.[362]

Im Anschluss an diese Fundierung des vorgeschlagenen Konzepts bedarf es nun der Einbettung der externen Berichterstattung in die interne Organisations- und Berichtsstruktur der typisierten mittelständischen Unternehmen. Abbildung 30 fasst die in den vergangenen beiden Abschnitten abgeleiteten Leitlinien zum Ausweis entscheidungsrelevanter Berichtsgegenstände zusammen und veranschaulicht – analog der Darstellung zur IFRS 8 – die prozessuale Vorgehensweise.

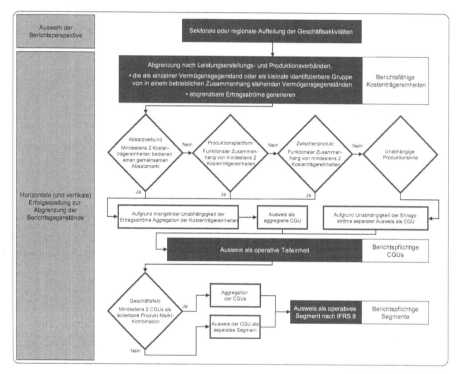

Abbildung 30: Vorgeschlagener Leitfaden zur Erfolgsspaltung auf Basis der Regelwerke IAS 36 (rev. 2004) und IFRS 8

---

362 Wie bereits in Abschnitt 5.1. angeführt, formuliert der Standardsetter mit den Paragraphen IFRS 8.12-19 zwar Regeln und Grenzen zum Ausweis von Segmenten. Es wurde jedoch gezeigt, dass diese nicht grundsätzlich bindend sind, soweit den Informationen ein Nutzen auf Abschlussadressatenseite zugesprochen wird (IFRS 8.13 Abs. 2). Gerade diese Flexibilität ermöglicht es dem in dieser Arbeit vorgeschlagenen Konzept, sämtliche nach den Leitlinien von IAS 36 (rev. 2004) identifizierten CGUs – teilweise aggregiert – als operative Teileinheiten auszuweisen.

5.3.2. Eingliederung von Cash-Generating-Units und Segmenten in die vorhandene Berichts- und Organisationsstruktur

Als Merkmal des zentralistischen Führungssystems mittelständischer Unternehmen wurde in Abbildung 17 das unternehmensweite Profit-Center auf Ebene des Eigentümers veranschaulicht. An diese originär an der Steuerung funktionaler Bereiche ausgerichteten Organisations- und Berichtsstruktur soll nunmehr eine zusätzliche divisionale Berichtsdimension angegliedert werden.

Eine Möglichkeit zur Verbindung der Berichtssysteme divisional strukturierter Ergebnisrechnungen mit Erfolgsrechnungen für Bezugsobjekte einer funktionalen Organisation bietet die Unterscheidung zwischen der Abrechnungseinheit Accounting Entity und der Verantwortungseinheit Responsibility Entity. Als eine abrechnungstechnische Einheit wird jeder Teilausschnitt der Unternehmensaktivitäten bezeichnet, dem ein Gewinn zugerechnet werden kann. Die Klassifizierung einer Accounting Entity erfolgt jedoch unabhängig von dem Aspekt der Delegation von Verantwortung. Nach *Solomons (1970)* steht lediglich die Möglichkeit, Erträge und Aufwendungen eines Teilbereichs gesondert zu ermitteln, im Vordergrund der Betrachtung.[363] Grundvoraussetzung zur Identifikation von Profit-Centern im Sinne von Responsibility-Centern ist der Nachweis von Verantwortung für einen Unternehmensbereich, die eine Kongruenz von Aufgaben als Entscheidungsfeld und Kompetenzen als Entscheidungsbefugnis beinhaltet.[364]

Dieses erste Unterscheidungskriterium aus dem Teilgebiet der internen Unternehmensführung ist jedoch um ein Differenzierungsmerkmal der externen Rechnungsadressaten zur Unterscheidung divisionaler Berichtsstrukturen zu ergänzen. Aus dem Blickwinkel der Kapitalgeber stellen die divisionalen Geschäftsbereiche primär Investment-Center dar. Schließlich ist jede operative Teileinheit für ihren Gewinn unter Berücksichtigung des Kapitaleinsatzes eigenverantwortlich. Das Management hat demzufolge über den Einsatz und die Nutzung des durch die externen Adressaten – strenggenommen dem Berichtsgegenstand – zur Verfügung gestellten Kapitals separat zu entscheiden. Im Sinne der Verhaltenssteuerung soll das Handeln der Unternehmensleitung sich dabei an den Renditezielen der Kapitalgeber orientieren.

Für den typisierten Unternehmenskreis der KMU sind beide Klassifikationen als relevant zu betrachten. Aus der operativen Betrachtungsweise wird das Profit-Center auf der obersten Hierarchieebene in Form eines Responsibility-Centers der internen Organisations- und Berichtsstruktur platziert. Die divisionalen Berichtsgegenstände hingegen werden als Accounting Entities bezeichnet. Dem Ausdruck zufolge liegt keine organisatorische Verantwortungsdelegation für die externen Berichtsgegenstände vor, den CGUs kann lediglich ein Ge-

---
363 Solomons (1970), S. 40.
364 Vgl. Schneider (1988), S. 1181-1182.

winn zugerechnet und dieser ausgewiesen werden. Diese Annahme ist mit den in Abschnitt 3.5. formulierten spezifischen Eigenschaften des typisierten Unternehmenskreises vereinbar. Aus dem externen Blickwinkel stellen die operativen Teileinheiten gleichzeitig Investment-Center dar, deren Kapitalwertentwicklung durch die Kapitalgeber kontrolliert und (über eine zielorientierte Verhaltenssteuerung des Managements) gesteuert wird.

Bei Berücksichtigung der Anforderungen aus der zentralistischen Unternehmensführung, keine Entscheidungsdelegation zuzulassen und das organisatorische Einliniensystem beizubehalten, stellt sich unterhalb der Unternehmensleitung eine Matrixstruktur des Berichtssystems ein. Aus externer Sicht erfolgt die Implementierung einer nach den Erfolgsquellen des Unternehmens divisional differenzierten Berichtsdimension auf Basis von CGUs. Intern hingegen wird die – an der vorhandenen Organisationsstruktur angelehnte – funktionale Sichtweise zur Steuerung der einzelnen Verrichtungseinheiten bewahrt (Abbildung 31).[365]

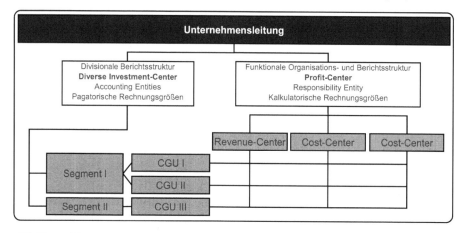

Abbildung 31: Matrixstruktur des externen und internen Berichtswesens mittelständischer Unternehmen

Damit unterscheidet sich das entwickelte Konzept von den Ausführungen im Schrifttum, wo von einer Gleichsetzung von Profit-Centern und CGUs im Berichtssystem gesprochen wird.[366] Das Ausbleiben der Thematisierung des Berichtsgegenstands CGU im Rahmen des partiellen Integrationskonzeptes legt ebenfalls die Vermutung einer immanenten Gleichbehandlung nahe. Als Hauptgrund dafür ist das unterschiedliche Betrachtungsfeld anzuführen. Die Mehrheit der Forschungsarbeiten zur integrierten Rechnungslegung – wie auch die par-

---

[365] Die externe Berichtsstruktur bildet eine integrierte Ergebnisrechnung der Kostenträger auf Basis von Umsatzkosten, wohingegen die internen Bereiche weiter auf Gesamtkostenbasis gesteuert werden. Vgl. dazu die Ausführungen in Abschnitt 5.4.3.
[366] Vgl. bspw. Wirth (2005), S. 17; Behys (2002), S. 108; Weißenberger/Maier (2006), S. 2080.

tielle Integration – behandelt die Ausgangsvoraussetzungen großer, in der Regel kapitalmarktorientierter Konzerne. In Abschnitt 4.1. wurde gezeigt, dass aufgrund der ausgeprägten organisatorischen Hierarchiestruktur in solchen Konzernen die Bruchstelle der Integration zwischen der externen Finanzberichterstattung und der kalkulatorischen Rechnungslegung unterhalb der Segmente, auf der Ebene der Profit-Center, festgelegt werden kann. Eine Implementierung von CGUs als zusätzliche potenzielle Berichtseinheit zwischen der Profit-Center-Ebene und der Hierarchiestufe der Segmente würde einen dreischichtigen Ausweis pagatorischer Erfolgsquellen unterhalb der Unternehmensspitze bedeuten. Die daraus resultierende Informationsflut ist mit den Postulaten Entscheidungsrelevanz und Wesentlichkeit jedoch nicht vereinbar.

Darüber hinaus wurde in Abschnitt 4.2.2. deutlich gemacht, dass die von *Simons/Weißenberger (2008)* vorgeschlagene schematische Übernahme der partiellen Integration auf mittelständische Unternehmen nicht umsetzbar ist. Weil der in dieser Arbeit typisierte Unternehmenskreis nur einen Ausschnitt der unteren Hierarchieebene des zur Beschreibung der partiellen Integration beispielhaft herangezogenen Großkonzerns darstellt, ist zur Erfüllung der Anforderung aller Rechnungsadressaten neben einem funktional strukturierten auch ein divisional gegliedertes Berichtssystem erforderlich. Diese Ausgangsvoraussetzungen machen die Eingliederung von CGUs (sowie unter Umständen Segmenten) als externe Steuerungsobjekte unterhalb der Konzernspitze notwendig. Aus diesem Grund befindet sich auf der höchsten Unternehmensebene neben dem zur kalkulatorischen Rechnung notwendigen Profit-Center nunmehr auch der Ergebnisausweis von (aggregierten) Investment-Centern.

5.3.3. Zusammenfassung der Integrationsmerkmale

Ausgehend von den Rahmenpostulaten zur Vermittlung eines den tatsächlichen Verhältnissen entsprechenden Bildes bieten interne Kostenrechnung und eine auf IFRS basierende Ergebnisrechnung das Fundament zur Darstellung einer integrierten Ergebnisrechnung auf Kostenträgerebene. Unter Berücksichtigung der Ausgangsvoraussetzungen der typisierten mittelständischen Unternehmen mit zentralistischen Führungssystemen liefert die partielle Integration einen für alle Adressaten der Ergebnisrechnung anforderungsgerechten Bezugsrahmen. Das Konzept dient einerseits zur Sensibilisierung des bilanzierenden Unternehmens, ausschließlich für den externen Empfänger relevante Daten in einer integrierten Rechnung abzubilden. Der in dieser Arbeit betrachtete Unternehmenskreis kann besonders von dieser Vorgehensweise profitieren, da für ihn die Wesentlichkeits- und Wirtschaftlichkeitspostulate einen vergleichsweise hohen Stellenwert besitzen. Andererseits erlaubt der Ansatz der partiellen Integration, Entscheidungssituationen der funktionalen Produktions- und Prozessebene weiterhin auf interner kalkulatorischer Datenbasis zu treffen.

Im Falle der schematischen Übernahme des Konzepts wird deutlich, dass im Vergleich zu kapitalmarktorientierten Unternehmen der Integrationspfad der partiell integrierten Ergebnisrechnung ein abweichendes Muster aufweist. Diese Veränderung ist damit zu begründen, dass für mittelständische Unternehmen die hierarchieübergreifende Abbildung der Unternehmensaktivitäten auf kalkulatorischer Basis obligatorisch ist. Zur Wahrung der operativen Einflussnahmemöglichkeiten des Eigentümers ist der Ausweis integrierter divisionaler Ergebnisrechnungen somit – im Unterschied zu kapitalmarktorientierten Unternehmen – auf jeden Fall zusätzlich zu leisten.

Für die Implementierung einer separaten externen Berichtsstruktur müssen deshalb Leitlinien aus existierenden Regelwerken zur Identifikation und Abgrenzung operativer Teileinheiten in das Konzept der partiellen Integration eingebettet werden. Der Rückgriff und die Kombination der Definitionskriterien nach IFRS 8 und IAS 36 (rev. 2004) ermöglichen eine anforderungsgerechte Erfolgsspaltung des Unternehmens nach dem Chancen- und Risikoansatz. Die in Abschnitt 5.2. hergeleiteten Merkmale zur Gestaltung des Berichtssystems induzieren eine Verlagerung der potenziellen Bruchstellen zwischen externer Finanzberichterstattung und interner Erfolgsrechnung auf die neu eingeführte Berichtsebene der CGUs (Abbildung 32). Aufgrund der vollständigen Abbildung des kalkulatorischen Rechnungskreises kann jedoch nicht von einer echten Bruchstelle gesprochen werden. Im Vergleich zu kapitalmarktorientierten Konzernen wird die kalkulatorische Ergebnisrechnung nicht eingestellt, die operative Profit-, Cost- und Revenue-Center-Steuerung mit den dazugehörigen Deckungsbeitragsrechnungen aggregiert das Unternehmen weiterhin bis auf Ebene des Profit-Centers. Für die Unternehmensleitung bedeutet die Bruchstelle vielmehr, dass eine zusätzliche, bzw. samt dem Ausweis von Segmenten zwei weitere Ebenen für die externe Sichtweise der Unternehmensaktivitäten eingezogen werden. Von dem Hierarchielevel der CGUs aufwärts bis zur Unternehmensspitze wird demzufolge das Zwei-Kreis-System ausgewiesen.

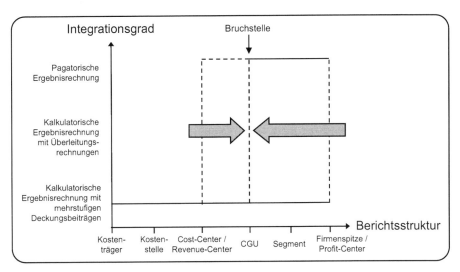

Abbildung 32: Darstellung der CGU-Ebene als Bruchstelle zur externen Finanzberichterstattung

Zusammen mit der Leitungsebene verfügen die typisierten mittelständischen Unternehmen somit insgesamt über drei externe Berichtsebenen, deren Struktur bei einer Auflösung nach operativen Teileinheiten von der Gesamtunternehmensebene bis hinunter zur CGU beibehalten wird. Analog den Anforderungen in Abschnitt 3.3.2. funktioniert das Ausrollen der Ergebnisrechnung lediglich mit einer verkürzten Ergebnisrechnung, wobei die Positionen „sonstige betriebliche Erträge und Aufwendungen" Erfolgsbestandteile darstellen, die außerhalb der gewöhnlichen Geschäftstätigkeit anfallen (Abbildung 33).[367] Im Unterschied zu kapitalmarktorientierten Konzernen werden Gemeinkosten der Geschäftsführung und der sie beratenden Stabseinheiten auf die CGUs umgelegt und nicht als separate Berichtseinheit geführt. Diese Vorgehensweise liegt einerseits in dem verhältnismäßig geringen Kostenblock der mit wenigen Personen besetzten Leitungsebene begründet. Als weiteren Grund für die Umlegung der Kosten auf die CGUs kann die funktionale Einflussnahme der Geschäftsleitung angeführt werden. Bekanntermaßen wird mit dem Aufbau der externen Berichtsstruktur keine organisatorische Weisungs- und Entscheidungsdelegation vorgenommen. Der Eigentümer zeichnet nach wie vor alleine verantwortlich für das Geschäft jeder einzelnen CGU. Etwaige Verzerrungen aus einer unter Umständen nicht sachgerechten Schlüsselung der Leitungskosten auf die operativen Teileinheiten müssen deshalb akzeptiert werden.

---

367 Infolgedessen sind die Positionen nicht Bestandteil der integrierten Ergebnisrechnung. Vgl. dazu Coenenberg (2005), S. 489. Eine analoge Vorgehensweise zeigen Franz/Winkler (2006), S. 86.

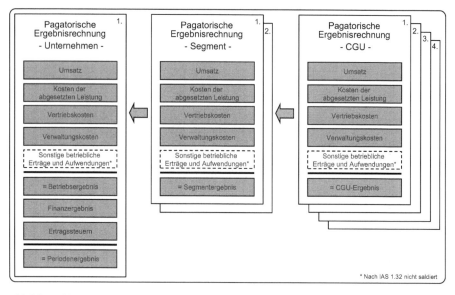

Abbildung 33: Disaggregation der Rechnungsgrößen der Ergebnisrechnung anhand der externen Berichtsstruktur

5.4. Exemplarische Darstellung der partiellen Integration anhand eines mittelständischen Brauereibetriebs

5.4.1. Vorstellung der Ausgangslage

Zur Veranschaulichung des Konzepts soll als Beispielunternehmen ein mittelständischer Brauereibetrieb dienen. Das Familienunternehmen (Absatz 600,0 Tausend Hektoliter (Thl), Umsatz 80,0 Mio. €) steht unmittelbar vor einem Generationswechsel und sucht nach Strategiealternativen, dem intensiven Wettbewerb im deutschen Biermarkt und den sinkenden Ergebnismargen zu begegnen. Die nachfolgende Generation der Brauerei beabsichtigt, eine Neuordnung und Fokussierung der Geschäftsaktivitäten durchzusetzen, die sich im Laufe der vergangenen Jahrzehnte erheblich diversifiziert haben.

Als oberster Bewertungsmaßstab der Restrukturierung soll die Rentabilität der Geschäftsfelder dienen. Es herrscht Einigkeit darüber, dass durch gezielte Investitionen in einzelne Unternehmensaktivitäten ein rentables Wachstum erreicht werden kann. Erhebliches Potenzial erkennen die Eigentümer in der im vergangenen Jahr durchgeführten Produktinnovation Bio-Getränke, die seit dem Verkaufsstart starke Absatzzuwächse bei hohen Deckungsbeiträgen verzeichnet. Darüber hinaus entwickeln sich die Deckungsbeiträge der vor einigen

Jahren in den umliegenden Großstädten eröffneten Brauhäuser ebenfalls über dem Durchschnitt. Die Brauerei denkt über eine Expansion dieses Geschäftsmodells ins Ausland nach. Zur Umsetzung der Wachstumspläne sind Investitionen in Anlagen und Logistik sowie in die Vertriebsaktivitäten des Unternehmens dringend notwendig. Gleichzeitig treten mit Vollzug des Generationswechsels die neuen Eigentümer erheblichen Zahlungsverpflichtungen entgegen.

Die aktuellen Jahresabschlüsse der Personengesellschaft sind nach dem deutschen Rechnungslegungsstandard nach HGB bilanziert, wobei die Handelsbilanz unter Berücksichtigung der steuerlichen Vorschriften erstellt und damit zugleich Steuerbilanz des Unternehmens ist.[368] Intern steuert der Betrieb neben den funktionalen Kostenstellen auch die Einzelprodukte durch den Einsatz einer mehrstufigen Deckungsbeitragsrechnung, so dass über die direkt zurechenbaren Kosten und Erlöse hinaus auch variable Gemeinkosten bis auf Produktebene zugeteilt werden können.

Abgesehen von dem Abbau des Finanzierungsengpasses suchen die Eigentümer nach Expertise und professioneller Unterstützung bei der Erarbeitung von Lösungsmöglichkeiten, um den geschilderten unternehmerischen Herausforderungen gegenübertreten zu können. Aus diesen Beweggründen heraus wird beschlossen, im Zuge der anstehenden Neuausrichtung des Betriebs sich externen Gesellschaftern zu öffnen, und als Ergänzung zu der beabsichtigten Kreditprolongation bei der Hausbank, einen zusätzlichen Investor in das Unternehmen hereinzunehmen. Zur Verbesserung der Kommunikationsfähigkeit mit potenziellen Kapitalgebern entscheiden die Eigentümer im Vorfeld der Geschäftsanbahnung, ihre Bilanzrechnung auf die Rechnungslegungsstandards nach IFRS umzustellen, indem sie den Entwurf eines internationalen Standards von Rechnungslegungsvorschriften für kleine und mittlere Unternehmen verbindlich anwenden.

Von der Anwendung des in dieser Arbeit erweiterten partiellen Integrationskonzepts durch Identifikation und Abgrenzung relevanter operativer Teileinheiten sowie dem Ausweis der disaggregierten Ergebnisrechnungen, verspricht sich die Unternehmensleitung neben der Erfüllung der Anforderungen der Kapitalgeber auch bessere Vergleichsmöglichkeiten mit anderen Betrieben und Anhaltspunkte für ihre langfristige strategische Ausrichtung. Bis zum heutigen Zeitpunkt wurden unterschiedliche Erfolgsquellen ausschließlich im Rahmen der nach dem Umsatzkostenverfahren ausgestalteten Deckungsbeitragsrechnung transparent gemacht. Diese mehrstufige Deckungsbeitragsrechnung versetzt das Management der Brauerei zwar in die Lage, aufgrund der weitgehend verursachungsgerechten Kostenzuweisung genaue Informationen für die kurzfristige Planung einzelner Steuerungsobjekte zu ermitteln. So können die Daten bspw. Hinweise für Entscheidungen in der Produktions- und Absatzplanung zur Festlegung einer absoluten Preisuntergrenze oder für den Einsatz zusätzlicher

---

368 Zur Einheitsbilanz vgl. Abschnitt 2.4.3.

Vertriebs- und Marketingaktivitäten geben. Die Deckungsbeitragsrechnung als kurzfristige Rechnung ist aber auf der Basis vorhandener Kapazitäten konzipiert und dient deshalb primär den Belangen der zeitweiligen Planung. Zudem sollten etwaigen aus der Deckungsbeitragsrechnung abgeleiteten Überlegungen einer Stilllegung oder Aufgabe einer Produktionslinie immer entgegengebracht werden, dass Fixkosten für die Betriebsbereitschaft nicht sofort abbaubar sind. Für die in der Brauerei anstehenden langfristigen Entscheidungen bietet die Deckungsbeitragsrechnung somit keine ausreichende Informationsbasis. Darüber hinaus untergliedert das Rechnungswesen die Steuerungsobjekte bis auf Einzelprodukt- und teilweise Sortenebene, was einer anforderungsgerechten Erfolgsspaltung widerspricht. Wie einleitend beschrieben, sind zur Neustrukturierung des Produktportfolios erhebliche Investitionen notwendig. Im Vorfeld der Kapitalallokation sollte deshalb eine Wertermittlung der relevanten Erfolgsquellen erfolgen.

5.4.2. Herleitung und Abbildung der Berichtsstruktur

Im Hinblick auf einen anforderungsgerechten Ausweis der Unternehmensaktivitäten bedarf es einer Erfolgsspaltung des Produktportfolios. Die Getränkepalette setzt sich aus den Produktionslinien Weißbiere, Festbiere, Hellbiere I, Hellbiere II und den in den Brauhäusern (autark) produzierten Biersorten[369] zusammen. Darüber hinaus werden alkoholfreien Produkte Wasser und die innovativen Bio-Getränke I (Bio I) und Bio-Getränke II (Bio II) hergestellt. Die Identifikation der operativen Teileinheiten erfolgt auf Basis der Berichtsperspektive Produkte, da das Unternehmen ein Mehrproduktunternehmen mit verwandter Diversifikation ist.

Im ersten Prozessschritt erfolgt die Überprüfung der Existenz eines Absatzverbundes von zwei Produktionslinien. Auf das vorgestellte Beispielunternehmen übertragen, stellt sich durch Beauftragung einer Marktforschungsstudie heraus, dass die Kreuzpreiselastizität der beiden Hellbiersorten I + II einen kritischen Wert überschreitet und somit nicht mehr von einer Dispositionsfreiheit der jeweiligen Produktionslinien ausgegangen werden kann. Daraus resultiert ein gemeinsamer Ausweis des Absatzverbundes in einer CGU „Hellbiere". Alle weiteren Einzelprodukte weisen niedrige Kreuzpreiselastizitäten zueinander auf, so dass nunmehr die Überprüfung der Dispositionsfreiheit auf der Herstellungsseite durchgeführt werden muss.

Bei Betrachtung des Produktionsprozesses wird ersichtlich, dass sich sowohl die beiden Bio-Getränke als auch die Wassersorten in ihrer Herstellungsart vom Produktionsprozess der Biersorten unterscheiden. Die Wassersorten werden aus dem hauseigenen Brunnen abgefüllt und zeigen keinerlei Funktionszusammenhänge mit den anderen Produktionslinien. Der ei-

---

369 Diese werden im Folgenden kumuliert als eine eigenständige Produktionslinie betrachtet.

genständige Absatzmarkt und die funktionale Unabhängigkeit klassifizieren die Produktionslinie Wasser dementsprechend als separate CGU. Für die Bio-Getränkesorten hat der Eigentümer in intensiver Forschungs- und Ingenieurarbeit eine Rezeptur sowie ein Prozessverfahren zur Herstellung einer Basislauge entwickelt. Die gemeinsame Inanspruchnahme der Basislauge durch beide Produktionslinien Bio I und Bio II lässt einen funktionalen Zusammenhang der Herstellung des Zwischenproduktes in Gestalt einer Plattform vermuten. Die Suche nach einem aktiven Markt für die Basislauge ergibt, dass keine Möglichkeit zur Austauschbarkeit besteht, ein jeweils unabhängiger Ertragstrom somit nicht vorliegt. Infolgedessen müssen beide Produktionslinien ihre Planungen eng miteinander abstimmen. Deshalb sind Bio I und Bio II gemeinsam in einer CGU auszuweisen.

Ein weiterer funktionaler Zusammenhang lässt sich zwischen den Produktionslinien Weißbiere und Festbiere vermuten. Die Festbiere der Brauerei werden zu verschiedenen Anlässen während des gesamten Jahres hergestellt und basieren auf einem eigenen Biersud. Jedoch läuft der Produktionsprozess nicht gänzlich eigenständig, da der jeweilige Biersud zum Festbier in einem bestimmten Verhältnis mit der Weißbierproduktionslinie zusammengemischt („verschnitten") wird. Die Produktionslinie Weißbiere produziert und liefert somit ein Zwischengut an die Produktionslinie Festbiere. Dies lässt auf eine Abhängigkeit der Festbierlinie von der Weißbierlinie schließen. Zur Klärung wird untersucht, ob das Zwischenprodukt austauschbar ist. Dazu überprüft man wieder, ob ein aktiver Markt existiert. Die Nachforschung ergibt, dass das Zwischenprodukt der Weißbierlinie nicht substituierbar ist. Zur Sicherstellung des einzigartigen Geschmacks kann die Vorstufe des Weißbieres nicht aus externer Produktion hinzugekauft werden. Gleichzeitig ist mangels zusätzlicher Anlagekapazitäten keine Eigenproduktion des Zwischenproduktes durch die Festbierlinie möglich. Aus diesen Gründen besteht keine Dispositionsfreiheit zwischen beiden Produktionslinien. Infolge des funktionalen Zusammenhangs werden die Produktionslinien gemeinsam als die CGU „Weißbiere" ausgewiesen.

Darüber hinaus sind keine funktionalen Zusammenhänge erkennbar, so dass die Produktionslinie Brauhäuser aufgrund des eigenen Absatzmarkts und der funktionalen Unabhängigkeit als separate CGU in die Berichtsstruktur integriert wird.

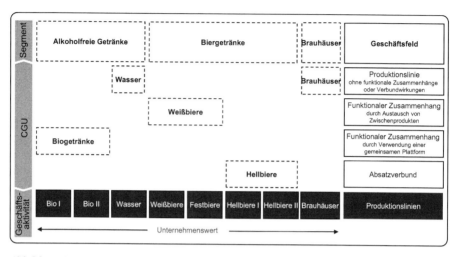

Abbildung 34: Darstellung der externen Berichtsstruktur mit CGUs und aggregierten Segmenten

Im Ergebnis können aus den acht Produktionslinien insgesamt fünf (teilweise) aggregierte externe Berichtsgegenstände klassifiziert werden (Abbildung 34). Im Hinblick auf den Einzug einer hierarchisch übergeordneten Segmentebene in die Berichtsstruktur müssen die CGUs nochmals auf absatzrelevante Kriterien untersucht werden. Anhand der Kreuzpreiselastizitäten zwischen den CGUs können grundlegend drei isolierte Produkt-Markt-Kombinationen mit eigenständigen Rahmenbedingungen identifiziert werden. Dabei erfolgt die Aggregation der CGUs zu Segmenten anhand der die Produkt-Markt-Kombinationen hauptsächlich differenzierenden Eigenschaften Biergetränke, alkoholfreie Getränke und Brauhäuser. Neben der Segmentierung der Produktpalette nach Getränkesorten bildet das Segment Brauhäuser gemäß dem Management Approach eine eigenständige Berichtseinheit, weil die Mikrobrauereien mit keiner anderen CGU eine isolierbare Produkt-Markt-Kombination bilden. Im Zuge der beabsichtigten Expansion dieses Geschäftsmodells ins Ausland könnte innerhalb des Segments wiederum über eine anforderungsgerechte Erfolgsspaltung nach Regionen nachgedacht werden.

Für die nach dem Chancen- und Risikoansatz anforderungsgerecht identifizierten CGUs sind Ergebnisrechnungen auf pagatorischer Basis durch das Rechnungswesen der Brauerei zu ermitteln. Zum Ausweis der operativen Segmente müssen diese Ergebnisrechnungen im Rahmen der Aggregation konsolidiert werden. Aufgrund der Tatsache, dass die Rechnungsgrößen der CGUs auf Kostenträgereinheiten liegen, die mittels Kalkulationsverfahren aus denselben Kostenstellenbögen eines einzigen Betriebsabrechnungsbogens umgelegt werden, fallen jedoch keine intersegmentären Aufwendungen und Erträge bzw. Kosten und Erlöse an. Deshalb beschränkt sich bei dem betrachteten Unternehmenskreis die Konsolidierung –

im Vergleich zu einem Konzernabschluss – auf die Zusammenfassung der CGUs durch Addition der Rechnungsgrößen.

Sowohl die Eigentümer als auch die (potenziellen) Kapitalgeber können auf Basis dieses Differenzierungskonzepts Rückschlüsse über den Erfolg, die Nachhaltigkeit und das Potenzial der operativen Geschäftsaktivitäten der Brauerei ziehen. Die methodische Vorgehensweise zur Verrechnung der ursprünglich für die interne Deckungsbeitragsrechnung erfassten Kosten- und Erlösarten auf eine pagatorische Ergebnisrechnung wird im abschließenden Abschnitt erklärt.

5.4.3. Erläuterung der Methodik zur Erfassung und Verteilung der Rechnungsgrößen auf die Kostenstellen sowie der Verrechnung auf die Berichtsgegenstände

Für die anforderungsgerechte Zuordnung der Rechnungsgrößen auf die Kostenträger dient ein mehrstufiges Verfahren, welches in den folgenden Absätzen in Grundzügen dargestellt werden soll. Bei der Verrechnung der Kosten- und Erlösarten auf Kostenträger wird grundsätzlich zwischen Einzelkosten und Gemeinkosten unterschieden. Während erstere direkt auf den Kostenträgern erfasst werden können, bedürfen Gemeinkosten einer Aufschlüsselung über die Kostenstellenrechnung. Ein verbreitetes Instrument zur Durchführung der Aufgaben der Kostenstellenrechnung ist der Betriebsabrechnungsbogen (BAB). Der BAB erfasst die nicht direkt auf Kostenträger zurechenbaren Gemeinkosten im Unternehmen und verteilt diese anhand verschiedener Schlüsselungen auf die Kostenstellen. Bei Anwendung einer Teilkostenrechnung wird im BAB anhand der Bezugsgröße Beschäftigung zwischen fixen und variablen Gemeinkosten unterschieden, wovon ausschließlich letztere direkt auf die Kostenträger umlegbar sind. Im Rahmen eines Vollkostenansatzes existiert hingegen keine Aufteilung der Gemeinkosten nach fixen und variablen Bestandteilen, so dass die Kostenarten im Kostenstellenbogen nicht separat ausgewiesen und dementsprechend vollständig auf die Kostenträger verrechnet werden.

Die Gliederung der Kostenstellen orientiert sich am organisatorischen Einliniensystem des typisierten mittelständischen Unternehmens und ist dementsprechend nach dem Verrichtungsprinzip ausgerichtet. Infolgedessen fungieren die in Abschnitt 3.3.2. vorgestellten (und unter 5.2.1. zeitweise vereinfachten) Funktionsbereiche als die vier Endkostenstellen Beschaffung, Produktion, Absatz und Verwaltung. Sämtliche Kosten, die nicht direkt den Endkostenstellen zugerechnet werden, sind in den Vorkostenstellen zu erfassen und werden im Rahmen der innerbetrieblichen Leistungs-Verrechnung (IbLV) auf die Endkostenstellen umgelegt. Hierbei gilt es zwischen der Teil- und Vollkostenrechnung zu differenzieren. Während bei der Vollkostenrechnung alle Kosten der Vorkostenstellen auf die Endkostenstellen geschlüsselt werden, erfolgt im Rahmen der Teilkostenrechnung nur die Umlage der variablen Gemeinkosten. Die fixen Gemeinkosten der Vorkostenstellen werden gemeinsam mit den fixen Gemeinkosten der Endkostenstellen in verschiedenen Fixkostenblöcken gestuft in die Deckungsbeitragsrechnung übernommen. Als Resultat des Umlageverfahrens erhält man die Funktionskosten der vier Endkostenstellen, wobei Abbildung 35 den Kostenstellenbogen der Produktion exemplarisch auf Basis von Teilkosten darstellt.

Die Steuerung der Funktionsbereiche der Brauerei erfolgt anhand der in der Abbildung 35 am Beispiel Produktion gezeigten Bereichs-Deckungsbeitragsrechnungen. Darüber hinaus bricht das Rechnungswesen der Gesellschaft die variablen Kostenanteile der Kostenbereiche auf einzelne Kostenträger herunter. Die Umlegung der Gemeinkosten der Kostenstellenbögen auf die Kostenträger kann auf Basis verschiedener Kalkulationsverfahren durchgeführt werden.[370] Das betrachtete Unternehmen verwendet das Zuschlagskalkulationsverfahren, welches in der Regel bei der Herstellung heterogener Produkte angewendet wird und auf einem nach dem Verrichtungsprinzip gegliederten Produktionsprozess beruht.[371] Bei dieser Methode werden die Gemeinkosten mithilfe des Zuschlagsatzes Tausend Hektoliter auf die Kostenträgereinzelkosten aufgeschlagen.

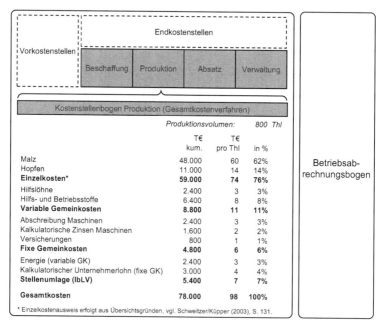

Abbildung 35: Erfassung und Verteilung der Rechnungsgrößen auf die vier Endkostenstellen

---

370 Vgl. für einen Überblick Schweitzer/Küpper (2003), S. 159.
371 Vgl. Schweitzer/Küpper (2003), S. 168.

Den Verrechnungsprozess der Rechnungsgrößen der Kostenstellenbögen auf die Kostenträger muss die Brauerei jeweils getrennt für die interne Weiterverwendung und den externen Ausweis von CGUs durchführen. Für die interne Unternehmenssteuerung auf Basis einer mehrstufigen Deckungsbeitragsrechnung bleiben die kalkulatorischen Zusatzkosten (kalkulatorische Zinsen und kalkulatorischer Unternehmerlohn) aus dem BAB erhalten, und es erfolgt eine Verteilung der variablen und fixen Gemeinkosten anhand der verschiedenen Zerlegungskriterien auf die einzelnen Kostenträger, respektive die einzelnen Produktgruppen.[372] Durch Hinzunahme der auf die Kostenträger direkt zurechenbaren Erlöse und Einzelkosten ist die Unternehmensleitung in der Lage, über Deckungsbeiträge mehrstufige Erfolgsgrößen auszuweisen. Mit der stufenartigen Integration der Fixkostenblöcke, die sich aus den fixen Gemeinkosten der Vorkostenstellen und Endkostenstellen zusammensetzen, errechnet sich das kalkulatorische Betriebsergebnis (Abbildung 36).[373]

---

[372] Die in Abbildung 36 dargestellte interne Abgrenzung der Produkte zeigt eine „gewachsene" Differenzierung der Geschäftsaktivitäten. Eine nach dem Management Approach bedingungslose Übernahme dieser Berichtsstruktur erfüllt die Rechnungszwecke und -ziele der Kapitalgeber nicht. Vgl. dazu die Kritikpunkte zum Management Approach in Abschnitt 5.1.2.
[373] Die Rechnungsgrößen der Kostenstellen Beschaffung und Produktion werden als Produktionskosten gemeinsam auf die Kostenträger verrechnet.

	Innovative Produkte						Traditionelle Produkte												Firmenspitze		
	Biogetränk I			Biogetränk II			Wasser			Weißbiere			Festbiere			Hellbiere I			Hellbiere II			Brauhäuser					
Absatz:	80 Thl			90 Thl			50 Thl			150 Thl			60 Thl			100 Thl			60 Thl			10 Thl			600 Thl		
Position	T€ pro Thl	T€ kum.	in %	T€ pro Thl	T€ kum.	in %	T€ pro Thl	T€ kum.	in %	T€ pro Thl	T€ kum.	in %	T€ pro Thl	T€ kum.	in %	T€ pro Thl	T€ kum.	in %	T€ pro Thl	T€ kum.	in %	T€ pro Thl	T€ kum.	in %	T€ pro Thl	T€ kum.	in %
Brutto-Erlöse*	160	12.800	100%	185	16.650	100%	75	3.750	100%	140	21.000	100%	100	6.000	100%	110	11.000	100%	120	7.200	100%	160	1.600	100%	133	80.000	100%
Variable Einzelkosten*	90	7.200	56%	95	8.550	51%	32	1.600	43%	82	12.300	59%	60	3.600	60%	62	6.200	56%	66	3.960	55%	84	840	53%	74	44.250	55%
Deckungsbeitrag I	70	5.600	44%	90	8.100	49%	43	2.150	57%	58	8.700	41%	40	2.400	40%	48	4.800	44%	54	3.240	45%	76	760	48%	60	35.750	45%
Variable Gemein-kosten Produktion	14	1.120	9%	14	1.260	8%	14	700	19%	14	2.100	10%	14	840	14%	14	1.400	13%	14	840	12%	14	140	9%	14	8.400	11%
Deckungsbeitrag II	56	4.480	35%	76	6.840	41%	29	1.450	39%	44	6.600	31%	26	1.560	26%	34	3.400	31%	40	2.400	33%	62	620	39%	46	27.350	34%
Variable Gemein-kosten Vertrieb*	5	400	3%	8	720	4%	5	250	7%	5	750	4%	5	300	5%	8	800	7%	5	300	4%	5	50	3%	6	3.570	4%
Deckungsbeitrag III	51	4.080	32%	68	6.120	37%	24	1.200	32%	39	5.850	28%	21	1.260	21%	26	2.600	24%	35	2.100	29%	57	570	36%	40	23.780	30%
Variable Gemein-kosten Verwaltung*	4	320	3%	5	450	3%	4	200	5%	4	600	3%	4	240	4%	5	500	5%	4	240	3%	4	40	3%	4	2.590	3%
Deckungsbeitrag IV	47	3.760	29%	63	5.670	34%	20	1.000	27%	35	5.250	25%	17	1.020	17%	21	2.100	19%	31	1.860	26%	53	530	33%	35	21.190	26%
Deckungsbeitrag IV aller Einzelprodukte		9.430															11.760										
Fixe Gemein-kosten Produktion		2.210															5.590									7.800	10%
Deckungsbeitrag V		7.220															6.170									13.390	17%
Fixe Gemein-kosten Vertrieb*		3.000															4.000									7.000	9%
Deckungsbeitrag VI		4.220															2.170									6.390	8%
Deckungsbeitrag VI innov & trad. Produkte												6.390															
Fixe Gemein-kosten Verwaltung*												5.000														6%	
Betriebsergebnis												**1.390**														2%	

* Unterschiede in den Stückerlösen und -kosten sowie Kosten für Vertrieb und Verwaltung exogen gegeben.

Abbildung 36: Ableitung der kalkulatorischen Produktdeckungsbeitragsrechnung aus dem BAB

Zur Darstellung der pagatorischen Ergebnisrechnungen auf Kostenträgerbasis, respektive auf Basis der CGUs, bedarf es in einem ersten Schritt der Ausbuchung sämtlicher kalkulatorischer Zusatz- kosten (und gegebenenfalls kalkulatorischer Anderskosten der übrigen Kostenstellen). Darüber hinaus sind nach dem Vollkostenansatz alle Kosten der Vorkostenstellen auf die Endkostenstellen umzulegen. Durch die Abgrenzung funktionaler Endkostenstellen im Sinne der Gliederungskriterien der GuV wird eine adäquate Verrechnung der Einzel- und Gemeinkosten der Kostenbereiche in die Ergebnisrechnung sichergestellt. Die Kostenstellenbögen für Beschaffung und Produktion bilden die Rechnungsgröße Kosten der abgesetzten Leistung. Eine Abbildung der Bögen des Absatzes und der Verwaltung erfolgt ebenfalls adäquat in den Positionen der integrierten Ergebnisrechnung. Ferner können auch die direkt zurechenbaren Umsätze unmittelbar in die CGUs übernommen werden (Abbildung 37).

An dieser Stelle zeigt sich ein weiterer Vorteil des partiellen Integrationskonzepts. Durch die vorgelagerte Ermittlung der anforderungsgerechten Berichtsstruktur können unternehmerische Fehlentscheidungen infolge der Schlüsselung fixer Gemeinkosten innerhalb der Vollkostenrechnung gemildert werden. Eine Aggregation von Kostenträgern zu CGUs erfordert keine Schlüsselung der Fixkosten bis auf die unterste Hierarchieebene der Kostenträger mehr, sondern die Brauerei muss diese nur auf höhere Berichtsebenen verteilen. Der hohe Aggregationslevel bietet eine größere Auswahl möglicher Zerlegungskriterien, die unter Umständen zu einer aussagekräftigeren Abbildung der empirischen Gegebenheiten führen.

Absatz:	Alkoholfreie Getränke				Biergetränke				Brauhäuser		Firmenspitze	
	Biogetränke		Wasser		Hellbiere		Weißbiere					
	170 Thl		50 Thl		160 Thl		210 Thl		10 Thl		600 Thl	
Position	T€ kum.	in %	T€ kum.	in %	T€ kum.	in %	T€ kum.	in %	T€ kum.	in %	T€ kum.	in %
Umsatzerlöse	**29.450**	**100%**	**3.750**	**100%**	**18.200**	**100%**	**27.000**	**100%**	**1.600**	**100%**	**80.000**	**100%**
Kosten der abgesetzten Leistung	18.810	64%	2.500	67%	13.040	72%	19.680	73%	1.020	64%	55.050	69%
Vertriebskosten	4.120	14%	715	19%	2.588	14%	3.003	11%	143	9%	10.570	13%
Verwaltungskosten	2.187	7%	617	16%	2.073	11%	2.590	10%	123	8%	7.590	9%
Sonstige betriebliche Erträge	0	0%	0	0%	0	0%	0	0%	0	0%	0	0%
Sonstige betriebliche Aufwendungen	0	0%	0	0%	0	0%	0	0%	0	0%	0	0%
Periodenergebnis der CGU*	**4.333**	**15%**	**-82**	**-2%**	**498**	**3%**	**1.727**	**6%**	**314**	**20%**		**8%**
Periodenergebnis des Segments*	4.252				2.225				314			
Periodenergebnis des Konzerns*					6.790							

* Vor Finanzergebnis und Steuern.

Abbildung 37: Darstellung der pagatorischen CGU- und Segment-Ergebnisrechnung[374]

374 Das höhere Unternehmensergebnis der externen Ergebnisrechnung auf Basis von Vollkosten liegt (1) in der Eliminierung der kalkulatorischen Zusatzkosten (Zinskosten und Unternehmerlohn) und (2) in der Proportionalisierung der fixen Gemeinkosten begründet. Die Vollkostenrechnung nach dem Umsatzkostenverfahren trägt die fixen Gemeinkosten nicht abgesetzter Produkte (bei unterstellter Bestandsmehrung) in die Folgeperiode vor.

6. Schlussbetrachtung

Ziel der vorliegenden Arbeit war, ein handhabbares Instrument zur Herleitung einer für externe Eigenkapital- und Fremdkapitalgeber relevanten Berichtsstruktur auf Basis eines integrierten Rechnungslegungssystems für einen typisierten mittelständischen Unternehmenskreis zu entwickeln. Bei der Ausarbeitung sollten die Ausgangsvoraussetzungen der eigentümergeführten KMU und die auf die Unternehmensgruppe einwirkenden externen Einflussfaktoren im Vordergrund stehen. Zur Erhöhung der Akzeptanz bei den Adressaten und der Bedienbarkeit durch die Unternehmen orientierte sich die Ausgestaltung der Identifikations- und Abgrenzungsregularien an vorhandenen Standards internationaler Rechnungslegungssysteme.

Das in dieser Arbeit typisierte Unternehmen wird zentralistisch durch den Eigentümer geführt und als rasch wachsend sowie zunehmend sektoral bzw. regional diversifiziert beschrieben. Die Finanzierung des operativen Wachstums aber auch die Bewältigung familieninterner Veränderungen erfordern einen hohen Kapitalbedarf, der über eine Ausweitung oder Prolongation der Hausbankkredite und durch interne Einlagen nicht mehr gedeckt werden kann. Infolgedessen konkurriert der Mittelständler nicht nur auf den Güter- und Dienstleistungsmärkten mit großen (kapitalmarktorientierten) Konzernen, sondern rivalisiert mit ihnen zunehmend auch um Kapital auf den internationalen Finanzmärkten. Während sich der mittelständische Betrieb durch Kundennähe, Spezialisierung und Flexibilität gegenüber seiner Konkurrenz nachhaltig behaupten kann, verursachen die nicht wettbewerbsfähige (HGB-)Rechnungslegung und das funktional strukturierte Berichtswesen hohe Informations-, Such- und Transaktionskosten für die externe Kapitalaufnahme. Dieser Nachteil bei Kapitalakquisitionen dokumentiert das sich in den letzten Jahren immer stärker herauskristallisierende Defizit zwischen gestiegenen Informationsanforderungen an die Rechnungslegung und der aktuellen Rechnungslegungspraxis mittelständischer Unternehmen. Aufgrund der Notwendigkeit einer adressatenkonformen externen Berichterstattung erwägt der typisierte Unternehmenskreis die Einführung internationaler Rechnungslegungsstandards und zudem den externen Ausweis divisionaler Geschäftsaktivitäten. Darüber hinaus wird zur weiteren Verbesserung der Kommunikationsfähigkeit im Zuge der beabsichtigten Umstellung auf ein internationales Normenssystem auch eine Harmonisierung der internen und externen Rechnungsgrößen angestrebt.

Die Ableitung der Anforderungen an ein auf den betrachteten Unternehmenskreis zugeschnittenes Rechnungssystem macht jedoch deutlich, dass eine vollständige Integration der Rechnungsgrößen mit den Rechnungszwecken und -zielen der drei wesentlichen Adressaten – Fremdkapital- und Eigenkapitalgeber sowie der geschäftsführende (Alt-)Eigentümer – nicht zu vereinbaren ist. Eine durch diese Arbeit herausgestellte Begründung bietet die im Vergleich zu internationalen Großkonzernen unterschiedliche Ausgangsvoraussetzung des betrachteten Unternehmenskreises. Die Unternehmensleitung und Kapitalgeber großer (kapitalmarktorientierter) Betriebe fordern eine pagatorische Rechnungslegung für divisionale Einheiten von der Profit-Center- bzw. Segment-Ebene bis hinauf zur Konzernspitze ein. Eine Planung, Kontrolle und Steuerung der Segmente und Profit-Center-Einheiten des Konzerns kann somit auf Basis pagatorischer Rechnungsgrößen erfolgen. Darüber hinaus werden in den unteren Hierarchieebenen kalkulatorische Rechnungsgrößen zur Erfüllung der Rechnungszwecke von bspw. Bereichs- und Abteilungsleitern eingesetzt. Das hiermit beschriebene Publikationsschema bezeichnen *Simons/Weißenberger (2008)* als partielle Integration der Rechnungslegung. Dieses in der Realität beobachtbare Integrationsmuster der Rechnungslegung großer Konzerne setzt jedoch eine mehrstufige divisionale Berichts- und Organisationsstruktur voraus, welche der mittelständische Unternehmenskreis nicht vorweisen kann. Vor dem Hintergrund der von *Simons/Weißenberger (2008)* postulierten Übertragbarkeit des Konzepts auf mittelständische Betriebe verdeutlicht die Arbeit, dass die typisierten KMU einen – unteren – Ausschnitt der Organisationsstruktur des in der partiellen Integration thematisierten Großkonzerns repräsentieren. Im Gegensatz zu den Tochtergesellschaften von Großkonzernen ist der betrachtete Unternehmenskreis mit der Anforderung konfrontiert, seine funktionale Organisations- und Berichtsstruktur um ein divisional gegliedertes Berichtssystem zu ergänzen. Von den Unternehmen wird also verlangt, den unterschiedlichen Rechnungszwecken und -zielen der externen Kapitalgeber und des geschäftsführenden Eigentümers nachzukommen, ohne dabei auf eine hierarchisch ausgeprägte Organisations- und Berichtsstruktur zurückgreifen zu können.

Diese Ausgangsvoraussetzungen beschränken das Anwendungsgebiet der partiellen Integration bei mittelständischen Betrieben. Kosteneinsparpotenziale durch das Abschneiden der kalkulatorischen Rechnungslegung auf der Ebene der Profit-Center kann der typisierte Mittelständler nicht in Anspruch nehmen. Die durch die partielle Integration beschriebenen Konzerne ermitteln zwar hierarchieübergreifend pagatorische Daten für einen Ausweis in den obersten Aggregationsebenen, die Vorhaltung und Publikation kalkulatorischer Rechnungsgrößen erfolgt jedoch nur in den unteren Hierarchieebenen. Hingegen muss der typisierte Unternehmenskreis über alle Ebenen hinweg sowohl kalkulatorische als auch pagatorische Daten vorhalten und diese zur Erfüllung der jeweiligen Rechnungszwecke von Kapitalgebern und Unternehmensleitung auch hierarchieübergreifend publizieren. Deshalb ist die partielle Integration für den betrachteten Mittelständler auf einen kostenminimierenden Ausweis der – wesentlichen – Rechnungsgrößen begrenzt. Die Identifikation dieser entscheidungsrelevanten Berichtsgegenstände und die Ermittlung der Bruchstelle zur Platzierung der Kostenträger verhindert nicht nur eine externe Berichtsflut, sondern wird dadurch insbesondere den limitierten Rechnungswesensressourcen des betrachteten Unternehmenskreises gerecht.

Das konstruierte Instrument ermöglicht eine Angliederung der divisionalen Berichtsstruktur mit pagatorischen Rechnungsgrößen an das interne Berichtssystem. Durch Anwendung der partiellen Integration als Bezugsrahmen entsteht über die punktuelle Hinzunahme einzelner Vorschriften der Standards IFRS 8 und IAS 36 (rev. 2004) ein Kriterienkatalog, der die relevante Hierarchieebene zum Ausweis der Kostenträgereinheiten festlegt. Faktisch wird dafür das Berichtssystem in Leistungserstellungs- und Produktionsverbunde – Cash-Generating-Units – unterteilt, die in sich homogene Risiken und in Bezug auf die wirtschaftliche Gesamtsituation des Unternehmens ein heterogenes Verhalten aufweisen sollen. Die Analyse der Interdependenzen zwischen den (potenziellen) Berichtsgegenständen erfolgt über die Ermittlung des Abstimmungsgrads der Planungs- und Steuerungsrechnungen. Am Beispiel einer Differenzierung der Geschäftsaktivitäten nach Produkten schlägt das Konzept die sequentielle Prüfung aller Produkte des Portfolios auf markt- und leistungsbezogene Zusammenhänge vor. Um Aufschluss über die Dispositionsfreiheit der Ertragsströme zu erhalten, verlangt die Vorgehensweise zuerst, auf Basis von Kreuzpreiselastizitäten etwaige Absatzverbunde zwischen mindestens zwei Produkten abzufragen. Liegt eine hohe symmetrische Kreuzpreiselastizität vor, sollten beide Produkte gemeinsam als eine berichtspflichtige operative Teileinheit ausgewiesen werden. Dazu werden ihre Rechnungsgrößen zusammengefasst und die aggregierte Kostenträgereinheit als CGU abgebildet. Für alle anderen Kostenträgereinheiten sieht das Stufenkonzept die Abprüfung funktionaler Kriterien, wie die Existenz von Produktionsplattformen oder das Bestehen von Lieferbeziehungen einzelner Zwischenprodukte, zur Ermittlung gegenseitiger Abhängigkeitsverhältnisse vor. Unter Verwendung des Aktiver-Markt-Kriteriums, welches ebenfalls aus den internationalen Rechnungslegungsstandards dem Leitlinienkatalog beigefügt wird, untersucht die Arbeit eine mögliche Dispositionsfreiheit der Ertragsströme zwischen mindestens zwei Produkten auf der Herstellungsseite. Bedingen funktionale Abhängigkeiten, dass keine Dispositionsfreiheit zwischen den Ertragsströmen herrscht, werden die Kostenträgereinheiten ebenfalls zu einer gemeinsamen CGU aggregiert.

Das Konzept zur Durchführung einer sektoralen und/oder regionalen Erfolgsspaltung der Kostenträgerrechnungen erfüllt einerseits die Anforderungen der Kapitalgeber und berücksichtigt gleichzeitig die in Abschnitt 3.5. formulierten Leitplanken mittelständischer Unternehmen. Schließlich werden gemäß dem Wesentlichkeitsprinzip pagatorische Kostenträgerrechnungen nur auf der anforderungsgerechten hierarchischen Ebene ausgewiesen, was Informationskosten senkt und infolgedessen die mittelständischen Ressourcen nicht zu stark beansprucht. Die Umsetzbarkeit des Kriterienkatalogs beschreibt das in Abschnitt 5.4. angeführte Praxisbeispiel. Durch die strukturierte Ableitung der Berichtsgegenstände und die adäquate Abbildung der pagatorischen Rechnungsgrößen auf den Kostenträgern CGU und Segmente kann die Entscheidungsqualität der externen Kapitalgeber erheblich verbessert werden. Ebenso leistet die Darstellung einen wichtigen Beitrag für langfristige Portfolioentscheidungen.

Eine einfache Zugänglichkeit sowie die kostengünstige Anwendbarkeit waren wichtige zu Beginn der Ausarbeitung formulierte Leitplanken des Konzepts. Die Einfachheit schließt

Limitationen bei der Anwendung weitgehend aus. Vorstellbar wäre jedoch, dass es nicht gelingt, die das Unternehmen vertikal durchdringenden Produktionslinien zu identifizieren. So könnte bspw. bei Existenz von nur einer Produktionsmaschine die Aufteilung der Produktionslinien Schwierigkeiten bereiten bzw. grundsätzlich keine Dispositionsfreiheit der Ertragsströme unterstellt werden, so dass alle potenziellen Berichtsgegenstände als eine gemeinsame CGU klassifiziert würden. Bei diesen in der Regel kleinen Betrieben – die aufgrund ihrer Größe nicht im Betrachtungsfeld der Arbeit stehen – ist daher verstärkt der Absatzmarkt zur Differenzierung der Berichtsstruktur heranzuziehen. Unterstellt man darüber hinaus, dass Unternehmen mit nur einer Produktionsmaschine eine dementsprechend niedrige Anzahl an Produkten herstellen, sollte die Beschränkung des Stufenkonzepts auf den ersten Schritt den Anforderungen der Kapitalgeber genügen.

Aufgrund seines unbestimmten Geltungsbereichs ist von einer schematischen Übernahme des konzipierten Regelwerks durch alle mittelständischen Unternehmen, die sich mit dem Entwurf eines internationalen Rechnungslegungsstandards für kleine und mittlere Unternehmen beschäftigen, abzuraten. Gerade die Heterogenität der Unternehmen veranlasste die Definition eines für das Konzept arbeitsspezifischen Mittelstandsbegriffs. Für diese Gruppe rasch wachsender, diversifizierter und erstmalig um internationale und/oder institutionelle Anleger werbende Betriebe – der Stichprobe in Abschnitt 2.5. nach zwischen 700 und 6.100 Gesellschaften – helfen die Leitlinien, die Übergangsphase zum Großunternehmen mit Regularien einer kapitalmarktorientierten Berichterstattung zu bestehen. Mit Ausnahme der in Abschnitt 2.1 bzw. 2.5 formulierten Sektoren ist das Konzept grundsätzlich für Betriebe aus allen Branchen anwendbar. Somit stehen der Individualität auf der Güterseite feste Regeln zur finanziellen Vergleichbarkeit der Aktivitäten gegenüber, die eine effiziente Kapitalallokation (und implizit Schutzfunktion der Kapitalgeber) gewährleisten. Aufgrund der Tatsache, dass die chancen- und risikokonforme Bestimmung der Geschäftsaktivitäten über die Regeln des Management Approach nach IFRS 8 hinausgehen, verfügen die typisierten Unternehmen durch das vorgeschlagene Konzept über einen wichtigen Baustein zur zweckadäquaten Berichterstattung und sind auf die Anforderungen internationaler Kapitalanleger ein Stück besser vorbereitet.

Insgesamt kann das entwickelte Berichterstattungsinstrument als ein temporäres, aber – mangels bisheriger Existenz eines nutzeradäquaten Kriterienkatalogs – trotzdem notwendiges Hilfsvehikel für den typisierten Unternehmenskreis bezeichnet werden. Eine freiwillige Anwendung der IFRS-Rechnungslegungsstandards scheuen zahlreiche mittelständische Unternehmen aufgrund der umfangreichen Berichtspflichten im Anhang und Lagebericht. Deshalb ist zu erwarten – und wurde in Abschnitt 2.4.2. ausgeführt –, dass sich die Unternehmen in Zukunft an den Vorschriften des IASB(-Entwurfs) für kleine und mittlere Unternehmen orientieren. Aufgrund der Tatsache, dass weder der IFRS 8-Standard noch der in seiner heutigen Form vorliegende IFRS-SME ein anforderungsgerechtes Berichtssystem für den typisierten Unternehmenskreis herbeiführen, kann deshalb der in dieser Arbeit beschriebene Ansatz wertvolle Unterstützung bieten. Grundsätzlich bedarf es jedoch einer Präzisierung des Anwenderkreises der IFRS-SME-Standards, um in einem darauf folgenden Schritt die Inhalte der Rechnungslegungsvorschriften auf die Zielgruppe anzupassen. Diese Forderung kann mit der über wandelnde Finanzierungsbedingungen ausgelösten Veränderung der Eigentümer- und Managementstruktur mittelständischer Unternehmen unterlegt werden. Die sich nunmehr seit den letzten Jahren immer stärker entwickelnden institutionellen und auf privatem Eigenkapital basierenden Finanzierungsformen mittelständischer Unternehmen werden das Verhältnis der Anspruchsgruppen weiter zugunsten der Kapitalseite verschieben. Infolgedessen ist ein steigender Bedarf für ein Regelwerk zum standardisierten Ausweis entscheidungsrelevanter Berichtsgegenstände für diesen Unternehmenskreis zu erwarten. Die in Abschnitt 5.1.3. aus dem Schrifttum zitierten Kritiken und insbesondere die Ausführungen zu den potenziellen Fehlerquellen bei der Erfolgsspaltung eines funktional strukturierten Unternehmens haben zudem gezeigt, dass neue Vorschriften sich gerade nicht an den Eigenschaften von IFRS 8 orientieren sollten. Dieses Spannungsfeld zwischen eindeutigen bzw. umfangreichen Regelwerken zur Berichterstattung einerseits und den beschriebenen organisatorischen Ausgangsvoraussetzungen mittelständischer Betriebe andererseits, bietet für zukünftige wissenschaftliche Arbeiten ein lohnenswertes Forschungsfeld.

Anhang

Autoren	Jahr	Struktur und Grundgesamtheit der Stichprobe[375]									
Achleitner Schraml Tappeiner	2008	< 50 Mio. €		< 100 Mio. €		< 250 Mio. €		< 500 Mio. €		> 500 Mio. €	
		Abs.	in %	abs.	in %	abs.	in %	abs.	in %	abs.	in %
		1	-	3	-	4	-	3	-	1	-
		Umsatzverteilung aus einer Stichprobe von 27 auswertbaren Unternehmen									
Eierle Haller Beiersdorf	2007	8 Mio. € < 32 Mio. €		< 50 Mio. €		< 100 Mio. €		> 100 Mio. €		k. A.	
		abs.	in %	abs.	in %	abs.	in %	abs.	in %	abs.	in %
		-	27	-	19	-	23	-	30	-	1
		Umsatzverteilung aus einer Stichprobe von 410 auswertbaren Unternehmen									
Heyken	2007	< 5 Mio. €		< 10 Mio. €		< 25 Mio. €		< 50 Mio. €		< 125 Mio. €	
		abs.	in %	abs.	in %	abs.	in %	abs.	in %	abs.	in %
		-	18	-	11	-	38	-	25	-	7
		Umsatzverteilung aus einer Stichprobe von 1500 befragten Unternehmen									
Jahnke Wielenberg Schuhmacher	2007	< 50 Mio. €		< 250 Mio. €		< 500 Mio. €		> 500 Mio. €		k. A.	
		abs.	in %	abs.	in %	abs.	in %	abs.	in %	abs.	in %
		-	49,5	-	31,8	-	8,4	-	9,3	-	1,0
		Umsatzverteilung aus einer Stichprobe von 107 auswertbaren Unternehmen									
Kajüter et al.	2007	50 < 99		< 249		< 500					
		abs.	in %	abs.	in %	abs.	in %				
		-	42,1	-	44,9	-	13,1				
		Verteilung der Anzahl der Mitarbeiter aus einer Stichprobe von 107 auswertbaren Unternehmen									
Pfau Mangliers	2007	< 10		< 50		< 100		< 200		< 500	
		abs.	in %	abs.	in %	abs.	in %	abs.	in %	abs.	in %
		-	9,2	-	21,1	-	15,3	-	21,9	-	32,5
		Verteilung der Anzahl der Mitarbeiter aus einer Stichprobe 228 auswertbaren Unternehmen									
Reize	2007	< 1 Mio. €		< 2 Mio. €		< 10 Mio. €		< 50 Mio. €		> 50 Mio. €	
		abs.	in %	abs.	in %	abs.	in %	abs.	in %	abs.	in %
		2,9 Mio.	84	210 Tsd.	6	282 Tsd.	8	60 Tsd.	2	17 Tsd.	0,5
		Umsatzverteilung aus Hochrechnung einer Stichprobe von 13.300 befragten Unternehmen									
Winkeljohann Kruth	2007	< 50 Mio. €		< 250 Mio. €		< 500 Mio. €		> 500 Mio. €		k. A.	
		abs.	in %	abs.	in %	abs.	in %	abs.	in %	abs.	in %
		-	30	-	35	-	16	-	14	-	5
		Umsatzverteilung aus einer Stichprobe von 89 befragten Unternehmen									

---

[375] Die Mehrzahl der Studien macht Angaben über die Rücklaufquoten bzw. über die Verwertbarkeit ihrer Befragungen. Rundungsbedingt erfolgt nicht immer ein Ausweis von 100%.

Studie	Jahr										
von Keitz Reinke Stibi	2006	20 Mio. € < 50 Mio. €		< 250 Mio. €		< 500 Mio. €		> 500 Mio. €		k. A.	
		abs.	in %	abs.	In %	abs.	in %	abs.	in %	abs.	in %
		-	39	-	35	-	10	-	15	-	1
		Umsatzverteilung aus einer Stichprobe von 347 auswertbaren Unternehmen									
Achleitner Poech Groth	2005	< 2 Mio. €		< 10 Mio. €		< 50 Mio. €		< 500 Mio. €		> 500 Mio. €	
		abs.	in %	abs.	in %	abs.	in %	abs.	in %	abs.	in %
		1	-	3	-	4	-	3	-	1	-
		Umsatzverteilung aus einer Stichprobe von 12 auswertbaren Unternehmen									
Berens Püthe Siemes	2005	< 5 Mio. €		< 20 Mio. €		> 20 Mio. €		k. A.			
		abs.	in %	abs.	in %	abs.	in %	abs.	in %		
		-	35	-	31	-	25	-	9		
		Umsatzverteilung aus einer Stichprobe von 213 auswertbaren Unternehmen									
Bräuning Stürz	2005	< 8 Mio. €		< 32 Mio. €		< 64 Mio. €		> 64 Mio. €		k. A.	
		abs.	in %	abs.	in %	abs.	in %	abs.	in %	abs.	in %
		-	12	-	31	-	14	-	42	-	1
		Umsatzverteilung aus einer Stichprobe von 820 auswertbaren Unternehmen									
Möllering Winkeljohann	2005	< 8 Mio. €		< 32 Mio. €		< 60 Mio. €		> 60 Mio. €		k. A.	
		abs.	in %	abs.	in %	abs.	in %	abs.	in %	abs.	in %
		-	21	-	27	-	12	-	33	-	7
		Umsatzverteilung aus einer Stichprobe von 600 befragten Unternehmen									
Weber Sommer Pfanzelt	2005	< 100 Mio. €		< 300 Mio. €		< 500 Mio. €		< 700 Mio. €		> 700 Mio. €	
		abs.	in %	abs.	in %	abs.	in %	abs.	in %	abs.	in %
		-	2,5	-	54,8	-	18,9	-	12,3	-	11,5
		Umsatzverteilung aus einer Stichprobe von 1855 befragten Unternehmen									
Ossadnik Barklage Lengerich	2004	< 50		< 100		< 200		< 500		> 2.000	k. A.
		abs.	in %	abs.	in %	abs.	in %	abs.	in %	abs.	in %	abs.	in %
		60	-	42	-	18	-	25	-	14	-	10	-
		Verteilung der Anzahl der Mitarbeiter aus einer Stichprobe von 169 auswertbaren Unternehmen									
Heyken	2003	< 5 Mio. €		< 10 Mio. €		< 25 Mio. €		< 50 Mio. €		< 125 Mio. €	
		abs.	in %	abs.	in %	abs.	in %	abs.	in %	abs.	in %
		-	21	-	15	-	34	-	22	-	7
		Umsatzverteilung aus einer Stichprobe von 2500 befragten Unternehmen									
Währisch	1998	< 10 Mio. €		< 50 Mio. €		< 250 Mio. €		< 500 Mio. €		> 500 Mio. €	
		abs.	in %	abs.	in %	abs.	in %	abs.	in %	abs.	in %
		8	-	35	-	47	-	18	-	41	-
		Umsatzverteilung aus einer Stichprobe von 149 auswertbaren Unternehmen. Die Umrechnungsbeträge von Deutscher Mark in Euro sind gerundet.									

Anhang 1: Darstellung der Umsatz- und Mitarbeiterverteilung ausgewählter Studien der Jahre 1998-2008 zur Rechnungslegungspraxis und zum Informationsverhalten mittelständischer Unternehmen

Umsatzerlöse GEX®

Kennzahl	2006 (in €)
Maximum	3.336.900.000
Minimum*	2.864.000
Mittelwert	230.942.635
Standardabweichung	440.326.652
Median	71.942.150

ohne Berücksichtigung der Combots AG

Umsatz-Quantile GEX®

Quantil	2006 (in €)	Delta in %
0,1	11.427.280	(-)
0,2	25.725.600	125%
0,3	39.490.740	54%
0,4	57.592.760	46%
0,5	71.942.150	25%
0,6	106.121.460	48%
0,7	166.745.700	57%
0,8	293.691.400	76%
0,9	594.872.900	103%

Umsatzerlöse GEX® Bloomberg Financial Service

	Index Einzelwerte Abfragezeitpunkt: 09.05.2008	RIC	WKN	2006 (in €)
1.	aap Implantate AG Inhaber-Aktien ...	AAQ	DE0005066609	18.454.000
2.	AC-Service AG Namens-Aktien o.N.	ACV	DE0005110001	62.611.000
3.	aleo solar AG Namens-Aktien o.N.	AS1	DE000A0JM634	130.352.000
4.	ALTA FIDES AG für Grundvermög. In...	AL4	DE000A0B7EZ7	64.689.300
5.	Analytik Jena AG Inhaber-Aktien o...	AJA	DE0005213508	67.251.000
6.	ARBOmedia AG Inhaber-Aktien o.N.	RBX	DE0005489306	78.137.000
7.	artnet AG Inhaber-Aktien o.N.	AYD	DE0006909500	8.415.700
8.	A.S. Création Tapeten AG Inhaber-...	ACW	DE0006909500	152.373.300
9.	Asian Bamboo AG Inhaber-Aktien o.N.	5AB	DE000A0M6M79	10.887.400
10.	ATOSS Software AG Inhaber-Aktien ...	AOF	DE0005104400	21.991.000
11.	AWD Holding AG Inhaber-Aktien o.N.	AWD	DE0005085906	735.600.000
12.	Basler AG Inhaber-Aktien o.N.	BSL	DE0005102008	52.122.000
13.	Bauer AG (Schrobenhausen) Inhaber...	B5A	DE0005168108	835.351.000
14.	Beate Uhse AG Inhaber-Aktien EO 1	USE	DE0007551400	270.934.000
15.	Bechtle AG Inhaber-Aktien o.N.	BC8	DE0005158703	1.220.138.000
16.	burgbad AG Inhaber-Aktien o.N.	BUB4	DE000A0EKLW0	74.973.000
17.	Centrosolar Group AG Inhaber-Akti...	C3O	DE0005148506	172.188.000
18.	CENTROTEC Sustainable AG Inhaber-...	CEV	DE0005407506	396.311.000
19.	centrotherm photovoltaics AG Inha...	CTN	DE000A0JMMN2	71.191.100
20.	Ceotronics AG Inhaber-Aktien o.N.	CEK	DE0005407407	17.939.000
21.	Combots AG Namens-Aktien o.N.	CMBT	DE000CMBT111	0
22.	Conergy AG Inhaber-Aktien o.N.	CGY	DE0006040025	752.158.000
23.	CTS EVENTIM AG Inhaber-Aktien o.N.	EVD	DE0005470306	342.927.300
24.	curasan AG Inhaber-Aktien o.N.	CUR	DE0005494538	8.389.000
25.	D. Logistics AG Inhaber-Aktien o.N.	LOI	DE0005101505	322.363.000
26.	DEAG Deutsche Entertainment AG In...	ERM	DE0005513907	36.887.400
27.	Delticom AG Namens-Aktien o.N.	DEX	DE0005146807	173.131.000
28.	DF Deutsche Forfait AG Inhaber-Ak...	DE6	DE0005488795	65.586.400
29.	Eckert & Ziegler Str.-u.Med.AG In...	EUZ	DE0005659700	50.378.000
30.	ecotel communication ag Inhaber-A...	E4C	DE0005854343	56.338.200

Umsatzerlöse GEX® Bloomberg Financial Service

	Index Einzelwerte Abfragezeitpunkt: 09.05.2008	RIC	WKN	2006 (in €)
31.	ELMOS Semiconductor AG Inhaber-Ak...	ELG	DE0005677108	160.673.900
32.	EnviTec Biogas AG Inhaber-Aktien ...	ETG	DE000A0MVLS8	100.683.300
33.	ESTAVIS AG Inhaber-Aktien o.N.	E7S	DE000A0KFKB3	202.198.000
34.	Fielmann AG Inhaber-Aktien o.N.	FIE	DE0005772206	792.912.000
35.	Franconofurt AG Inhaber-Aktien o.N.	FFM	DE0006372626	17.198.100
36.	Funkwerk AG Inhaber-Aktien o.N.	FEW	DE0005753149	241.753.000
37.	Geratherm Medical AG Inhaber-Akti...	GME	DE0005495626	8.589.600
38.	GFT Technologies AG Inhaber-Aktie...	GFT	DE0005800601	173.677.700
39.	GoYellow Media AG Inhaber-Aktien ...	VRI	DE0006911902	2.864.000
40.	GRENKELEASING AG Inhaber-Aktien o..	GLJ	DE0005865901	139.863.000
41.	GWB Immobilien AG Inhaber-Aktien ...	G7B	DE000A0JKHG0	49.534.000
42.	HAWESKO Holding AG Inhaber-Aktien...	HAW	DE0006042708	302.638.000
43.	Heiler Software AG Inhaber-Aktien...	HRW	DE0005429906	8.698.400
44.	Höft & Wessel AG Inhaber-Aktien o...	HWS	DE0006011000	73.959.000
45.	HYPOPORT AG Namens-Aktien o.N.	HYQ	DE0005493365	26.286.000
46.	IBS AG excel.collab.manufact. Nam...	IBB	DE0006228406	19.559.000
47.	IDS Scheer AG Inhaber-Aktien o.N.	IDS	DE0006257009	354.261.000
48.	init innova.in traffic sys. AG In...	IXX	DE0005759807	36.258.000
49.	INTERHYP AG Namens-Aktien o.N.	IYP	DE0005121701	70.630.300
50.	InVision Software AG Inhaber-Akti...	IVX	DE0005859698	10.733.000
51.	ISRA VISION AG Inhaber-Aktien o.N.	ISR	DE0005488100	47.696.000
52.	IVU Traffic Technologies AG Inhab...	IVU	DE0007448508	30.061.000
53.	KROMI Logistik AG Inhaber-Aktien ...	K1R	DE000A0KFUJ5	32.205.000
54.	KRONES AG Inhaber-Aktien o.N.	KRN	DE0006335003	1.910.814.000
55.	KWS SAAT AG Inhaber-Aktien o.N.	KWS	DE0007074007	537.930.000
56.	LPKF Laser & Electronics AG Inhab...	LPK	DE0006450000	39.780.000
57.	MAGIX AG Namens-Aktien o.N.	MGX	DE0007220782	35.788.000
58.	MAXDATA AG Inhaber-Aktien o.N.	MXA	DE0006581309	468.763.000
59.	MEDION AG Inhaber-Aktien o.N.	MDN	DE0006605009	1.604.616.000
60.	MeVis Medical Solutions AG Namens...	M3V	DE000A0LBFE4	8.342.000
61.	MPC Münchmeyer Peters.Cap.AG Inha...	MPC	DE0005187603	246.596.000
62.	Mühlbauer Holding AG & Co.KGaA In...	MUB	DE0006627201	160.676.000
63.	Müller-die lila Logistik AG Inhab...	MLL	DE0006214687	80.750.000
64.	mwb Wertpapierhandelsbank AG Inha...	MWB	DE0006656101	12.687.000
65.	Nemetschek AG Inhaber-Aktien o.N.	NEK	DE0006452907	107.481.000
66.	OHB Technology AG Inhaber-Aktien ...	OHB	DE0005936124	163.147.000
67.	paragon AG Inhaber-Aktien o.N.	PGN	DE0005558696	110.823.000
68.	PATRIZIA Immobilien AG Namens-Akt...	P1Z	DE000PAT1AG3	287.727.000
69.	PC-Ware Inform.Technologies AG In...	PCW	DE0006910904	692.148.000
70.	PlasmaSelect AG Inhaber-Aktien EO 1	PM3	DE0005471809	69.443.000
71.	plenum AG Inhaber-Aktien o.N.	PLE	DE0006901002	26.539.000
72.	primion Technology AG Inhaber-Akt...	P4T	DE0005117006	34.198.900
73.	PROCON MultiMedia AG Inhaber-Akti...	PMM	DE0005122006	86.668.000
74.	PVA TePla AG Inhaber-Aktien o.N.	TPE	DE0007461006	70.404.000
75.	RATIONAL AG Stammaktien o.N.	RAA	DE0007010803	283.702.000
76.	REALTECH AG Inhaber-Aktien o.N.	RTC	DE0007008906	54.380.200
77.	Rohwedder AG Inhaber-Aktien o.N.	RWD	DE0007057705	99.182.000
78.	Rücker AG Inhaber-Aktien o.N.	RUK	DE0007041105	166.141.000
79.	secunet Security Networks AG Inha...	YSN	DE0007276503	36.492.800
80.	SHS VIVEON AG Inhaber-Aktien o.N.	SHS	DE0005072409	72.693.200

	Umsatzerlöse GEX® Bloomberg Financial Service			
	Index Einzelwerte Abfragezeitpunkt: 09.05.2008	RIC	WKN	2006 (in €)
81.	SinnerSchrader AG Inhaber-Aktien ...	SZZ	DE0005141907	15.819.000
82.	SoftM Software u. Beratung AG Inh...	FTM	DE0007249104	82.967.800
83.	Software AG Inhaber-Aktien o.N.	SOW	DE0003304002	482.967.000
84.	Solar-Fabrik AG f.Prod.u.Vert. In...	SFX	DE0006614712	72.693.200
85.	SolarWorld AG Inhaber-Aktien o.N.	SWV	DE0005108401	515.246.000
86.	Solon AG für Solartechnik Inhaber...	SOO	DE0007471195	41.726.300
87.	Splendid Medien AG Inhaber-Aktien...	SPM	DE0007279507	24.885.000
88.	STRATEC Biomedical Systems AG Inh...	SBS	DE0007289001	68.414.400
89.	TAKKT AG Inhaber-Aktien o.N.	TTK	DE0007446007	958.499.000
90.	TELES AG Informationstechnol. Inh...	TLI	DE0007454902	19.174.000
91.	TOMORROW FOCUS AG Inhaber-Aktien	TFA	DE0005495329	66.964.000
92.	TRIA IT-solutions AG Inhaber-Akti...	TSX3	DE000A0MF152	10.260.200
93.	Triplan AG Inhaber-Aktien o.N.	TPN	DE0007499303	40.013.000
94.	UMS Utd Medical Syst. Intl AG Inh...	UMS	DE0005493654	34.821.300
95.	United Internet AG Namens-Aktien ...	UTD	DE0005089031	270.934.000
96.	United Labels AG Inhaber-Aktien o...	ULC	DE0005489561	45.266.700
97.	USU Software AG Inhaber-Aktien o.N.	OSP	DE000A0BVU28	163.147.000
98.	VERBIO Vereinigt.BioEnergie AG In...	VBK	DE000A0JL9W6	312.838.000
99.	Viscom AG Inhaber-Aktien o.N.	V6C	DE0007846867	53.307.000
100.	Wacker Chemie AG Inhaber-Aktien o...	WCH	DE000WCH8881	3.336.900.000
101.	Wacker Constr. Equipment AG Namen...	WAC	DE000WACK012	619.277.000
102.	XING AG Namens-Aktien o.N.	OBC	DE000XNG8888	5.903.000
103.	Zapf Creation AG Inhaber-Aktien o...	ZPF	DE0007806002	116.106.000
104.	ZhongDe Waste Technology AG Inhab...	ZEF	DE000ZDWT018	18.994.600

Anhang 2: Ableitung von Größenmerkmalen der Unternehmen des GEX®

	Stufe A - Finanzinvestoren -								
Größenkategorie des Unternehmens	Kleine Unternehmen (Umsatz < 5,0 Mio. €)		Typisierte Unternehmen (Umsatz < 100,0 Mio. €)		Σ KMU		Große Unternehmen (Umsatz > 100,0 Mio. €)		Grundgesamtheit
Anzahl Gesellschafter	absolut	in %	absolut	in %	absolut	in %	absolut	in %	absolut	in %
Mindestens 1	1.022	(-)	238	(-)	1.260	(-)	11	(-)	1.271	(-)
Mindestens 2	1.022	100%	238	100%	1.260	100%	11	100%	1.271	100%
Mindestens 3	852	83%	205	86%	1.057	84%	11	100%	1.068	84%
Mindestens 4	606	59%	162	68%	768	61%	8	73%	776	61%
Mindestens 5	429	42%	116	49%	545	43%	5	45%	550	43%
	Stufe B - Finanzinvestoren -								
Größenkategorie des Unternehmens	Kleine Unternehmen (Umsatz < 5,0 Mio. €)		Typisierte Unternehmen (Umsatz < 100,0 Mio. €)		Σ KMU		Große Unternehmen (Umsatz > 100,0 Mio. €)		Grundgesamtheit
Anzahl Gesellschafter	absolut	in %	absolut	in %	absolut	in %	absolut	in %	absolut	in %
Mindestens 1	597	(-)	116	(-)	713	(-)	4	(-)	717	(-)
Mindestens 2	597	100%	116	100%	713	100%	4	100%	717	100%
Mindestens 3	427	72%	83	72%	510	72%	4	100%	514	72%
Mindestens 4	240	40%	52	45%	292	41%	2	50%	294	41%
Mindestens 5	129	22%	22	19%	151	21%	1	25%	152	21%

Anhang 3: Identifikation der Betriebe mit einer Minderheitsbeteiligung unter 50 % durch Finanzinvestoren

Literaturverzeichnis

Abell, Derek F. (1980): Defining the Business: The Starting Point of strategic Planning. Englewood Cliffs 1980.

Achleitner, Ann-K. (2004): Private Debt als alternative Finanzierungsform für mittelständische Unternehmen. In: Achleitner, A.; von Einem, C.; von Schröder, B. (Hrsg.): Private Debt – alternative Finanzierung für den Mittelstand. Finanzmanagement, Rekapitalisierung, institutionelles Fremdkapital. S. 41-80, Stuttgart 2004.

Achleitner, Ann-K.; Poech, Angela; Groth, Thorsten (2005): Beteiligungskapital und selektive Informationssuche in mittelständischen Unternehmen. Center for Entrepreneurial and Financial Studies, Working Paper No. 2005-04, Techn. Univ. München, München 2005.

Achleitner, Ann-K.; Kaserer, Christoph; Moldenhauer, Benjamin (2005): German Entrepreneurial Index (GEX). Ein Style-Index zur Performance eigentümergeführter Unternehmen. In: Finanz Betrieb, 7. Jg. (2005), Nr. 2, S. 118-126.

Achleitner, Ann-K.; Schraml, Stephanie C.; Tappeiner, Florian (2008): Private Equity in Familienunternehmen. Studie des Center for Entrepreneurial and Financial Studies an der Technischen Univ. München, München 2008.

Alvarez, Manuel (2004): Segmentberichterstattung und Segmentanalyse. Gabler-Edition Wissenschaft, zugl. Diss. Univ. Augsburg, Wiesbaden 2004.

Ammann, Helmut; Müller, Stefan (2006): IFRS, International Financial Reporting Standards. Bilanzierungs-, Steuerungs- und Analysemöglichkeiten. 2., vollst. überarb. Aufl., Herne u. a. 2006.

Amtsblatt der Europäischen Union (1978): Richtlinie 78/660/EWG Jahresabschlussrichtlinie (Vierte gesellschaftsrechtliche Richtlinie). Amtsblatt Nr. L222 vom 14.8.1978.

Amtsblatt der Europäischen Union (1996): Empfehlung der Kommission betreffend die Definition der Kleinstunternehmen sowie der kleinen und mittleren Unternehmen (96/280/EG). Amtsblatt Nr. L107 vom 30.4.1996.

Amtsblatt der Europäischen Union (2002): Verordnung 1606/2002 des Europäischen Parlaments und des Rates betreffend die Anwendung internationaler Rechnungslegungsgrundsätze. Amtsblatt Nr. L243 vom 11.9.2002.

Amtsblatt der Europäischen Union (2003): Empfehlung der Kommission betreffend die Definition der Kleinstunternehmen sowie der kleinen und mittleren Unternehmen (2003/361/EG). Amtsblatt Nr. L124 vom 20.5.2003.

Amtsblatt der Europäischen Union (2006a): Richtlinie 2006/48/EG über die Aufnahme und Ausübung der Tätigkeit der Kreditinstitute (Neufassung). Amtsblatt Nr. L177 vom 30.6.2006.

Amtsblatt der Europäischen Union (2006b): Richtlinie 2006/49/EG über die angemessene Eigenkapitalausstattung von Wertpapierfirmen und Kreditinstituten (Neufassung). Amtsblatt Nr. L177 vom 30.6.2006.

Amtsblatt der Europäischen Union (2006c): Richtlinie 2006/46/EG zur Änderung der Richtlinie 78/660/EWG über den Jahresabschluss von Gesellschaften bestimmter Rechtsformen. Amtsblatt Nr. L224 vom 16.8.2006.

Ang, James S. (1992): On the Theory of Finance for Privately held Firms. In: Journal of Small Business Finance, 1. Jg. (1992), Nr. 3, S. 185-203.

Ansoff, H. Igor (1965): Corporate strategy. Business Policy for Growth Expansion. New York u. a. 1965.

Arbeitskreis „Immaterielle Werte im Rechnungswesen" der Schmalenbach-Gesellschaft für Betriebswirtschaft e. V. (2008): Leitlinien zur Bilanzierung selbstgeschaffener immaterieller Vermögensgegenstände des Anlagevermögens nach dem Regierungsentwurf des BilMoG. In: Der Betrieb, 61. Jg. (2008), Nr. 34, S. 1813-1821.

Astrachan, Josef H.; Klein, Sabine B.; Smyrnios, Kosmas X. (2002): The F-PEC Scale of Family Influence: A Proposal for Solving the Familiy Business Definition Problem. In: Family Business Review, 15. Jg. (2002), Nr. 1, S. 45-58.

Ballwieser, Wolfgang (1976): Insiderrecht und positive Aktienkurstheorie. In: Schmalenbachs Zeitschrift für betriebswirtschaftliche Forschung, 28. Jg. (1976), Nr. 3, S. 231-252.

Ballwieser, Wolfgang (1985): Informationsökonomie, Rechnungslegungstheorie und Bilanzrichtlinie-Gesetz. In: Schmalenbachs Zeitschrift für betriebswirtschaftliche Forschung, 37. Jg. (1985), Nr. 1, S. 47-66.

Ballwieser, Wolfgang (1990): Unternehmensbewertung und Komplexitätsreduktion. 3., überarb. Aufl., Wiesbaden 1990.

Ballwieser, Wolfgang (2006): IFRS für nicht kapitalmarktorientierte Unternehmen? In: Zeitschrift für Internationale Rechnungslegung, 1. Jg. (2006), Nr. 1, S. 23-30.

Bamberger, Ingolf; Evers, Michael (1997): Internationalisierung. In: Pfohl, H. (Hrsg.): Betriebswirtschaftslehre der Mittel- und Kleinbetriebe. Größenspezifische Probleme und Möglichkeiten zu ihrer Lösung. S. 377-417, 3., neubearb. Aufl., Berlin 1997.

Bar-Yosef, Sasson; Venezia, Itzhak (2004): Experimental Study of Implications of SFAS 131: The Effects of the New Standard on the Informativeness of Segment Reporting. Diskussionsbeiträge des Fachbereichs Wirtschaft der Freien Univ. Berlin, Berlin 2004.

Baum, Heinz-G.; Coenenberg, Adolf G.; Günther, Thomas (2007): Strategisches Controlling. 4., überarb. Aufl., Stuttgart 2007.

Baumann, Karl-H. (1987): Die Segmentberichterstattung im Rahmen der externen Finanzpublizität. In: Havermann, H. (Hrsg.): Bilanz- und Konzernrecht – Festschrift zum 65. Geburtstag von Dr. Dr. h. c. Reinhard Goerdeler. S. 1-23, Düsseldorf 1987.

Bea, Franz X.; Göbel, Elisabeth (2002): Organisation. Theorie und Gestaltung. Stuttgart 2002.

Beaver, William H. (2002): Financial reporting. An accounting revolution. Upper Saddle River 2002.

Behr, Patrick; Fischer, Jörg (2005): Basel II und Controlling. Ein praxisorientiertes Konzept zur Basel-II-konformen Unternehmenssteuerung. Wiesbaden 2005.

Behringer, Stefan (1999): Unternehmensbewertung der Mittel- und Kleinbetriebe. Betriebswirtschaftliche Verfahrensweisen. Grundlagen und Praxis der Betriebswirtschaft, Band 69, Berlin 1999.

Benecke, Birka (2000): Internationale Rechnungslegung und Management Approach. Bilanzierung derivativer Finanzinstrumente und Segmentberichterstattung. Gabler-Edition Wissenschaft: Rechnungswesen und Unternehmensüberwachung, zugl. Diss. Univ. Mannheim, Wiesbaden 2000.

Berens, Wolfgang; Püthe, Tina; Siemes, Andreas (2005): Ausgestaltung der Controllingsysteme im Mittelstand. Ergebnisse einer Untersuchung. In: Zeitschrift für Controlling & Management, 49. Jg. (2005), Nr. 3, S. 186-191.

Berger, Philip G.; Hann, Rebecca (2003): The Impact of SFAS No. 131 on Information and Monitoring. In: Journal of Accounting Research, 41. Jg. (2003), Nr. 2, S. 163-223.

Bernards, Oliver (1994): Segmentberichterstattung diversifizierter Unternehmen. Theoretische und empirische Analyse. Reihe: Steuer, Wirtschaft und Recht, Band 119, zugl. Diss. Univ. Kiel, Bergisch Gladbach u. a. 1994.

Beyhs, Oliver (2002): Impairment of Assets nach International Accounting Standards. Anwendungshinweise und Zweckmäßigkeitsanalyse. Betriebswirtschaftliche Studien Rechnungs- und Finanzwesen, Organisation und Institution, Band 59, zugl. Diss. Univ. Bochum, Frankfurt am Main u. a. 2002.

Böcking, Hans-J.; Benecke, Birka (1998): Neue Vorschriften zur Segmentberichterstattung nach IAS und US-GAAP unter dem Aspekt des Business Reporting. In: Die Wirtschaftsprüfung, 51. Jg. (1998), Nr. 3, S. 92-107.

Böcking, Hans-J. (1998): Zum Verhältnis von Rechnungslegung und Kapitalmarkt: Vom „Financial Accounting" zum „Business Reporting". In: Schmalenbachs Zeitschrift für betriebswirtschaftliche Forschung, 50. Jg. (1998), Nr. 40 (Sonderheft), S. 17-53.

Böcking, Hans-J. (1999): Segmentberichterstattung – Ein Baustein zur Kontrolle und Transparenz im Unternehmensbereich. In: Dörner, D.; Menold, D.; Pfitzer, N. (Hrsg.): Reform des Aktienrechts, der Rechnungslegung und Prüfung. S. 509-538, Stuttgart 1999.

Bräuning, Klaus; Stürz, Willi (2005): Rechnungslegung im Umbruch. Bundesverband der Deutschen Industrie e. V., Drucksache Nr. 369, Berlin 2005.

Bruns, Hans-G. (1999): Harmonisierung des externen und internen Rechnungswesens auf Basis internationaler Bilanzierungsvorschriften. In: Küting, K.; Langenbucher, G.; Weber, C. (Hrsg.): Internationale Rechnungslegung. Festschrift für Professor Dr. Claus-Peter Weber zum 60. Geburtstag, S. 585-604, Stuttgart 1999.

Bundesgesetzblatt (2004): Gesetz zur Einführung internationaler Rechnungslegungsstandards und zur Sicherung der Qualität der Abschlussprüfung (Bilanzrechtsreformgesetz – BilReG). Bundesgesetzblatt Teil I Nr. 65 vom 9.12.2004.

Bundesministerium der Justiz (2008): Gesetzentwurf der Bundesregierung eines Gesetzes zur Modernisierung des Bilanzrechts (Bilanzrechtsmodernisierungsgesetz – BilMoG). Gefunden am 20.7.2008 unter http://www.bmj.bund.de/files/-/3152/RegE%20BilMoG.pdf.

Bundesverband Deutscher Kapitalbeteiligungsgesellschaften – German Private Equity and Venture Capital Association e. V. (2007): BVK Statistik. Das Jahr 2006 in Zahlen. Berlin 2007.

Bundesverband Deutscher Kapitalbeteiligungsgesellschaften – German Private Equity and Venture Capital Association e. V. (2008): BVK Statistik. Das Jahr 2007 in Zahlen. Berlin 2008.

Busse von Colbe, Walther (1998): Rechnungslegungsziele und Ansätze zur internationalen Harmonisierung der Rechnungslegung deutscher Unternehmen. In: Ballwieser, W. (Hrsg.): US-amerikanische Rechnungslegung. Grundlagen und Vergleiche mit dem deutschen Recht. S. 369-387, 3., überarb. und erw. Aufl., Stuttgart 1998.

Chmielewicz, Klaus (1984): Forschungsschwerpunkte und Forschungsdefizite in der deutschen Betriebswirtschaftslehre. In: Schmalenbachs Zeitschrift für betriebswirtschaftliche Forschung, 36. Jg. (1984), Nr. 2, S. 148-157.

Churchill, Neil C.; Lewis, Virginia L. (1983): The Five Stages of Small Business Growth. In: Harvard Business Review, 61. Jg. (1983), Nr. 3, S. 30-50.

Coenenberg, Adolf G. (1995): Einheitlichkeit oder Differenzierung von internem und externem Rechnungswesen: Die Anforderungen der internen Steuerung. In: Der Betrieb, 48. Jg. (1995), Nr. 42, S. 2077-2083.

Coenenberg, Adolf G. (2005): Jahresabschluss und Jahresabschlussanalyse. Betriebswirtschaftliche, handelsrechtliche, steuerrechtliche und internationale Grundsätze – HGB, IFRS und US-GAAP. 20., überarb. und erw. Aufl., Stuttgart 2005.

Collis, Jill; Dugdale, David; Jarvis, Robin (2001): Deregulation of Small Company Reporting in the UK. In: MacLeay, S. (Hrsg.): Contemporary Issues in Accounting Regulation. S. 167-186, Boston u. a. 2001.

Cyert, Richard M.; March, James G. (1963): A Behavioral Theory of the Firm. With Contributions by: G. P. E. Clarkson a. o. Prentice-Hall Behavioral Sciences in Business Series, Englewood Cliffs 1963.

Daschmann, Hans-A. (1994): Erfolgsfaktoren mittelständischer Unternehmen. Ein Beitrag zur Erfolgsfaktorenforschung. Controlling-Entwicklungen, zugl. Diss. Univ. München, Stuttgart 1994.

Destatis (2008): Steuerpflichtige Unternehmen – Umsatzsteuerstatistik 2006. Gefunden am 1.5.2008 unter https://www-ec.destatis.de/csp/shop/sfg/bpm.html.cms.cBroker.cls?cmspath= struktur,vollanzeige.csp&ID=1021641.

Deutsche Börse AG (2008): GEX – German Entrepreneurial Index. Gefunden am 6.5.2008 unter http://deutsche-boerse.com/dbag/dispatch/de/kir/gdb_navigation/listing/10_Market_Structure/ 31_auswahlindizes/560_GEX.

Dinkelbach, Werner; Rosenberg, Otto (2004): Erfolgs- und umweltorientierte Produktionstheorie. Springer-Lehrbuch, 5., neubearb. und erw. Aufl., Berlin 2004.

Dirrigl, Hans (2003): Unternehmensbewertung als Fundament bereichsorientierter Performancemessung. In: Richter, F. (Hrsg.): Kapitalgeberansprüche, Marktwertorientierung und Unternehmenswert. Festschrift für Prof. Dr. Dr. h. c. Jochen Drukarczyk zum 65. Geburtstag, S. 143-186, München 2003.

Dobler, Michael (2007): Kapitalmarktrelevanz von Überleitungsrechnungen gemäß Form 20-F. Bestandsaufnahme und Diskussion. In: Die Betriebswirtschaft, 67. Jg. (2007), Nr. 5, S. 519-538.

Drukarczyk, Jochen; Schüler, Andreas (2007): Unternehmensbewertung. Vahlens Handelsbücher der Wirtschaft- und Sozialwissenschaften, 5., überarb. und erw. Aufl., München 2007.

Eick, Karl-G. (1982): Segmentierung von Geschäftsfeldern und Geschäftseinheiten: eine stratigraphische Analyse im Strategie-Struktur-Zusammenhang. Zugl. Diss. Univ. Augsburg, Augsburg 1982.

Eierle, Brigitte (2005): Differential Reporting in Germany. A Historical Analysis. In: Accounting, Business and Financial History, 15. Jg. (2005), Nr. 3, S. 279-315.

Eierle, Brigitte; Haller, Axel; Beiersdorf, Kati (2007): Entwurf eines internationalen Standards zur Bilanzierung von Small and Medium-sized Entities (ED-IFRS for SME). Studie der Universität Regensburg und des Deutschen Rechnungslegungs Standards Comittee e. V., Berlin 2007.

Ettredge, Michael L.; Kwon, Soo Y.; Smith, David B.; Zarowin, Paul A. (2005): The Impact of SFAS No. 131 Business Segment Data on the Market's Ability to Anticipate Future Earnings. In: Accounting Review, 80. Jg. (2005), Nr. 3, S. 773-804.

Europäisches Parlament (2008): More Transparency and Accountability Needed in Bodies Setting International Accounting Standards. Gefunden am 31.5.2008 unter http://www.europarl.europa.eu/sides/getDoc.do?pubRef=//EP//TEXT+IMPRESS+20080423IPR27465+0+DOC+XML +V0//EN.

Fabozzi, Frank J.; Drake, Pamela P.; Polimeni, Ralph S. (2008): The Complete CFO Handbook. From Accounting to Accountablity. Hoboken 2008.

FASB, Financial Accounting Standards Board (2008a): Statement of Financial Accounting Concepts Nr. 2 „Qualitative Characteristics of Accounting Information". Norwalk 2008.

FASB, Financial Accounting Standards Board (2008b): Statement of Financial Accounting Standards Nr. 142 „Goodwill and Other Intangible Assets". Norwalk 2008.

Fink, Christian; Ulbrich, Phillip (2006): Segmentberichterstattung nach ED 8 – Operating Segments. In: Zeitschrift für internationale und kapitalmarktorientierte Rechnungslegung, 6. Jg. (2006), Nr. 4, S. 233-243.

Fink, Christian; Ulbrich, Phillip (2007a): Verabschiedung des IFRS 8. Neuregelung der Segmentberichterstattung nach dem Vorbild der US-GAAP. In: Zeitschrift für internationale und kapitalmarktorientierte Rechnungslegung, 7. Jg. (2007), Nr. 1, S. 1-6.

Fink, Christian; Ulbrich, Phillip (2007b): IFRS 8: Paradigmenwechsel in der Segmentberichterstattung. In: Der Betrieb, 60. Jg. (2007), Nr. 18, S. 981-985.

Frank, Stefan (2000): Erfolgreiche Gestaltung der Kostenrechnung. Determinanten und Wirkungen am Beispiel mittelständischer Unternehmen. Unternehmensführung und Controlling, zugl. Diss. Wiss. Hochsch. für Unternehmensführung (WHU) Vallendar, Wiesbaden 2000.

Frank, Murray Z.; Goyal, Vidhan K. (2003): Testing the Pecking Order-Theory of Capital Structure. In: Journal of Financial Economics, 67. Jg. (2003), Nr. 2, S. 217-248.

Franz, Klaus-P.; Winkler, Carsten (2006): Unternehmenssteuerung und IFRS. Grundlagen und Praxisbeispiele. Vahlens IFRS Praxis, Management und Controlling, München 2006.

Freund, Werner (2004): Unternehmensnachfolgen in Deutschland. In: Institut für Mittelstandsforschung Bonn (Hrsg.): Jahrbuch zur Mittelstandsforschung 1/2004. Band 106 NF, S. 57-88, Wiesbaden 2004.

Gantzel, Klaus-J. (1962): Wesen und Begriff der mittelständischen Unternehmung. Abhandlungen zur Mittelstandsforschung, Band 4, zugl. Diss. Univ. Köln, Köln 1962.

Gaulhofer, Manfred (1988): Controlling im Mittelbetrieb. Gedanken zur Abstimmung von Verfahren und Instrumenten des Controlling auf die Situation von Führung und Organisation im Mittelbetrieb. Europäische Hochschulschriften: Reihe 5, Volks- und Betriebswirtschaft, zugl. Diss. Univ. Graz, Frankfurt am Main u. a. 1988.

Geiger, Thomas (2001): Shareholder-orientierte Segmentberichterstattung. Entwicklung eines Konzeptes für internationale Konzerne. Schriftenreihe zum Finanz-, Prüfungs- und Rechnungswesen, Band 27, zugl. Diss. Univ. Erlangen, München 2001.

Görzig, B.; Gornig, M.; Werwatz, A. (2007): Produktdiversifizierung: Konvergenz zwischen ost-und westdeutschen Unternehmen. Eine Dekomposition mit Mikrodaten der amtlichen Statistik. In: Jahrbücher für Nationalökonomie und Statistik, Band 227 (2007), Nr. 2, S. 168-186.

Gutenberg, Erich (1983): Grundlagen der Betriebswirtschaftslehre. Band 1, Die Produktion, 24. A. Berlin u. a. 1983.

Guthoff, Markus (2006): IFRS und Mittelstandsrating der Banken. Erhöhen IFRS-Abschlüsse die Qualität der Bilanz- und Finanzanalyse? In: Winkeljohann, N. (Hrsg.): IFRS für den Mittelstand. Perspektiven, Anwendung, Praxisberichte. S. 179-194, Stuttgart 2006.

Günther, Thomas; Zurwehme, Annikka (2008): Harmonisierung des Rechnungswesens – Stellschrauben, Informationswirkung und Nutzenbewertung. In: Betriebswirtschaftliche Forschung und Praxis, 60. Jg. (2008), Nr. 2, S. 101-121.

Haaker, Andreas; Paarz, Michael (2005): Die Segmentberichterstattung als Informationsinstrument. Gewährleisten die Regelungen des IAS 14 eine zweckadäquate Segmentabgrenzung? In: Zeitschrift für internationale und kapitalmarktorientierte Rechnungslegung, 5. Jg (2005), Nr. 5, S. 194-199.

Haaker, Andreas (2005): IFRS und wertorientiertes Controlling. Geprüfte bereichsbezogene Unternehmenswerte als „Service" der IFRS für die wertorientierte Unternehmenssteuerung. In: Zeitschrift für internationale und kapitalmarktorientierte Rechnungslegung, 7. Jg. (2005), Nr. 9, S. 351-357.

Haaker, Andreas (2006a): Der Value In Use einer Cash Generating Unit als adäquate Basis einer wertorientierten Bereichssteuerung. In: Zeitschrift für internationale und kapitalmarktorientierte Rechnungslegung, 8. Jg. (2006), Nr. 1, S. 44-47.

Haaker, Andreas (2006b): Da capo: Zur Eignung des Value In Use einer Cash Generating Unit gemäß IAS 36 als Basis einer wertorientierten Bereichssteuerung. In: Zeitschrift für internationale und kapitalmarktorientierte Rechnungslegung, 8. Jg. (2006), Nr. 11, S. 687-695.

Haaker, Andreas (2007): Wertorientierte Kontrolle und Abweichungsanalyse auf Basis des Goodwill-Impairment-Tests nach IFRS. In: Zeitschrift für Planung und Unternehmenssteuerung, 18. Jg. (2007), Nr. 1, S. 83-108.

Haaker, Andreas (2008): Potential der Goodwill-Bilanzierung nach IFRS für eine Konvergenz im wertorientierten Rechnungswesen. Eine messtheoretische Analyse. Gabler Edition Wissenschaft, zugl. Diss. Univ. Göttingen, Wiesbaden 2008.

Hacker, Bernd; Dobler, Michael (2000): Empirische Untersuchung der Segmentpublizität in Deutschland. In: Die Wirtschaftsprüfung, 53. Jg. (2000), Nr. 17, S. 811-819.

Hacker, Bernd (2002): Segmentberichterstattung. Eine ökonomische Analyse. Betriebswirtschaftliche Studien, Rechnungs- und Finanzwesen, Organisation und Institution, Band 62, zugl. Diss. Univ. München, Frankfurt am Main u. a. 2002.

Haller, Axel (1998): Wesentliche Ziele und Merkmale US-amerikanischer Rechnungslegung. In: Ballwieser, W. (Hrsg.): US-amerikanische Rechnungslegung. Grundlagen und Vergleiche mit dem deutschen Recht. S. 1-27, 3., überarb. und erw. Aufl., Stuttgart 1998.

Haller, Axel; Park, Peter (1999): Segmentberichterstattung auf Basis des „Management Approach" – Inhalt und Konsequenzen. In: Kostenrechnungspraxis, 51. Jg. (1999), Nr. 3/99 (Sonderheft), S. 59-66.

Haller, Axel; Beiersdof, Kati; Eierle, Brigitte (2007): ED-IFRS for SMEs – Entwurf eines internationalen Rechnungslegungsstandards für kleine und mittelgroße Unternehmen. In: Betriebs-Berater, 62. Jg. (2007), Nr. 10, S. 540-551.

Handelsblatt Zeitung (2007): „Weltweit begehrte Anlageziele". Ausgabe vom 17.12.2007, S. 11, Düsseldorf 2007.

Heinen, Edmund (1965): Betriebswirtschaftliche Kostenlehre. Begriff und Theorie der Kosten. 2. Aufl., Wiesbaden 1965.

Hennerkes, Brun-H. (1998): Familienunternehmen sichern und optimieren. Frankfurt am Main u. a. 1998.

Herrmann, Don; Thomas, Wayne B. (2000a): A Model of Forecast Precision Using Segment Disclosures: Implications for SFAS No. 131. In: Journal of International Accounting, Auditing and Taxation, 9. Jg. (2000), Nr. 1, S. 1-18.

Herrmann, Don; Thomas, Wayne B. (2000b): An Analysis of Segment Disclosures under SFAS No. 131 and SFAS No. 14. In: Accounting Horizons, 14. Jg. (2000), Nr. 3, S. 287-302.

Heyken, Andrea (2003): Mittelstand im Mittelpunkt – Ausgabe Frühjahr/Sommer 2003: Krisenmanagement und Unternehmensfinanzierung. Frankfurt am Main 2003.

Heyken, Andrea (2007): Mittelstand im Mittelpunkt – Ausgabe Frühjahr/Sommer 2007: Finanzierungsinstrumente und Risikomanagement. Frankfurt am Main 2007.

Hilz, Christian (2000): Anteilseignerorientierte Unternehmenssteuerung auf Basis der US-amerikanischen Rechnungslegung? Zugl. Diss. Univ. München, München 2000.

Himmel, Holger (2004): Konvergenz von interner und externer Unternehmensrechnung am Beispiel der Segmentberichterstattung. Unternehmen und Steuern, Band 30, zugl. Diss. Univ. Bayreuth, Aachen 2004.

Hoke, Michaela (2001): Konzernsteuerung auf Basis eines intern und extern vereinheitlichten Rechnungswesens. Empirische Befunde vor dem Hintergrund der Internationalisierung der Rechnungslegung. Zugl. Diss. Univ. St. Gallen, Frankfurt am Main u. a. 2001.

Hommel, Michael (1998): Bilanzierung immaterieller Anlagewerte. Betriebswirtschaftliche Abhandlungen, Band 105, zugl. Habilitations-Schrift Univ. Frankfurt am Main, Stuttgart 1998.

Hungenberg, Harald; Wulf, Torsten (2006): Grundlagen der Unternehmensführung. 2. Aufl., Berlin u. a. 2006.

Hunt, Cally (1996): Through management's eyes. In: CA Magazine, 129. Jg. (1996), Nr. 4, S. 47-48.

Hussain, Simon; Skerratt, Len C. L. (1992): Gains from Disaggregation and the Definition of a Segment: A Note on SSAP 25. In: Accounting and Business Research, 22. Jg. (1992), Nr. 88, S. 370-376.

Hussain, Simon (1997): The Impact of Segment Definition on the Accuracy of Analyst's Earnings Forecasts. In: Accounting and Business Research, 27. Jg. (1997), Nr. 2, S. 145-156.

IASB, International Accounting Standards Board (2006): International Financial Reporting Standards (IFRS) 2006. Including International Accounting Standards (IASs) and Interpretations as at 1 January 2006. London 2006.

IASB, International Accounting Standards Board (2007): Exposure Draft of a proposed International Financial Reporting Standards for Small and Medium-sized Entities (IFRS for SMEs). Comments to be received by 1 October 2007. London 2007.

IASB, International Accounting Standards Board (2008): International Financial Reporting Standards (IFRS) 2008. Including International Accounting Standards (IASs) and Interpretations as at 1 January 2008. London 2008.

Institut für Mittelstandsforschung Bonn (2008a): Schlüsselzahlen des Mittelstands in Deutschland 2006. Gefunden am 1.5.2008 unter http://www.ifm-bonn.de/index.php?id=99.

Institut für Mittelstandsforschung Bonn (2008b): Mittelstandsdefinition. Gefunden am 1.5.2008 unter http://www.ifm-bonn.de/index.php?id=89.

Institut für Mittelstandsforschung Bonn (2008c): Definition Familienunternehmen im engeren Sinn. Gefunden am 1.5.2008 unter http://www.ifm-bonn.de/index.php?id=68.

Jahnke, Hermann; Wielenberg, Stefan; Schumacher, Heinrich (2007): Ist die Integration des Rechnungswesens tatsächlich ein Motiv für die Einführung der IFRS in mittelständischen Unternehmen? In: Zeitschrift für internationale und kapitalmarktorientierte Rechnungslegung, 7. Jg. (2007), Nr. 7-8, S. 365-377.

Jensen, Michael C.; Meckling, William H. (1976): Theory of the Firm: Managerial Behavior, Agency Costs and Ownership Structure. In: Journal of Financial Economics, 3. Jg. (1976), Nr. 4, S. 305-360.

Johnson, H. T.; Kaplan, Robert S. (1991): Relevance Lost. The Rise and Fall of Management Accounting. 2. Aufl., Boston 1991.

Jonas, Gregory J.; Blanchet, Jeannot (2000): Assessing Quality of Financial Reporting. In: Accounting Horizons, 14. Jg. (2000), Nr. 3, S. 353-363.

Kah, Arnd (1994): Profitcenter-Steuerung. Ein Beitrag zur theoretischen Fundierung des Controlling anhand des Principal-Agent-Ansatzes. Controlling-Entwicklungen, zugl. Diss. Univ. München, Stuttgart 1994.

Kajüter, Peter; Barth, Daniela; Dickmann, Tobias; Zapp, Pierre (2007): Rechnungslegung nach IFRS im deutschen Mittelstand? Der Standardentwurf „IFRS für kleine und mittelgroße Unternehmen" im Licht empirischer Befunde. In: Der Betrieb, 60. Jg. (2007), Nr. 35, S. 1877-1884.

Kaserer, Christoph; Achleitner, Ann-K.; Moldenhauer, Benjamin (2005): Entrepreneurial Firms: Einfluss der Eigentümerstruktur auf Unternehmensperformance und Kapitalmarktfähigkeit. In: Betriebs-Berater, 60. Jg. (2005), Nr. 15, S. 2-8.

Kaserer, Christoph; Achleitner, Ann-K.; Moldenhauer, Benjamin; Ampenberger, Markus (2006): Eine Jahr „German Entrepreneurial Index (GEX)" – Bestandsaufnahme und Analyse. In: Finanz Betrieb, 8. Jg. (2006), Nr. 1, S. 10-17.

Kayser, Gunter (1990): Organisation. In: Pfohl, H. (Hrsg.): Betriebswirtschaftslehre der Mittel- und Kleinbetriebe. Größenspezifische Probleme und Möglichkeiten zu ihrer Lösung. S. 74-95, 2., neubearb. Aufl., Berlin 1990.

Kayser, Gunter (1997): Unternehmensführung. In: Pfohl, H. (Hrsg.): Betriebswirtschaftslehre der Mittel- und Kleinbetriebe. Größenspezifische Probleme und Möglichkeiten zu ihrer Lösung. S. 81-102, 3., neubearb. Aufl., Berlin 1997.

Kemmetmüller, Wolfgang (1986): Grundzüge einer Managementlehre für Klein- und Mittelbetriebe. In: Pleitner, H. J. (Hrsg.): Aspekte einer Managementlehre für kleinere Unternehmen. Sonderhefte zur Zeitschrift Internationales Gewerbearchiv, Band 1, S. 52-60, Berlin u. a. 1986.

KfW, Creditreform, IfM, RWI, ZEW (2008): Mittelstand trotz nachlassender Konjunkturdynamik in robuster Verfassung. MittelstandsMonitor 2008 – Jährlicher Bericht zu Konjunktur- und Strukturfragen kleiner und mittlerer Unternehmen, Frankfurt am Main 2008.

Kiener, Stefan (1990): Die Principal-Agent-Theorie aus informationsökonomischer Sicht. Physica-Schriften zur Betriebswirtschaft, Band 28, zugl. Diss. Univ. Regensburg, Heidelberg 1990.

Kieser, Alfred; Kubicek, Herbert (1992): Organisation. De-Gruyter-Lehrbuch, 3., völlig neubearb. Aufl., Berlin u. a. 1992.

Kilger, Wolfgang (1988): Flexible Plankostenrechnung und Deckungsbeitragsrechnung. 9., verb. Aufl., Wiesbaden 1988.

Kirsch, Hanno (2002): Tendenzen in der Kostenrechnung durch Internationalisierung des externen Rechnungswesens. In: Kostenrechnungspraxis, 46. Jg. (2002), Nr. 4, S. 207-213.

Kirsch, Hanno (2008): Bilanzrechtsmodernisierungsgesetz versus „IFRS for SMEs" als Alternativen der Rechnungslegung für nicht kapitalmarktorientierte Unternehmen? In: Zeitschrift für internationale Rechnungslegung, 3. Jg. (2008), Nr. 2, S. 71-78.

Kirsch, Hans-J.; Meth, Dirk (2007): Adressaten einer IFRS-Rechnungslegung für mittelständische Unternehmen. In: Betriebs-Berater, 62. Jg. (2007), Nr. 19 (Sonderheft 6), S. 7-12.

Klein, Georg A. (1999): Unternehmenssteuerung auf Basis der International Accounting Standards. Ein Beitrag zur Konvergenz von internem und externem Rechnungswesen. Controlling-Praxis, zugl. Diss. Univ. Augsburg, München 1999.

Klein, Sabine B. (2000): Family Business in Germany: Significance and Structure. In: Family Business Review, 13. Jg. (2000), Nr. 3, S. 157-181.

Klein-Blenkers, Fritz; Leihner, Emil; Reske, Winfried; Robl, Karl; Geiser, Josef (1979): Die mittelständische Wirtschaft heute. Probleme und Lösungsansätze. Beiträge zur Mittelstandsforschung, Band 50, Göttingen 1979.

Klingels, Bernd (2005): Die Cash Generating Unit nach IAS 36 im IFRS-Jahresabschluss. Bildung, Gestaltungsmöglichkeiten und Auswirkungen. Management, Rechnungslegung und Unternehmensbesteuerung, Band 22, zugl. Diss. Univ. Hamburg, Berlin 2005.

Knorr, Liesel (2007): Projekt des IASB zur Entwicklung eines Rechnungslegungsstandards für SMEs. Darstellung des ED-IFRS for SMEs. Informationsveranstaltung des Deutschen Rechnungslegungs Standards Committee e. V. – Internationale Rechnungslegung für den Mittelstand in München am 20.2.2007.

Köhle, Ivan (2004): Segmentberichterstattung. Eine theoretische, regulatorische und empirische Analyse zur Erstellung einer ausgewogenen Segmentberichterstattung in der Schweiz. Zugl. Diss. Univ. Zürich, Zürich u. a. 2004.

Köhler, Annette G. (2007): IFRS-Standardentwurf für den Mittelstand – Ausgangssituation in Europa und Entwicklungsperspektiven. In: Betriebs-Berater, 62. Jg. (2007), Nr. 19 (Sonderheft 6), S. 2-7.

Kosiol, Erich (1953): Kalkulatorische Buchhaltung (Betriebsbuchhaltung). Systematische Darstellung der Betriebsabrechnung und der kurzfristigen Erfolgsrechnung. 5. Aufl., Wiesbaden 1953.

Kosiol, Erich (1976): Organisation der Unternehmung. Die Wirtschaftswissenschaften, Band 6, 2. Aufl., Wiesbaden 1976.

Kosmider, Andreas (1991): Controlling im Mittelstand. Eine Untersuchung der Gestaltung und Anwendung des Controllings in mittelständischen Industrieunternehmen. Schriftenreihe der Wissenschaftlichen Hochschule für Unternehmensführung, Band 5, zugl. Diss. Wiss. Hochsch. für Unternehmensführung (WHU) Vallendar, Stuttgart 1991.

Kotler, Philip; Bliemel, Friedhelm (2001): Marketing-Management. Analyse, Planung und Verwirklichung. 10., überarb. und aktualisierte Aufl., Stuttgart 2001.

Krahnen, Jan P. (1991): Sunk Costs und Unternehmensfinanzierung. Neue betriebswirtschaftliche Forschung, Band 74, Wiesbaden 1991.

Krämer-Eis, Helmut (2001): Rating: Herausforderungen für Kreditinstitute und Unternehmen. KfW-Beiträge Nr. 26, 2001, Frankfurt am Main.

Kubin, Konrad W. (1998): Der Aktionär als Aktienkunde – Anmerkungen zum Shareholder Value, zur Wiedervereinigung der internen und externen Rechnungslegung und zur globalen Verbesserung der Berichterstattung. In: Möller, H. P. (Hrsg.): Rechnungswesen als Instrument für Führungsentscheidungen. Festschrift für Professor Dr. Dr. h. c. Adolf G. Coenenberg zum 60. Geburtstag, S. 525-558, Stuttgart 1998.

Kübler, Klaus-J. (1992): Organisation der Handwerksbetriebe. In: Frese, E. (Hrsg.): Handwörterbuch der Organisation. Enzyklopädie der Betriebswirtschaftslehre, Band 2, Sp. 770-779, 3., völlig neu gestaltete Aufl., Stuttgart 1992.

Kuhlewind, Andreas-M. (1997): Grundlagen einer Bilanzrechtstheorie in den USA. Betriebswirtschaftliche Studien, Rechnungs- und Finanzwesen, Organisation und Institution, Band 37, zugl. Diss. Univ. München, Frankfurt am Main u. a. 1997.

Küpper, Hans-U.; Weber, Jürgen; Zünd, André (1990): Zum Verständnis und Selbstverständnis des Controlling – Thesen zur Konsensbildung. In: Zeitschrift für Betriebswirtschaft, 60. Jg. (1990), Nr. 3, S. 281-293.

Küpper, Hans-U. (1994): Interne Unternehmensrechnung. In: Ballwieser, W. (Hrsg.): Bilanzrecht und Kapitalmarkt. Festschrift zum 65. Geburtstag von Professor Dr. Dr. h. c. Dr. h. c. Adolf Moxter, S. 976-1002, Düsseldorf 1994.

Küpper, Hans-U. (1995): Unternehmensplanung und -steuerung mit pagatorischen oder kalkulatorischen Erfolgsrechnungen? In: Schildbach, T.; Wagner, F. (Hrsg.): Unternehmensrechnung als Instrument der internen Steuerung. Sonderheft 34 von Schmalenbachs Zeitschrift für betriebswirtschaftliche Forschung, S. 19-50, Berlin 1995.

Küpper, Hans-U. (1998a): Angleichung des externen und internen Rechnungswesens. In: Börsig, C.; Coenenberg, A. G. (Hrsg.): Controlling und Rechnungswesen im internationalen Wettbewerb. S. 143-162, Stuttgart 1998.

Küpper, Hans-U. (1998b): Marktwertorientierung – neue und realisierbare Ausrichtung für die interne Unternehmensrechnung? In: Betriebswirtschaftliche Forschung und Praxis, 50. Jg. (1998), Nr. 5, S. 517-539.

Küpper, Hans-U. (2001): Controlling. Konzeption, Aufgaben und Instrumente. Controlling-Konzepte, 3., überarb. und erw. Aufl., Stuttgart 2001.

Küting, Karlheinz; Lorson, Peter (1998): Grundsätze eines Konzernsteuerungskonzepts auf externer Basis (Teil II). In: Betriebs-Berater, 53. Jg. (1998), Nr. 45, S. 2303-2309.

Laffont, Jean-J. (1989): The Economics of Uncertainty and Information. Cambridge u. a. 1989.

Lorson, Peter (2004): Auswirkungen von Shareholder-Value-Konzepten auf die Bewertung und Steuerung ganzer Unternehmen. Herne u. a. 2004.

Lücke, Wolfgang (1955): Investitionsrechnung auf der Grundlage von Ausgaben oder Kosten? In: Zeitschrift für handelswissenschaftliche Forschung – Neue Folge, 7. Jg. (1955), Nr. 4, S. 310-324.

Mandler, Udo (2004): Der deutsche Mittelstand vor der IAS-Umstellung 2005. Konzepte und empirische Befunde zur Umsetzung der IAS-Verordnung. Rechnungswesen und Steuern, Herne u. a. 2004.

Martin, Peter (1997): The Management Approach. In: CA Magazine, 130. Jg. (1997), Nr. 9, S. 29-30.

Mautz, Robert K. (1967): Bases for More Detailed Reporting by Diversified Companies. In: Financial Executive, 35. Jg. (1967), Nr. 11, S. 52-60.

Meffert, Heribert (2000): Marketing. Grundlagen marktorientierter Unternehmensführung; Konzepte, Instrumente, Praxisbeispiele; mit neuer Fallstudie VW Golf. Meffert-Marketing-Edition, 9., überarb. und erw. Aufl., Wiesbaden 2000.

Meier, Harald (2006): Unternehmensführung. Aufgaben und Techniken betrieblichen Managements; Unternehmenspolitik und Strategische Planung; Unternehmensplanung und Organisation; Human Resources Management. 3., vollst. überarb. Aufl., Herne u. a. 2006.

Meth, Dirk (2007): Die IFRS als Grundlage der Rechnungslegung mittelständischer Unternehmen. Eine Analyse der Eignung der IFRS für mittelständische Unternehmen unter Berücksichtigung des IASB-Projektes „Accounting Standards for Small und Medium-sized Entities". Reihe: Rechnungslegung und Wirtschaftsprüfung, Band 12, zugl. Diss. Univ. Münster, Lohmar u. a. 2007.

Möllering, Jürgen; Winkeljohann, Norbert (2005): International Financial Reporting Standards (IFRS) in mittelständischen Unternehmen. Grundlagen, Nutzenpotenziale, Umfrageergebnisse, Umstellungsanforderungen. Deutscher Industrie- und Handelskammertag, Berlin 2005.

Mösch, Martin (2007): Die International Financial Reporting Standards im Mittelstand. Definitionen, Rahmenbedingungen und Entwicklungen. Saarbrücken 2007.

Moxter, Adolf (1984): Einführung in die Bilanztheorie. Bilanzlehre, Band 1, 3., vollst. umgearb. Aufl., Wiesbaden 1984.

Moxter, Adolf (2003): Grundsätze ordnungsgemäßer Rechnungslegung. Düsseldorf 2003.

Müller, Stefan (2003): Management-Rechnungswesen. Ausgestaltung des externen und internen Rechnungswesens unter Konvergenzgesichtspunkten. Neue betriebswirtschaftliche Forschung, Band 310, zugl. Habilitations-Schrift Univ. Oldenburg, Wiesbaden 2003.

Müller, Martin (2006): Harmonisierung des externen und internen Rechnungswesens. Eine empirische Untersuchung. Gabler Edition Wissenschaft: Auditing and Accounting Studies, zugl. Diss. Univ. Ulm, Wiesbaden 2006.

Myers, Stewart C.; Majluf, Nicholas S. (1984): Corporate Financing and Investment Decisions when Firms have Information that Investors do not have. In: Journal of Financial Economics, 12. Jg. (1984), Nr. 2, S. 187-221.

Niederöcker, Bettina (2002): Finanzierungsalternativen in kleinen und mittleren Unternehmen. Eine neo-institutionalistische Analyse unter besonderer Berücksichtigung der Innovationsfinanzierung. Schriften zum Produktionsmanagement, zugl. Diss. Univ. Ilmenau, Wiesbaden 2002.

Oehler, Ralph (2005): Auswirkungen einer IAS/IFRS-Umstellung bei KMU. Schriftenreihe zum Finanz-, Prüfungs- und Rechnungswesen, Band 39, zugl. Diss. Univ. Erlangen-Nürnberg, München 2005.

Ossadnik, Wolfgang; Barklage, David; van Lengrich, Ellen (2004): Controlling im Mittelstand. Ergebnisse einer empirischen Untersuchung. In: Controlling, 11. Jg. (2004), Nr. 11, S. 621-629.

Pacter, Paul (2007): IFRS für kleine und mittelgroße Unternehmen. In: Die Wirtschaftsprüfung, 60. Jg. (2007), Nr. 8, S. 327-332.

Pejic, Philip (1997): Segmentberichterstattung im externen Jahresabschluß. Internationale Normierungspraxis und Informationsbedürfnisse der Adressaten. Ebs-Forschung, Band 11, zugl. Diss. European Business School, Wiesbaden 1997.

Pellens, Bernhard; Fülbier, Rolf Uwe; Gassen, Joachim (2006): Internationale Rechnungslegung. IFRS 1 bis 7, IAS 1 bis 41, IFRIC-Interpretationen, Standardentwürfe; mit Beispielen, Aufgaben und Fallstudie. 6., überarb. Aufl., Stuttgart 2006.

Peskes, Markus (2004): Zukunftsorientierte Segmentberichterstattung. Adressatenkonforme Segmentierung und Segmentabgrenzung im Rahmen der Segmentberichterstattung, insbesondere zur Erfüllung des Erfordernisses der Zukunftsorientiertheit. Schriften zum betrieblichen Rechnungswesen und Controlling, Band 20, zugl. Diss. Univ. d. Bundeswehr Hamburg, Hamburg 2004.

Pfau, Wolfgang; Mangliers, Stephan (2007): Mittelstandsstudie zur strategischen Kompetenz von Unternehmen. Arbeitspapier der Techn. Univ. Clausthal, Clausthal 2007.

Pfohl, Hans-C. (1997): Abgrenzung der Klein- und Mittelbetriebe von Großbetrieben. In: Pfohl, H. (Hrsg.): Betriebswirtschaftslehre der Mittel- und Kleinbetriebe. Größenspezifische Probleme und Möglichkeiten zu ihrer Lösung. S. 1-23, 3., überarb. Aufl., Berlin 1997.

Picot, Arnold (1993): Organisation. In: Bitz, M. (Hrsg.): Vahlens Kompendium der Betriebswirtschaftslehre, Band 2, S. 101-174, 3., überarb. und erw. Aufl., München u. a. 1993.

Private Company Financial Reporting Committee (2008): Financial Accounting Series. Gefunden am 21.6.2008 unter http://www.pcfr.org/downloads/ITC_private_company_financial_reporting.pdf.

Prodhan, Bimal K. (1986): Multinational Accounting: Segment Disclosure and Risk. London 1986.

Projektgruppe „Standards for SMEs" des IASB (2008): Meeting Summaries and Observer Notes – Board Meeting July 2008. Gefunden am 26.8.2008 unter http://www.iasb.org/Current+ Projects/ IASB+Projects/Small+and+Medium-sized+Entities/Meeting+Summaries+and+Observer+ Notes/IASB+July+2008.htm.

Reason, Tim (2001): Picking Apart the Pieces: Is the SEC's New Focus on Segment Reporting more Bark than Bite? In: CFO Magazine, 17. Jg. (2001), Nr. 8, S. 40-43.

Reich, Hans W. (2007): Bedeutung und Chancen des Ratings für den Mittelstand. In: Büschgen, H. E.; Everling, O. (Hrsg.): Handbuch Rating. S. 3-24, 2., akt. und erw. Aufl., Wiesbaden 2007.

Reize, Frank (2007): KfW-Mittelstandspanel 2007. Repräsentative Analyse zu Investitionen und Innovation kleiner und mittlerer Unternehmen. Frankfurt am Main 2007.

Reuther, Frank (2007): Anforderungen an IFRS aus Sicht eines Familienunternehmens. In: Betriebswirtschaftliche Forschung und Praxis, 59. Jg. (2007), Nr. 4, S. 313-325.

Ripsas, Sven (1998): Towards an Interdisciplinary Theory of Entrepreneurship. In: Small Business Economics, 10. Jg. (1998), Nr. 2, S. 103-115.

Scheinpflug, Patrick (2004): Bilanz Aktiva. In: Bohl, W.; Riese, J.; Schlüter, J. (Hrsg.): Beck'sches IFRS-Handbuch – Kommentierung der IAS, IFRS. S. 119-297, 2., vollst. überarb. und erw. Aufl., München 2004.

Schmalenbach, Eugen (1899): Buchführung und Kalkulation im Fabrikgeschäft. In: Deutsche Metall-Industrie-Zeitung, 15. Jg., Nr. 3, S. 98-172.

Schmalenbach, Eugen (1919): Selbstkostenrechnung. In: Zeitschrift für handelswissenschaftliche Forschung, 13. Jg. (1919), Nr. 5-6, S. 321-356.

Schmalenbach, Eugen (1963): Kostenrechnung und Preispolitik. 8., erw. und verb. Aufl., Köln u. a. 1963.

Schmidt, Reinhard H.; Terberger, Eva (1997): Grundzüge der Investitions- und Finanzierungstheorie. Gabler-Lehrbuch, 4., akt. Aufl., Wiesbaden 1997.

Schneider, Dieter (1963): Bilanzgewinn und ökonomische Theorie. In: Zeitschrift für handelswissenschaftliche Forschung – Neue Folge, 15. Jg. (1963), Nr. 8-9, S. 457-474.

Schneider, Dieter (1987): Allgemeine Betriebswirtschaftslehre. Oldenbourgs Lehr- und Handbücher der Wirtschafts- und Sozialwissenschaften, 3., neu bearb. und erw. Aufl., München u. a. 1987.

Schneider, Dieter (1988): Grundsätze anreizverträglicher innerbetrieblicher Erfolgsrechnung zur Steuerung und Kontrolle von Fertigungs- und Vertriebsentscheidungen. In: Zeitschrift für Betriebswirtschaft, 58. Jg. (1988), Nr. 11, S. 1181-1192.

Schneider, Dieter (1993): Betriebswirtschaftslehre. Band 1. Grundlagen. München u. a. 1993.

Schneider, Dieter (1997): Betriebswirtschaftslehre. Band 2. Rechnungswesen. 2. Aufl., München u. a. 1997.

Schweitzer, Marcell (1969): Arbeitsanalyse. In: Grochla, E. (Hrsg.): Handwörterbuch der Organisation. Sp. 89-97, Stuttgart 1969.

Schweitzer, Marcell (1997): Gegenstand und Methoden der Betriebswirtschaftslehre. In: Bea, F.; Dichtl, E.; Schweitzer, M. (Hrsg.): Allgemeine Betriebswirtschaftslehre. Band 1: Grundfragen. S. 23-81, 7., neub. und erw. Aufl., Stuttgart 1997.

Schweitzer, Marcell; Küpper, Hans-U. (2003): Systeme der Kosten- und Erlösrechnung. Vahlens Handbücher der Wirtschafts- und Sozialwissenschaften, 8., überarb. und erw. Aufl., München 2003.

Simons, Dirk; Weißenberger, Barbara E. (2008): Die Konvergenz von externem und internem Rechnungswesen. Kritische Faktoren für die Entwicklung einer partiell integrierten Rechnungslegung aus theoretischer Sicht. In: Betriebswirtschaftliche Forschung und Praxis, 60. Jg. (2008), Nr. 2, S. 137-162.

Solomons, David (1970): Divisional Performance. Measurement and Control. 3. Aufl., Homewood 1970.

Spremann, Klaus (1990): Asymmetrische Informationen. In: Zeitschrift für Betriebswirtschaft, 60. Jg. (1990), Nr. 5-6, S. 561-586.

Street, Donna L.; Nichols, Nancy B.; Gray, Sidney J. (2000): Segment Disclosures under SFAS No. 131: Has Business Segment Reporting Improved? In: Accounting Horizons, 14. Jg. (2000), Nr. 3, S. 259-285.

Streim, Hannes (2000): Die Vermittlung von entscheidungsnützlichen Informationen durch Bilanz und GuV – ein nicht einlösbares Versprechen der internationalen Standardsetter. In: Betriebswirtschaftliche Forschung und Praxis, 52. Jg. (2000), Nr. 2, S. 111-131.

Stute, Andreas (2007): Konvergenz von IFRS und interner Unternehmensrechnung. Eignung der IFRS-Rechnungslegung zur Erfüllung von Funktionen und zur Substitution von Instrumenten der internen Unternehmensrechnung. Management, Rechnungslegung und Unternehmensbesteuerung, Band 27, zugl. Diss. Univ. der Bundeswehr Hamburg, Berlin 2007.

Süddeutsche Zeitung (2008): „Suche Firma, die ein Idiot führen kann". Ausgabe vom 19.5.2008, S. 9, München.

Telkamp, Heinz-Jürgen; Bruns, Carsten (2000): Wertminderung von Vermögenswerten nach IAS 36: Erfahrungen aus der Praxis. In: Finanz Betrieb, 2. Jg. (2000), Nr. 9, S. 24-31.

The South African Institute of Chartered Accountants (2007): Statement of Generally Accepted Accounting Practice for Small and Medium-sized Entities (SMEs). Circular 9/2007. Gefunden am 31.5.2008 unter https://www.saica.co.za/documents/Circ_IFRS_4.pdf.

Thurik, Roy (1996): Small Firms, Entrepreneurship and Economic Growth. Collection of Essays is based on 1994- F. De Vries lectures held at the Erasmus University, Rotterdam, March 1994. In: Acs, Z. J.; Carlsson, B.; Thurik, R.; Admiraal, P. H. (Hrsg.): Small Business in the Modern Economy. S. 126-152, Oxford u. a. 1996.

Triffin, Robert (1940): Monopolistic Competition and General Equilibrium Theory. Harvard economic studies, Band 67, Cambridge 1940.

Ull, Thomas (2006): IFRS in mittelständischen Unternehmen. Empfehlungen für die inhaltliche Ausgestaltung einer mittelstandsorientierten IFRS-Rechnungslegung. Reihe Wirtschaftswissenschaft, zugl. Diss. Univ. Bremen, Wiesbaden 2006.

von Keitz, Isabel; Stibi, Bernd (2004): Rechnungslegung nach IAS/IFRS – auch ein Thema für den Mittelstand? Ergebnisse einer Befragung mittelständischer Unternehmen. In: Zeitschrift für internationale und kapitalmarktorientierte Rechnungslegung, 4. Jg. (2004), Nr. 10, S. 423-429.

von Keitz, Isabel; Reinke, Rüdiger; Stibi, Bernd (2006): Rechnungslegung nach IFRS – auch ein Thema für den Mittelstand? Ergebnisse einer empirischen Befragung des (gehobenen) Mittelstands in Nordrhein-Westfalen. Studie der Fachhochschule Münster, Münster 2006.

Wagenhofer, Alfred; Ewert, Ralf (2003): Externe Unternehmensrechnung. Springer-Lehrbuch, Berlin u. a. 2003.

Wagenhofer, Alfred (2003): Internationale Rechnungslegungsstandards – IAS, IFRS. Grundkonzepte; Bilanzierung, Bewertung, Angaben; Umstellung und Analyse. 4., verb. und erw. Aufl., Frankfurt am Main 2003.

Wagenhofer, Alfred; Engelbrechtsmüller, Christian (2006): Controlling und Reporting vor dem Hintergrund der Anforderungen von Internationalen Rechnungslegungsstandards. Studie des Center for Accounting Research der Univ. Graz in Kooperation mit KPMG Linz, Graz 2006.

Wagenhofer, Alfred (2006): Zusammenwirken von Controlling und Rechnungslegung nach IFRS. In: Wagenhofer, A. (Hrsg.): Controlling und IFRS-Rechnungslegung. Konzepte, Schnittstellen, Umsetzung. S. 1-20, Berlin 2006.

Währisch, Michael (1998): Kostenrechnungspraxis in der deutschen Industrie. Eine empirische Studie. Bochumer Beiträge zur Unternehmungsführung und Unternehmensforschung, Band 53, zugl. Diss. Univ. Bochum, Wiesbaden 1998.

Wallau, Frank (2006): Mittelständische Unternehmen in Deutschland. In: Schauf, M. (Hrsg.): Unternehmensführung im Mittelstand – Rollenwandel kleiner und mittlerer Unternehmen in der Globalisierung. S. 9-33, München u. a. 2006.

Wallau, Frank; Adenäuer, Claus; Kayser, Gunter (2007): BDI-Mittelstandspanel – Ergebnisse der Online-Mittelstandsbefragung des Instituts für Mittelstandsforschung. Bonn 2007.

Waltenberger, Monika (2006): Rechnungslegung staatlicher Hochschulen: Prinzipien, Struktur und Gestaltungsprobleme. Bayerisches Staatsinstitut für Hochschulforschung und Hochschulplanung. Monographien. Neue Folge, Band 73, zugl. Diss. Univ. München, München 2006.

Weber, Max (1922): Wirtschaft und Gesellschaft. Grundriß der Sozialökonomik, Band 3, Tübingen 1922.

Weber, Max (1972): Wirtschaft und Gesellschaft. Grundriß der verstehenden Soziologie. Tübingen 1972.

Weber, Ingo; Sommer, Ulrich; Pfanzelt, Stefan (2005): Mittelstandsstudie 2004/2005. Stuttgart 2005.

Weißenberger, Barbara E. (2005): Controlling unter IFRS: Möglichkeiten und Grenzen einer integrierten Erfolgsrechnung. Working Paper 1 / 2005, Arbeitspapiere Industrielles Management und Controlling der Univ. Gießen, Gießen 2005.

Weißenberger, Barbara E.; Maier, Michael (2006): Der Management Approach in der IFRS-Rechnungslegung: Fundierung der Finanzberichterstattung durch Informationen aus dem Controlling. In: Der Betrieb, 59. Jg. (2006), Nr. 38, S. 2077-2083.

Weißenberger, Barbara E. (2006): Ergebnisrechnung nach IFRS und interne Performancemessung. Working Paper 1 / 2006, Arbeitspapiere Industrielles Management und Controlling der Univ. Gießen, Gießen 2006.

Weißenberger, Barbara E. (2007): IFRS für Controller. Einführung, Anwendung, Fallbeispiele. Haufe-Fachpraxis, Freiburg u. a. 2007.

Weißenberger, Barbara E.; Angelkort, Hendrik (2007): IFRS-Rechnungslegung und Controlling. In: Heyd, R.; Keitz, v. I. (Hrsg.): IFRS-Management – Interessenschutz auf dem Prüfstand; treffsichere Unternehmensbeurteilung; Konsequenzen für das Management. S. 409-437, München 2007.

Welsh, John A.; White, Jerry F. (1981): A Small Business is not a Little Big Business. In: Harvard Business Review, 59. Jg. (1981), Nr. 4, S. 18-32.

Wiederhold, Philipp (2007): Segmentberichterstattung und Corporate Governance: Grenzen des Management Approach. Rechnungswesen und Unternehmensüberwachung, zugl. Diss. Univ. Frankfurt, Wiesbaden 2007.

Wiedmann, Harald; Beiersdorf, Kati; Schmidt, Martin (2007): IFRS im Mittelstand vor dem Hintergrund des Entwurfes eines IFRS für KMU. In: Betriebswirtschaftliche Forschung und Praxis, 59. Jg. (2007), Nr. 4, S. 326-345.

Wild, Jürgen (1966): Grundlagen und Probleme der betriebswirtschaftlichen Organisationslehre. Entwurf eines Wissenschaftsprogramms. Betriebswirtschaftliche Forschungsergebnisse, Band 28, Berlin 1966.

Wild, Jürgen (1974): Grundlagen der Unternehmungsplanung. ro-ro-ro-Studium, Band 26, Reinbek bei Hamburg 1974.

Winkeljohann, Norbert; Kruth, Bernd-J. (2007): Chance oder Widerspruch? Beteiligungskapital in deutschen Familienunternehmen. Osnabrück 2007.

Wirth, Johannes (2005): Firmenwertbilanzierung nach IFRS. Unternehmenszusammenschlüsse, Werthaltigkeitstest, Endkonsolidierung. Stuttgart 2005.

Wolff, Rolf; Goldberg, Walter H. (1984): Das mittelständische Unternehmen und seine Umwelt. In: Albach, H.; Held, T. (Hrsg.): Betriebswirtschaftslehre mittelständischer Unternehmen. S. 523-542, Stuttgart 1984.

Wollmert, Peter.; Achleitner, Ann-K. (1997): Konzeptionelle Grundlagen der IAS-Rechnungslegung (Teil I). In: Die Wirtschaftsprüfung, 50. Jg. (1997), Nr. 7, S. 209-222.

Wolter, Hans-J.; Hauser, Hans-E. (2001): Die Bedeutung des Eigentümerunternehmens in Deutschland. Eine Auseinandersetzung mit der qualitativen und quantitativen Definition des Mittelstands. In: Institut für Mittelstandsforschung Bonn (Hrsg.): Jahrbuch zur Mittelstandsforschung. Band 90 NF, S. 25-77, Wiesbaden 2001.

Wunderer, Rolf; Grunwald, Wolfgang (1980): Führungslehre Band 1. Grundlagen der Führung. Berlin u. a. 1980.

Wunderer, Rolf (1993): Führung und Zusammenarbeit. Beiträge zu einer Führungslehre. Stuttgart 1993.

Ziegler, Hasso (1994): Neuorientierung des internen Rechnungswesens für das Unternehmens-Controlling im Hause Siemens. In: Schmalenbachs Zeitschrift für betriebswirtschaftliche Forschung, 46. Jg. (1994), Nr. 2, S. 175-188.

Zülch, Henning; Hoffmann, Sebastian (2008): Der Referentenentwurf zum BilMoG: ein kritischer Literaturüberblick. In: Der Betrieb, 61. Jg. (2008), Nr. 20, S. 1053-1060.